青海民族大学中国语言文学学科建设文库

# 河湟谷地特有语言田野调查报告

马　伟　舍秀存◎主编

青海人民出版社

**图书在版编目（ＣＩＰ）数据**

河湟谷地特有语言田野调查报告 / 马伟 , 舍秀存主编 . -- 西宁 : 青海人民出版社 , 2024. 11. -- ISBN 978-7-225-06738-4

Ⅰ . H2

中国国家版本馆 CIP 数据核字第 2024C3A226 号

河湟谷地特有语言田野调查报告

马　伟　舍秀存　主编

出 版 人　樊原成

出版发行　青海人民出版社有限责任公司
　　　　　西宁市五四西路 71 号　邮政编码：810023　电话：（0971）6143426（总编室）

发行热线　（0971）6143516 / 6137730

网　　址　http://www.qhrmcbs.com

印　　刷　青海新华民族印务有限公司

经　　销　新华书店

开　　本　720mm×1020mm　1/16

印　　张　18.5

字　　数　250 千

版　　次　2024 年 11 月第 1 版　2024 年 11 月第 1 次印刷

书　　号　ISBN 978-7-225-06738-4

定　　价　45.00 元

# 总　序

  青藏高原是世界上海拔最高的高原，有"世界屋脊""地球第三极"之美称，也是中国最大的高原，是中华民族和中华文明的发祥地之一。因此，青藏高原不仅以其雄奇壮美的自然风光吸引着世人的目光，同时也以其悠久灿烂的民族文化著称于世，汉、藏、回、土、撒拉、蒙古等多民族语言文学就是青藏高原民族文化最为耀眼的明珠。坐落于湟水河畔的青海民族大学是青藏高原第一所现代意义上的高等学府，学校自成立后就展开了对青藏高原民族语言文学的教学与研究工作。1949 年学校成立后开展了汉、藏、蒙古三语课程教学，1958 年设置相关学科专业，开展本科教育。李克郁、韩建业、王青山等学者参加了 20 世纪 50 年代全国民族语言大调查与研究工作；1960 年承担全国少数民族文学史《藏族文学史简编》编写工作，搜集、整理青海民间文学三套集成等，为该学科发展奠定了坚实基础。1979 年开始藏缅语族语言方向研究生教育。1981 年国务院批准本校为首批硕士学位授予单位，培养中国语言文学硕士研究生，汉、藏、蒙古语言文学等学科得到进一步发展。1995 年起藏、汉语言文学先后被列为省级重点学科。2011 年中国语言文学获硕士学位授权一级学科，设置文艺学、语言学及应用语言学、汉语言文字学、中国古典文献学、中国古代文学、中国现当代文学、中国少数民族语言文学（分语族）、比较文学与世界文学 8 个学科方向，以及自主设置的格萨尔学方向。2013 年本学科招收我校第一位留学研究生。2014 年起和天津大学联合培养汉藏翻译方向博士研究生。至此，本学科具备了从本科到研究生（包括留学研究生）完整的高层次人才培养体系，在学科梯队、学术研究、人才培养、条件建设等方面得到了快速发展，形成了自己的学科特色。2018 年青海省教育厅、财政厅立项我校中国语言文学为省内一流建设学科。2019 年，我校中国语言文学学科被列为国家民委重点学科。2024 年获批中国语言文学博士一级学科点。同年，该学科被列为青海省国内一流学科。

在学校中国语言文学学科发展史上，涌现了前赴后继的名师学者，其中一些来自国内著名高校，曾受过良好的专业熏陶。他们怀着对民族高等教育的满腔热情，披荆斩棘，砥砺前行，在昆仑山下，湟水河畔，开拓出一方中国语言文学学科建设的充满活力的精神高地。这些前辈学者有：

李文实 (1914—2004 年)，青海化隆人，1945 年毕业于济南齐鲁大学，后在上海诚明文学院中文系任教授，20 世纪 70 年代末到 90 年代初在青海民族学院汉语言文学系任教。李文实先生师从顾颉刚大师，继承"古史辨"派的学术思想，从民族、宗教、民俗、语言等学科对西北古代历史地理及羌藏文化展开了深入研究。先生曾承担汉语言文学系本科生中国文学史、少语系硕士研究生中国古典文学课程及辅导讲座，并编写了《中国古典文学作品选读辅导讲话》《中国史籍举要》《诗经》《楚辞》等几十万字的讲稿。特别是对西北的历史、文化、地理、风俗的考察和对青海地方史志的整理编纂做出了突出贡献。《西陲古地与羌藏文化》是其学术思想的集中呈现，获青海省第六次哲学社会科学优秀成果一等奖。

胡安良（1934—2023 年），湖北武汉人，当代著名语言学家、全国优秀教师、享受国务院政府特殊津贴专家，先后担任中国语言学会理事、中国修辞学会理事、西北修辞学会会长、青海省语言学会会长、青海民族学院汉语言文学系主任等职。早年师承王力、岑麟祥、商承祚等语言文字大师。20 世纪 50 年代在中山大学语言学系就读，后随王力先生北上。1957 年毕业于北京大学中文系。1958年来青海民族学院工作至退休。胡教授是青海省最早培养硕士研究生的专家之一，曾培养数届汉语言文字学等专业的硕士研究生，其学生大多成为省内外语言学界、出版界、文化界的科研骨干。胡先生发表论文40余篇，出版《词语漫笔》《老庄衍论》《老庄语冰录》《言语的内察与外观》等8部专著。其中《现代汉语》（与黄伯荣、廖序东合著）一书获国家高等院校文科教材二等奖。

程祥徽（1934—2023年），湖北武汉人，北京大学文学学士，香港大学哲学硕士，语言学教授。曾任澳门大学中文学院院长、澳门语言状况关注委员会委员、澳门特区政府文化委员会委员、澳门语言学会创会会长、中国修辞学会常务理事。1958—1979年在青海民族学院任助教、讲师，被破格晋升教授。1981年后在澳门东亚大学和澳门大学任教，曾任东亚大学中文系主任。主编《澳门语言论集》《语言风格论集》《语言与传意》《方言与普通话》《港澳通用普通话教材》《澳门文学研讨集》等。

祝宽（1921—2005年），陕西乾县人。1942年考入兰州西北师范学院中国文学系，1943年受聘于乾县简易师范学校任国文教师。1944年秋，去兰州西北师范学院复学，潜心研究五四运动以来新诗发展史，参加革命活动。1946年进入北平师范大学中国文学系读四年级，次年毕业。1949年乾县解放后，任县支前委员会主任秘书、县人民政府文教科长兼乾县中学校长、共青团县工委委员兼组织部部长、县人代会常委等。1950年，调往北京师范大学中文系，讲授中国新文学史，参与组建师大民盟组织，担任民盟北京市委委员。1960年10月调青海民族学院中文系任教。曾任青海省文学学会副会长兼秘书长，中国现代文学研究会北京总会四届理事。著有《中国现代诗歌简史》《五四新诗史》等，后者获青海省人文社会科学优秀成果一等奖。

邵祖平（1898—1969年），江西南昌人。因家境贫寒未入过正式学校，自学成才，喜欢写诗交友，早年肄业于江西高等学堂，为章太炎高足。

1922 年后历任《学衡》杂志编辑，东南、之江、浙江大学教授，章氏国学会讲席，民国政府铁道部次长曾养甫秘书，朝阳法学院、四川大学、金陵女子大学、华西大学、西北大学、西南美术专科学校、重庆大学、四川教育学院教授。1949 年后，历任四川大学、中国人民大学、青海民族学院教授。著有《中国观人论》《文字学概论》《国学导读》《词心笺评》《乐府诗选》《七绝诗论七绝诗话合编》《培风楼诗存》《培风楼诗续存》《培风楼诗》等。《培风楼诗》曾获教育部一等奖。

贾晞儒（1934—），陕西蓝田人。1955 年毕业于西北民族学院语文系蒙古语言文学专业，毕业后留校任教。1960 年 12 月调至青海民族学院任教，先后在民族研究所、蒙学系、文学与新闻传播学院等工作，讲授《汉语文》《蒙古语文》《现代蒙古语》《翻译教程》《语言学概论》《民族语言与民族历史》《普通语言学》《文化语言学》等课程。先后担任过蒙语教研室副主任、系副主任、民族研究所所长等职，兼任《青海民族研究》主编、中国蒙古语文学会常务理事、学术委员、青海省民族古籍工作评审委员会委员等职。出版《民族语文散论》《青海湖畔的传说》《中华各民族谁也离不开谁的故事》《现代化进程中的民族问题》《贾晞儒民族语言文化研究文集》《青海蒙古语言文化纵论》《德都蒙古文化简论》《语言·心理·民俗》《蒙汉对比语言学基础》《文化语言学》等 10 多部著作，发表论文 120 余篇，荣获省级科研优秀成果二、三等奖多项。

此外，冯育柱、彭书麟、浦汉明等著名学者也曾在文学院工作，为学院发展做出了很大贡献。正是这些前辈前赴后继的努力与付出，才使学院有了深厚的学术积淀，成为学院永远的宝贵精神财富，激励着加入学院的新人奋发图强，勇攀学术高峰。数代学者的薪火相传为学院的学科建设打下了坚实的基础。目前，学校的中国语言文学学科已经形成了特色鲜明的研究方向：

语言学及应用语言学方向主要以少数民族语言的研究和保护、汉藏语系和阿尔泰语系语言的历时与共时演变、语言接触规律、语言与文化关系、藏文信息处理等领域为专业特色，致力于用语言学的视角服务国家"一带一路"倡议和国际语言文化的交流和研究。

中国少数民族语言文学方向以青藏高原藏、回、土、撒拉、蒙古等世居民族作家文学、民间文学为研究特色。努力在探索青藏高原民族民间文学、作家文学，传承民族文化、构建多元共生的民族精神高地建设等方面形成一定优势。

中国古典文献学方向以藏文木刻本、写本、金石、木牍、缣帛等古典文献古籍为重点研究领域，在敦煌文献、藏医药古籍、藏纸工艺、翻译规范化与标准化等领域形成学术优势。通过藏汉和梵藏等古籍的搜集、整理、翻译，服务于民族文化的传承保护。

比较文学与世界文学方向以民族文学比较、东方文学为研究特色，在中外国文学比较、中外文学思潮比较、形象学等研究领域形成学术合力。通过南亚、中亚文学研究，有效融入"一带一路"中外文化交流与少数民族文化弘扬工作。

格萨尔学方向以"格萨尔史诗"的活态搜集与整理、说唱艺人口述史为研究特色，努力在格萨尔信仰、口头程式等研究领域形成学科优势。

我校中国语言文学学科涉及文学与新闻传播学院、藏学院、蒙学系等相关单位，现有专任教师82人，其中具有正高级职称53人，副高级职称22人；获博士学位教师66人，有海外经历教师25人。有国家级教学名师、享受国务院政府特殊津贴专家、博士生导师、国家级教学团队和精品课程负责人。多人获得青海省千人计划领军人才、拔尖人才称号，青海省135高层次人才拔尖学科带头人、创新教学科研骨干称号，青海省优秀教师、青海省省级骨干教师等称号，并在学术组织中担任研究会副秘书长、理事等职务。近五年学科方向带头人在研的国家级、省部级科研项目达40多项，发表论文约260篇，出版专著约60部。藏语言文学、土族语、撒拉语等方面的研究居全国一流水平，并具有一定的国际影响力。

本学科在丰富中国语言文学内涵，传承与保护青藏高原民族语言文化，加强各民族语言文化的交流交融与促进国家认同，推动"一带一路"共建国家的语言文化交流等方面发挥了不可替代的作用。

虽然我校学科建设取得了一定的成绩，但我们清醒地意识到自己还有许多不足，尤其需要处理好基础学科与特色学科之间的关系，需要改善和优化师资学缘结构，需要提高人才培养质量，其中很重要的一点就是需要提高科研成果质量。为了在科学研究方面推出一些标志性成果，我们特此组织出版中国语言文学学科建设文库，希望能为我校中国语言文学学科建设添砖加瓦。这些著作也许还存在不少问题，但我们希望先迈开步子，在大家的批评指正中，继续努力，不断取得新的成绩。

是为序！

马伟　王志强

2024 年 10 月 16 日

# 目　录

# 托茂人语言生活调查研究

刘　莹

## 一、引　言

托茂人是青海回族的一支，长期聚居于海北藏族自治州海晏县、祁连县，以畜牧生产为主要活动，自称"驼毛"，他称"驼毛家""驼毛达子"，文献称"托茂""陀莫""土蛮""土满""蒙古回回""回夷""夷回"等。1958年，除了一部分"托茂人"继续停留居住在海晏县之外，多数聚居于海晏县的"托茂人"举家迁移至海北藏族自治州祁连县默勒乡、野牛沟乡和托勒牧场（今祁连县央隆乡）。根据1986年统计，在青海省海晏县、祁连县居住的托茂人加起来有60余户，300多人。托茂人操蒙古语，兼通汉语、藏语，有时候在日常生活及宗教生活中还会使用一些阿拉伯语及波斯语词汇，是集伊斯兰教文化和蒙古族文化两者融为一体的独特语言文化。解放前，"托茂人"说蒙古语，与当地蒙古族地区通行的蒙古语基本一致，具有蒙古语言的典型特征；词汇方面最典型的特点就是有非常丰富的反映畜牧业生产活动的词语，且具有鲜明的民族特色；语法方面的主要特点就是各种语法的附加成分通常都是接在词干的后面，且动词的语法形式较多。但是经过社会生活的变迁，语言也在渐渐发生变化，托茂人在说托茂蒙古语的同时，词汇方面使用的与宗教信仰相关的常用词语，已经融入其生活语言中，成为不可分割的一部分，因此也就形成了与蒙古语有区别的"托茂蒙古语"，如"禁行、礼拜、罚赎、真主"等。

# 二、托茂人语言使用现状

语言使用调查，应该是与其使用群体的生活、社会状况息息相关的，如周庆生所说，对语言生活状况、社会语言状况或语言使用情况的研究分析都可以称之为语言使用状况的调查研究。[①] 语言使用调查是社会语言学领域主要研究的信息主线，但是不同的社会语言学家对于语言使用状况研究的侧重点各有不同，如弗格森认为，语言使用状况的研究应该从以下几个方面考虑："该地区通用哪几种语言，有多少人使用这些语言，在什么情况下使用这些语言，以及该社会成员对这些语言持何种态度和见解等。"[②] 我国的语言学家根据我国语言实际情况也有不同见解，尤其是针对少数民族语言现状，在通用语言文字大力推广的背景下，充分考虑其使用地区、使用人群、使用人数等，对语言使用现状的调查研究也各有侧重点，如戴庆夏就从我国少数民族语言使用情况、少数民族语言文字使用情况，对语言使用状况的具体调查内容作了研究，他认为调查语言的使用现状可以通过调查具体语言在特定社会生活中的活力、功能、地位及与其他语言的互补、竞争关系等几方面入手。[③] 也就是通常语言学家所考虑的对"不同年

---

① 周庆生 . 中国社会语言学研究述略 [J]. 语言文字应用 ,2010：11-13.

② C.A.Ferguson.1971.Language structure and language use.Stanford University Press,157.

③ 戴庆夏 . 语言调查教程 [M]. 北京 : 商务印书馆 ,2013,(11)：207.

龄和不同职业的人掌握母语的水平；语言在不同场合和媒体中的使用情况；兼语状况；语言转用状况；语言地位和语言功能的关系；语言态度；语言功能是否出现功能衰退或濒危；语言文字使用情况和文献的保留情况以及民众对文字、文献的态度"等的研究分析。①

根据以上语言学家的论述，同时结合前期调研掌握的托茂人语言使用的实际状况，笔者主要从以下几个方面对托茂人语言使用现状进行调查：个体语言掌握情况、家庭语言使用情况、与父母交谈语言使用和社区语言使用情况。托茂人目前使用的语言主要有蒙古语、普通话、青海话、藏语和阿拉伯语。

## （一）个体语言掌握

### 1. 个人母语保持情况

对于调查对象的个人母语保持情况，笔者主要通过调查母语使用个体对母语的学习途径和目的两方面获取调查信息，同时辅以语言使用环境调查，作为分析影响母语掌握和保持的客观因素。

（1）母语学习途径及学习目的

①学习途径

通过调查"您是如何学会蒙古语？"的，来获取调查对象的母语学习途径（表1）。有249个调查对象选择了"无此情况"，占比达79.05%，这里的"学会"是指可以熟练运用蒙古语进行日常沟通交流的，因此"能听懂一些"或者"会说一些日常用语"的样本也统计在内。剩余66个调查对象中，有61个调查对象是因"家里人影响"而学会蒙古语，占比19.37%；通过"社会社交"途径习得蒙古语的调查对象为38人，占比12.06%。而母语习得途径中"学校学习"和"电视等媒体"选项，无一人选择。

---

① 戴庆夏. 语言调查教程 [M]. 北京：商务印书馆,2013,(11)：207−209.

表 1　托茂人母语学习途径调查表 ①

| 选项 | 小计 | 比例 | |
|---|---|---|---|
| 家里人影响 | 61 | | 19.37% |
| 学校学习 | 0 | | 0% |
| 看电视 | 0 | | 0% |
| 社会社交 | 38 | | 12.06% |
| 无此情况 | 249 | | 79.05% |

通过询问"您上小学时，老师用什么语言或方言讲课？"可以掌握个体通过学校习得语言的情况，补充母语学习途径。315 人中，只有 1 个调查对象选择了"托茂蒙古语"，且这位调查对象也表示，"记忆中只有一位老师在课堂上使用过托茂蒙古语，后来也不怎么用了"。这也可以直观反映出托茂人母语的学习途径中，"学校学习"环境起的作用十分微小。

②学习目的

在调查母语学习目的时（表 2），315 份调查样本中，有 249 个调查对象选择了"无法回答"，占比达 79.05%。剩余 66 个调查对象中，有 59 个调查对象表示"因为自己是托茂人，所以应该学习蒙古语"，占比为 18.73%；17 个调查对象认为"说蒙古语更方便，所以学习蒙古语"，占比 5.4%；8 个调查对象认为"先学好自己的语言才能学好其他语言，因而学习蒙古语"，占比 2.54%；2 个调查对象"因工作需要而学习了蒙古语"，占比 0.63%。随着国家对于少数民族文化和语言的重视程度不断提升，托茂蒙古语近年来又开始受到托茂人的重视，在语言意识中选择"因为我是托茂人和便于沟通交流"作为学习目的的占比较高。

表 2　托茂人母语学习目的调查表 ②

| 选项 | 小计 | 比例 | |
|---|---|---|---|
| 因为我是托茂人 | 59 | | 18.73% |

---

① 本选择题涉及多项，因此选择结果百分比大于 100%。

② 本选择题涉及多项，因此选择结果百分比大于 100%。

续表2

| 选项 | 小计 | 比例 | |
|---|---|---|---|
| 说托茂语更方便 | 17 | | 5.4% |
| 工作需要 | 2 | | 0.63% |
| 先学好自己的语言才能学好其他语言 | 8 | | 2.54% |
| 无法回答 | 249 | | 79.05% |

（2）语言环境

通过调查语言环境（表3），可从侧面为母语的掌握提供参考依据。在问及"您小时候（5 周岁前或上小学前）最先会说什么语言或方言？"和"您上小学时，老师用什么语言或方言讲课？"时，通过调查数据显示，调查对象所处的语言环境是典型的多语环境。除了母语蒙古语以外，还有普通话、青海话、藏语。根据托茂人的宗教信仰，选项中列有阿拉伯语选项，但是调查结果显示多语环境中不涉及阿拉伯语。而母语的语言环境也不理想，315 份调查样本中，33 个调查对象表示小时候（5 周岁前或上小学前）最先会说的语言中有托茂蒙古语，占比 10.48%；而小时候，老师在教授课程中会用到托茂蒙古语的调查对象只有 1 人，占比仅 0.32%。

表3　托茂人5岁以前语言环境调查表

| 选项 | 最先会说 | 比例 | 小学老师授课 | 比例 |
|---|---|---|---|---|
| 托茂语 | 33 | 10.48% | 1 | 0.32% |
| 汉语青海话 | 290 | 92.06% | 45 | 14.29% |
| 普通话 | 25 | 7.94% | 195 | 61.9% |
| 蒙古语 | 1 | 0.32% | 0 | 0% |
| 藏语 | 4 | 1.27% | 1 | 0.32% |
| 阿拉伯语 | 0 | 0% | 0 | 0% |
| 无此情况（未上过学） | | | 102 | 32.38% |

（3）母语掌握情况

①母语了解程度

前期在对托茂人进行调研时，笔者发现托茂人对母语的掌握情况不是特别乐观，因此在进行个体母语掌握情况调查时，先对托茂人的母语了解程度进行了调查（表4）。

表4　托茂人母语了解程度调查表

| 选项 | 小计 | 比例 | |
|------|------|------|------|
| 完全了解 | 23 | | 7.3% |
| 一般了解 | 37 | | 11.75% |
| 基本不了解 | 119 | | 37.78% |
| 完全不了解 | 136 | | 43.17% |

315份调查样本中，所有调查对象都对"您了解您的蒙古语吗？"作出了主观选择判断。其中有23个调查对象表示完全了解蒙古语，占比7.3%；37个调查对象对于蒙古语一般了解，占比11.75%；基本了解的调查对象119人，占比37.78%；而完全不了解托茂蒙古语的有136人，占比达43.17%。通过调查数据可知，托茂人对于自己的母语托茂蒙古语的了解情况不是非常理想，7.3%的"完全了解"数据可以直接反映出托茂人对于母语的了解情况很不乐观，势必直接影响他们对母语的运用能力。

②母语运用能力

对于蒙古语的具体运用，在315份调查样本中，只有24个调查对象可以用蒙古语与他人进行交流，而涉及具体的听、说能力时，能够具体掌握运用的程度普遍较低。

对于蒙古语的"听辨能力"调查，315份调查样本中，26个调查对象可以"完全听懂"，占比8.25%；17个调查对象"基本能听懂"，占比5.4%；

28 个调查对象"仅能听懂一些日常用语",占比 8.89%;"基本听不懂"和"完全听不懂"的调查对象分别为 51 人和 193 人,其中 61.27% 表示"完全听不懂"(表 5)。

表 5　托茂人母语掌握程度调查表

| 选项 | 小计 | 比例 | 选项 | 小计 | 比例 |
|---|---|---|---|---|---|
| 完全听懂 | 26 | 8.25% | 能熟练交谈 | 15 | 4.76% |
| 基本能听懂 | 17 | 5.4% | 基本能交谈 | 6 | 1.9% |
| 能听懂一些日常用语 | 28 | 8.89% | 会说一些日常用语 | 14 | 4.44% |
| 基本听不懂 | 51 | 16.19% | 基本不会说 | 63 | 20% |
| 完全听不懂 | 193 | 61.27% | 完全不会说 | 217 | 68.89% |

对于蒙古语的"说述能力"调查,315 份调查样本中,15 个调查对象能够"熟练交谈",占比 4.76%;6 个调查对象"基本能交谈",占比 1.9%;14 个调查对象"会说一些日常用语",占比 4.44;"基本不会说"和"完全听不懂"的调查对象分别为 63 人和 217 人,其中 68.89% 的调查对象表示"完全不会说"。可以说蒙古语对托茂人而言已经不再是主要的语言交际工具。

(4)小结

通过调查数据分析可以看出,托茂人对于母语整体保持情况不容乐观。托茂人的母语学习途径相对单一,保持母语使用者,多是通过家人的影响而习得,还有一小部分依靠社会社交习得。而家庭语言习得能力有限,如果随着社会发展需求,语言的使用功能发生变化,那么仅靠家庭成员的影响和社会社交途径,不成系统地获得语言学习机会,语言很快就会逐渐失去生存的空间。家庭成员影响的学习途径和因为自己是托茂人所以要学习蒙古语的母语学习目的,互相影响,共同限制了母语的学习、使用、发展空间,使得蒙古语被母语承袭者从主观上视为次要使用语言。

在进行母语使用能力调查时专门设定对"母语整体状况"了解题目，数据表明，80% 的托茂人处在不了解自己母语的状态中，这说明蒙古语对其母语承袭者来说比较陌生，而且持续时间已经不短。这样的语言了解程度不难推测其母语运用能力。调查显示 315 个调查对象中，仅有 26 个人可以做到完全听懂，其中能够熟练交谈的仅有 15 人，不到 5%；基本能听懂 17 人，基本能交谈 6 人，也就是说能够基本运用母语的托茂人也不到 5%。托茂人世居少数民族聚居地，受到周边少数民族的影响，使其母语在多语的社会环境中，失去了交际的功能和作用，使得本就脆弱的母语再次受到多语种环境的影响。母语使用能力现状表明，母语对托茂人而言在语言生活中已经失去了交际的社会条件和功能，其承载的母语文化也在发生变化。在基本能够运用母语的托茂人中，80% 以上为 60 岁以上老人，剩下 20% 中，多数年龄在 50 岁以上，50 岁以下会运用母语的人数不到 5%，仅有 10% 的托茂人在 5 岁以前会说托茂蒙古语，这说明托茂蒙古语已经存在严重的代际断层现象。

托茂人至今年龄 70 以上的男性只有 4 位，访谈到其中一位老人，他对自己的母语传承变化过程向笔者作了介绍，他谈道：

我自己小时候说的就是蒙古语，先人老一辈，爷爷辈们不会说汉语，生活习惯、穿着打扮跟蒙古人一样，信仰的是伊斯兰教，说的也全是蒙古语。父亲 1958 年去世的，去世前在家里一直说蒙古语。母亲虽然是回族，但是也一起学着说蒙古语，她也会说蒙古语。我们找老伴要找回族，刚结婚时我还和母亲说点蒙古语，但是正常的沟通还是以青海话为主，有客人不方便的时候会用蒙古语交流。我有 5 个儿子，1 个女儿，最小的儿子 40 岁了，他们现在全都不会说蒙古语。孩子们小时候也喜欢学，小时候经常问简单的东西用蒙古语怎么说。

以前我们藏语说得多，碰到蒙古人会说蒙古语，大概是20岁的时候，碰到蒙古人说的蒙古语里开始夹杂着藏语，后来没有蒙古人了也就没人说了。我们搬到托勒牧场以后蒙古人没有几家，亲戚都说青海话，所以十一二岁开始基本就不说了，加上娶的媳妇不会说，从那以后蒙古语就不说了，不说不说也就习惯了。（访谈对象：MS，男性，74。访谈时间：2019年7月28日）

2. 个人双语使用情况

笔者在此调查的个人双语使用情况，主要是探究托茂人在掌握母语的同时，对普通话的掌握程度，试图对学习环境和运用能力两个方面进行调查和分析。

（1）普通话学习环境

通过调查"5周岁前或上小学前最先会说什么语言或方言"，可以看到托茂人最早的语言环境（表6）。调查数据中只有占比不足10%的调查对象在很小的时候会说普通话，证明在托茂人语言养成环境中普通话并不是主要的沟通交流工具，且普通话运用程度普遍较低。

表6 托茂人5岁以前语言使用调查表

| 选项 | 小计 | 比例 | |
| --- | --- | --- | --- |
| 托茂语 | 33 | | 10.48% |
| 青海话 | 290 | | 92.06% |
| 普通话 | 25 | | 7.94% |
| 蒙古语 | 1 | | 0.32% |
| 藏语 | 4 | | 1.27% |
| 阿拉伯语 | 0 | | 0% |

同时，调查托茂人的学习教育语言环境，也可以分析出调查对象的普通话学习环境（表 7）。315 个调查样本中，除了 102 个未接受过教育学习的调查对象外，剩余 213 个调查对象中有 195 人在上小学时，老师是用普通话进行授课的。可以看出托茂人后期（主要是上学阶段开始）普通话的学习途径、语言环境以及运用场所都是以学校为主，学校环境是学习普通话的第一，也是直接场所。

表 7　托茂人学习教育语言环境调查表

| 选项 | 小计 | 比例 | |
|---|---|---|---|
| 托茂语 | 1 | | 0.32% |
| 青海话 | 45 | | 14.29% |
| 普通话 | 195 | | 61.9% |
| 蒙古语 | 0 | | 0% |
| 藏语 | 1 | | 0.32% |
| 阿拉伯语 | 0 | | 0% |
| 无此情况（未上过学） | 102 | | 32.38% |

（2）普通话运用能力

在调查语言使用情况时（表 8），即"您现在能用哪些语言或方言与别人交流？"315 份调查样本中，有 215 个调查对象可以运用普通话与他人进行沟通交流。从小时候会说普通话占比 7.94% 的人群到目前可以熟练运用普通话进行交谈的 68.25% 人群比例，可以看出该少数民族聚居区普通话的普及程度较高。

表 8　托茂人多语使用情况调查表 ①

| 选项 | 小计 | 比例 | |
|---|---|---|---|
| 托茂语 | 24 | | 7.62% |
| 青海话 | 310 | | 98.41% |
| 普通话 | 215 | | 68.25% |

①　本选择题涉及多选项，因此选择结果百分比大于 100%。

续表8

| 选项 | 小计 | 比例 | |
|------|------|------|------|
| 蒙古语 | 2 | | 0.63% |
| 藏语 | 38 | | 12.06% |
| 阿拉伯语 | 6 | | 1.9% |
| 英语 | 2 | | 0.63% |

对于普通话的"听辨能力"调查（表9），有315个调查对象可以"完全听懂"，占比99.05%；2个调查对象"基本能听懂"，占比0.63%；"完全听不懂"调查对象1人，占比0.32%，该调查对象是从未接受过任何教育且长期在深山牧区从事放牧的女性。对于普通话的"言语能力"调查，有264个调查对象"能够熟练交谈"，占比达83.81%；"基本能交谈"调查对象29人，占比9.21%；"会说一些日常用语""基本不会说"和"完全不会说"的调查对象分别为9人、10人和3人，合计占比6%左右，而这些调查对象也多为未接受过任何教育且长期从事放牧的女性，年龄偏大。

表9　托茂人普通话掌握情况调查表

| 选项 | 小计 | 比例 | 选项 | 小计 | 比例 |
|------|------|------|------|------|------|
| 完全听懂 | 312 | 99.05% | 能熟练交谈 | 264 | 83.81% |
| 基本能听懂 | 2 | 0.63% | 基本能交谈 | 29 | 9.21% |
| 能听懂一些日常用语 | 0 | 0% | 会说一些日常用语 | 9 | 2.86% |
| 基本听不懂 | 0 | 0% | 基本不会说 | 10 | 3.17% |
| 完全听不懂 | 1 | 0.32% | 完全不会说 | 3 | 0.95% |

（3）小结

通过调查分析，笔者认为托茂人目前整体普通话掌握程度较好，普通话的运用能力较强，存在典型的双语使用现象。普通话的主要学习途径是通过校园学习获得，但普通话并非托茂人除了母语以外的首选语言。因为语言环境限制，没有直接的普通话习得途径，只有接受过教育学习的托茂人在学习过程中才改变了语言使用方式，语言环境发生重大变化，普通话的使用频率和使用场合占据语言沟通的主要地位，双语现象非常普遍。从日常使用语言沟通情况调查可以得知，315 份调查样本中，使用普通话进行沟通交流的样本量仅次于使用青海话的样本量，普通话占据日常沟通中使用语言的主要地位。笔者在进行田野调查时，由于不能运用普通话以外的语言进行交流，因此在做问卷调查时基本使用普通话询问问卷问题、进行深入访谈，调研过程顺利。由此可知，普通话已经逐渐成为托茂人最常用的语言工具之一，群体双语使用现象普遍。

3. 个人多语掌握情况

（1）掌握多种语言的能力

托茂人操蒙古语，兼通汉语、汉语方言、藏语，有时候在日常生活及宗教生活中还会使用阿拉伯语，因此在进行多语掌握情况调查时，充分考虑调查对象的语言使用可能性，对蒙古语、普通话、青海话、藏语和阿拉伯语都进行调查统计（表 10）。

表 10　托茂人掌握多种语言情况调查表 [①]

| | 选项 | 青海话 | 蒙古语 | 藏语 | 普通话 |
|---|---|---|---|---|---|
| 听 | 完全听懂 | 98.41% | 7.94% | 7.94% | 99.05% |
| | 基本能听懂 | 1.27% | 5.71% | 15.24% | 0.63% |
| | 能听懂一些日常用语 | 0% | 7.94% | 14.92% | 0% |
| | 基本听不懂 | 0.32% | 15.87% | 14.29% | 0% |
| | 完全听不懂 | 0% | 62.54% | 47.62% | 0.32% |
| 说 | 能熟练交谈 | 99.05% | 5.71% | 6.03% | 83.81% |
| | 基本能交谈 | 0.63% | 1.9% | 4.76% | 9.21% |
| | 会说一些日常用语 | 0% | 5.71% | 13.65% | 2.86% |
| | 基本不会说 | 0% | 17.46% | 20% | 3.17% |
| | 完全不会说 | 0.32% | 69.21% | 55.56% | 0.95% |

---

① 本选择题涉及多选项，因此选择结果百分比大于 100%。

根据 315 份调查样本获得的调查数据可知，托茂人使用频率最高且掌握程度最好的是青海话，也称青海话，近 95% 的调查对象都可以熟练地听、说青海话，也就是说青海话是他们能够熟练运用并进行有效沟通交流的最主要的语言工具。调查中完全不会说青海话的调查对象仅 1 人，占比 0.32%，该调查对象是从小在外省生活的 15 岁中学在读学生。根据样本统计数据显示，语言运用能力除青海话和普通话，稍好的是藏语，315 个调查对象中可以"完全听懂"25 人，占比 7.94%，48 个调查对象"基本能听懂"，占比 15.24%；"能听懂一些日常用语"47 人，占比 14.92%；"基本听不懂"和"完全听不懂"共 195 人，占比 61.91%。"能熟练交流"19 人，占比 6.03%；"基本能交流"15 人，占比 4.76%；"会说一些日常用语"43 人，占比 13.65%；"基本不会说"和"完全不会说"共 238 人，占比 75.56%。而对于蒙古语的掌握情况相对差一些，315 个调查对象中可以"完全听懂"25 人，占比 7.94%，与藏语掌握程度一样；18 个调查对象"基本能听懂"，占比 5.71%；"能听懂一些日常用语"25 人，占比 7.94%；"基本听不懂"和"完全听不懂"共 247 人，占比 78.41%。"能熟练交流"18 人，占比 5.71%；"基本能交流"6 人，占比 1.9%；"会说一些日常用语"18 人，占比 5.71%；"基本不会说"和"完全不会说"共 273 人，占比 86.67%。蒙古语整体掌握程度较藏语掌握程度偏低。

（2）小结

通过数据分析可知，托茂人使用频率最高的两种语言是普通话和青海话。托茂人基本上都会说普通话，不会说的仅仅为一些少数年老的托茂人。托茂人长期生活在多民族杂居的青海地区，青海话也成了他们主要使用的语言工具。根据数据比例，普通话与青海话的使用程度接近，但是实际调查过程中发现，大部分托茂人更愿意使用青海话进行日常沟通交流，他们认为这样显得更亲近、更符合周围生存环境。除此以外，由于本身处于青海地区，再加上托茂人的牧区生活区域与藏族牧区生活区域毗邻，交流甚多，故而使用藏语的人也较多，而蒙古语的使用频率低于藏语。对托茂人而言，蒙古语不论是能听懂，还是可以熟练交谈的比例都相对较低，主要原因是托茂人迁至祁连县，居住环境由蒙古族为主的聚居地变成了以藏族为主的聚居地。笔者在实际调查过程中也印证了这一点，海晏县调研点的托茂人蒙古语掌握程度较好，他们聚居的三个调研村落或是属于蒙古族村落，或是与蒙古族相邻而居。祁连县调研点的托茂人藏语掌握程度普遍较好，与他们相邻而居和共事放牧的人多数是藏族。

进一步分析，315 个调查对象中会熟练运用普通话与青海话的比例为 65.86%；会熟练运用普通话与藏语的比例为 9.75%；会熟练运用普通话与蒙古语的比例最少，仅有 5.6%；而普通话、藏语、青海话三种语言都可以熟练使用的托茂人比例为 7.31%。普通话、蒙古语、青海话三种语言都可以熟练使用的托茂人不到 5%。托茂人的多语种环境复杂，掌握程度也呈现出不同的特点，这与他们的生活需求密切相关。

### （二）家庭语言使用

根据家庭社会团体的性质，在进行家庭语言使用情况调查时，以长辈、平辈、晚辈三个主体为中心，开展具体的调查研究，主要调查在与三个不同群体沟通交流时语言工具的选择及使用情况。

1. 与父母交谈语言使用

调查与父母交谈所使用的语言情况时，将"小时候父母与自己交谈"和"现在自己与父母交谈"两种情况分开调查，可以分析出调查对象与父母交谈过程中语言使用的变化情况，同时也可以根据调查结果观测到调查对象个体的母语环境和现阶段交际需求。

通过田野调查可以得知（表 11），在"小时候父母与自己沟通使用什么语言"的选择中，从数据比例可以看出，均是以青海话为主，占到

96.19% 和 97.78%；其次是托茂蒙古语，父亲使用比例占 17.14%，母亲使用比例占 13.33%；再次是普通话，使用比例分别是 9.84% 和 11.11%。在这三种语言中，除了普通话以外，青海话和托茂蒙古语的使用比例均是父亲高于母亲。在"您现在与父母沟通使用什么语言"的调查中，使用率最高的是青海话，具体依次为：青海话 85.06%> 普通话 15.87%> 托茂蒙古语 2.86%> 藏语 0.32%。

表 11　托茂人与长辈沟通时使用语言情况调查表 [①]

| 选项 | 托茂蒙古语 | 青海话 | 普通话 | 蒙古语 | 藏语 | 无此情况 |
|---|---|---|---|---|---|---|
| 小时候父亲与您交谈 | 17.14% | 96.19% | 9.84% | 0% | 1.27% | — |
| 小时候母亲与您交谈 | 13.33% | 97.78% | 11.11% | 0% | 0.63% | — |
| 您现在与父母交谈 | 2.86% | 85.08% | 15.87% | 0% | 0.32% | 12.38% |

调查可以得知，调查对象与父母双向沟通和交流时主要采用青海话和普通话这两种语言工具。虽然调查数据显示用母语托茂蒙古语沟通的比例高于藏语，但是能够运用托茂蒙古语的实际人数非常少。调查对象小时候的语言环境中，托茂蒙古语的使用率已经很低，315 个调查对象中，父亲会用托茂蒙古语与自己沟通的有 54 人，母亲会用托茂蒙古语与自己沟通的有 42 人，然而调查对象当下仍然坚持使用托茂蒙古语与父母进行沟通的只有 9 人，不但母语习得环境较差，且出现明显的母语运用代际问题。以现阶段母语使用情况衡量母语运用能力，不难发现，在家庭这个小环境中，母语的生存能力已经岌岌可危。进一步通过深度访谈获知，在家庭环境中使用藏语的情况，多因放牧事业交流所需。

---

① 本选择题涉及多选项，因此选择结果百分比大于 100%。

## 2. 同辈交谈时的语言使用

在进行同辈交谈语言使用情况调查（表 12）时，将兄弟姐妹、配偶都列入考察因素。经调查，其比例分别为青海话 96.83%> 普通话 34.6%> 托茂蒙古语 5.71%> 藏语 0.95%。这一调查结果和"与父母交谈语言使用"调查结果接近，表明在家庭大环境中，托茂人的语言工具选择在长辈和平辈中具有一致性。调查还显示，不同年龄存在不同语言使用比例，相对而言，35 周岁以下的人群，使用普通话的比例更高；而 35 — 56 岁之间的人群，会使用普通话、青海话、藏语等语言，其中以青海话为主，其次是普通话，但是普通话的使用人数比例与年轻人相比要低；而到了 56 岁以上，开始出现使用母语交际的比例，这也在一定程度上证明，需要对托茂蒙古语加以重视，加强保护。

表 12　托茂人同辈交流时语言使用情况调查表 [①]

| 选项 | 小计 | 比例 | |
|---|---|---|---|
| 托茂蒙古语 | 18 | | 5.71% |
| 青海话 | 305 | | 96.83% |
| 普通话 | 109 | | 34.6% |
| 蒙古语 | 0 | | 0% |
| 藏语 | 3 | | 0.95% |
| 本题有效填写人次 | 315 | | |

虽然在与长辈和平辈语言使用调查中发现，托茂人在家庭这个重要社会团体中都已经逐渐放弃对母语的选择和使用，但是多语环境下托茂蒙古语依然有生存和发展的空间，对某种语言的放弃使用并不是一朝一夕，正

---

① 本选择题涉及多选项，因此选择结果百分比大于 100%。

如陈原所说："凡是活的语言，它就有生命力；有生命力的语言全然不怕同别的语言接触，它不怕别的语言取代它，而且别的语言也不可能取代它。"[①] 托茂蒙古语就是这样，尽管我们看到对于母语使用者而言，母语生存和发展空间受限，但仍是有"生命力"的活语言。

### 3.与子女交谈语言使用

调查与子女交谈使用语言情况时，主要调查具体的语言选择和使用比例。

调查托茂人与晚辈沟通使用的语言情况(表13)时，315份调查样本中，有103名调查对象因为没有子女无法回答。在与子女沟通语言使用的调查中，其比例分别为青海话64.44%> 普通话35.56%> 藏语0.63%= 托茂语0.63%。这一项调查也由于年龄阶段问题存在不同的比例，相对而言，35周岁以下的人群，在与子女交流中，更注重使用普通话，其比例高达95.76%，这主要是因为现阶段中小学义务教育就是以普通话为主而展开的，本地方言的学习仅仅作为一项课余作业而存在；而35—56岁之间的人群，以普通话和青海话为主，其中青海话居多，偶尔使用藏语。普通话运用人数比例与年轻人比要低，这主要因素在于受大环境影响，不论是回族，还是藏族，都受到汉语影响，除了一些年龄相对较大，或者是居住在相对偏远的地区人还使用民族语言，大部分人，不同民族之间的沟通主要以普通话为主。到了56岁以上年龄段中，出现使用托茂蒙古语的比例。

表13 托茂人与晚辈沟通时使用的语言情况调查表[②]

| 选项 | 小计 | 比例 | |
|---|---|---|---|
| 托茂语 | 2 | | 0.63% |
| 青海话 | 203 | | 64.44% |

① 陈原.社会语言学 [M].北京：商务印书馆,2000:291–292.

② 本选择题涉及多选项,因此选择结果百分比大于100%。

续表 13

| 选项 | 小计 | 比例 | |
|------|------|------|------|
| 普通话 | 112 | | 35.56% |
| 蒙古语 | 0 | | 0% |
| 藏语 | 2 | | 0.63% |
| 无此类情况 | 103 | | 32.7% |

　　关于"您以后都会用托茂蒙古语跟您的孩子交流吗"的调查（表14），其比例分别为："会"的 30 人，占比 9.52%；"不会"的 165 人，占比 52.38%；"不知道"的 120 人，占比 38.1%。随着时代的发展，各民族之间的交际越来越广泛，越来越深入，而托茂人作为一个特殊个例，为了本民族在大环境中的发展，尤其是为了个人更好地融入这个社会，造成选择"不会"的比例最高。根据访谈可以得知，选择不会的人主要有以下想法：一是认为自己本身就不会托茂蒙古语，故而也不会与孩子沟通；二是感觉学习一门语言需要投入大量的精力，如果仅仅从保护托茂蒙古语的角度上分析，感觉没有必要，因为即使掌握了托茂蒙古语，现在的情况是，使用托茂蒙古语的人毕竟已经越来越少，没有太多使用的空间和几率；三是因为没有专业的部门和渠道，引导托茂人展开民族语言恢复及复兴，如果仅凭个人去恢复托茂蒙古语体系，感觉很难。而选择"不知道"的调查对象中，一部分是因为没有子女不知如何回答，还有一部分表示因为自己从来不会说托茂蒙古语，所以对托茂蒙古语没有过多关注，即便心里知道托茂蒙古语是自己民族的母语，但是长期处于"无感状态"，并且成为习惯。

表 14　托茂人对子女学习母语的态度调查表

| 选项 | 小计 | 比例 | |
|------|------|------|------|
| 会 | 30 | | 9.52% |
| 不会 | 165 | | 52.38% |
| 不知道 | 120 | | 38.1% |

访谈时，有一位目前从事教育工作的访谈对象，向笔者讲述家庭语言使用情况时这样说：

小的时候父亲说托茂语，跟我们兄弟姐妹说话也是用的托茂语，但母亲是回族不会说托茂语，没办法和她交流，母亲不让父亲说，父亲慢慢开始在家里也不说托茂语了。但是父亲跟他的兄弟姐妹在一起的时候会说托茂语。从我们听不到父亲说托茂语开始，我们也就基本忘完了。后来常听见父母和他的姊妹们说托茂语的时候，那时候我们也小，没注意是什么蒙古语、托茂语，他们那时候叫"哒子语""哒话"，其实就是蒙古语。

我父亲的哥哥、姐姐他们都会说托茂语。我们兄弟姐妹几个现在都已经全都不会说了，尤其是我的弟弟和妹妹们，从小就不会说几句。其实我们会说托茂语的时候都还很小，最主要的原因是母亲不会说，所以家里也不提倡说蒙古语。等到了我们想说想学的时候，父亲就去世了，现在已经去世 20 多年了，所以一直再没学托茂语。

我们都不会说托茂语了，也就更不可能跟孩子说托茂语了，所以我们除了平常习惯说的青海话以外，可能跟别的家庭比普通话说得更多一点。孩子们也都上大学，平时为了他们，会刻意说普通话。（访谈对象：MXP，女，47 岁。访谈时间：2019 年 7 月 29 日）

## （三）社区语言使用情况

社区语言使用情况调查主要从交际场合、交际对象和交际话题三个层面展开，针对不同的层面尽可能设计调查选项，全面掌握个体的社区语言使用情况。

1. 不同交际场合语言使用

根据实际调查结果（表 15），将"集贸市场、政府部门和宗教活动场所"

作为不同交际场合的调查地点。通过问卷调查数据统计可以得知，在不同的交际场合，使用语言也存在不同，在集贸市场买东西时，使用普通话、青海话的比例最高，分别为 86.67%、59.05%，由于集贸市场的农产品主要是回族经营，故而使用普通话与青海话的比例相对较高；而在本地政府部门办事的时候，使用普通话的比例最高，比例高达 68.25%，青海话次之。进一步访谈可知，数据显示的高比例常用语言是托茂人进行交际的首选语言，而数据中显示一定占比的托茂蒙古语、蒙古语、藏语的运用现象主要体现在与相熟识的交际对象的沟通中。

根据调查可以得知，在开斋节和古尔邦节活动中，托茂人与本民族和外民族沟通交流时基本上以青海话为主，占比达到 97.78% 和 91.11%；其次为普通话，比例为 12.06% 和 51.11%。其中，在节日中与本民族沟通交流时普通话运用程度较低，只有 12.06%，和与其他民族沟通使用情况相比低一半多。

纵观调查结果，在既定交际场合中，总体而言，青海话的使用频率都是最高的，其次是普通话。换言之，目前在托茂人的社会生活中，占有主要地位的语言交际工具是青海话和普通话。

表 15　托茂人不同交际场合语言使用情况调查表 [①]

| 选项 | 托茂蒙古语 | 青海话 | 普通话 | 蒙古语 | 藏语 | 无此情况 |
|---|---|---|---|---|---|---|
| 本地集贸市场买东西 | 0.95% | 86.67% | 59.05% | 0.32% | 2.86% | |
| 本地政府部门办事 | 0% | 65.71% | 68.25% | 0% | 1.27% | 4.44% |
| 开斋节和古尔邦节与本民族沟通 | 2.86% | 97.78% | 12.06% | 0% | 0.95% | |
| 开斋节和古尔邦节与其他民族沟通 | 0.95% | 91.11% | 51.11% | 0% | 5.08% | |

---

① 本选择题涉及多选项，因此选择结果百分比大于 100%。

2.不同交际对象语言使用

对托茂人与不同交际对象的语言使用调查（表 16）中显示：跟本民族聊天时，几乎所有人会使用青海话，占比为 97.78%，其次是普通话，但是总体占比不高，为 14.29%。其中不同年龄段呈现出不同的比例，35 岁以下的人，大多选择用普通话跟邻居聊天；而 36—55 岁这一阶段的人，聊天时除了普通话之外，更侧重于使用青海话；56 周岁以上的人，聊天时则以青海话为主，也会说托茂蒙古语；面对本民族的聊天对象，如果有特定的聊天主题，偶尔会使用一定的藏语。跟其他民族聊天时，基本上选择用青海话和普通话两种语言工具，其中青海话的使用比例稍高于普通话，85.4%>70.61。跟陌生人交谈时，选择青海话的比例仍旧高于普通话，达 80.63%，其次是普通话，但是总体使用情况相较于外民族而言，普通话的使用率有提高。笔者在进行田野调查时，可以明显感觉到，调查对象下意识是想选择普通话进行沟通，如果调查对象的普通话表达能力较差，也会在交谈过程中不自主选择使用比较熟悉的普通话词汇。综上，托茂人在交际对象不同时，基本上都是会选择使用青海话和普通话，除非交谈对象是一些从小到大都在本地的特别熟悉的邻居，在聊天时会选择对方习惯使用的语言展开聊天。

表 16　托茂人与不同交际对象语言使用情况调查表 ①

| 选项 | 托茂蒙古语 | 青海话 | 普通话 | 蒙古语 | 藏语 |
| --- | --- | --- | --- | --- | --- |
| 与本民族聊天 | 7.62% | 97.78% | 14.29% | 0% | 1.59% |
| 与外民族聊天 | 1.27% | 85.4% | 70.61% | 0.63% | 11.43% |
| 与陌生人聊天 | 0.95% | 80.63% | 72.38% | 0% | 6.98% |

① 本选择题涉及多项，因此选择结果百分比大于 100%。

### 3. 不同交谈话题的语言使用

对不同交际话题语言使用状况调查（表 17），主要从学习、工作和生活三个方面进行。根据调查统计，托茂人在日常生活中基本上都是用青海话进行沟通交流的，占比达 97.46%，其次是普通话，占比达 32.06%，除此之外，托茂蒙古语、藏语紧随其后，这主要是因为日常生活中，青海话和普通话已经成为托茂人最重要的语言工具；关于学习方面，除了 104 个调查对象没有接受教育学习经历以外，61.59% 对象选择运用普通话进行学习话题的沟通交流，这与学习环境的特殊性密不可分；在工作环节，315 个调查对象中 215 个有工作经历的调查对象表示，因为工作中会接触形形色色的人，其中牵涉多民族交流对象，故而托茂人的语言使用选择中会涉及普通话、青海话、藏语、托茂蒙古语，其中占主要工具地位的还是青海话和普通话，分别为 57.14% 和 28.25%。

表 17　托茂人在不同交际话题中的语言使用情况调查表 [①]

| 选项 | 托茂蒙古语 | 青海话 | 普通话 | 蒙古语 | 藏语 | 无此情况 |
|---|---|---|---|---|---|---|
| 举意时 | 0.32% | 96.83% | 6.35% | 0% | 0.32% | |
| 日常生活话题 | 1.9% | 97.46% | 32.06% | 0% | 5.08% | |
| 学习方面话题 | 0.32% | 16.83% | 61.59% | 0% | 0.63% | 33.02% |
| 工作方面话题 | 3.81% | 57.14% | 28.25% | 0% | 8.25% | 31.75% |

结合田野调查，通过对不同交际场合、不同交际对象和不同交际话题下，托茂人语言使用状况分析，笔者对托茂人的社区语言使用现状有了进一步了解，从侧面为托茂人语言使用态度提供了数据参考。

---

[①] 本选择题涉及多选项，因此选择结果百分比大于 100%。

# 三、托茂人的语言态度

　　谈及语言态度，国内外语言学家对其界定也是各有不同。戴庆厦认为，人们对语言地位、功能以及发展前景等的看法，就是他们对语言的使用价值的看法，而这种观念看法就可以被称为语言态度。[①]霍姆斯认为："语言态度反映了使用者的态度和语言的实际使用。"[②]而在道布看来，生存在多民族国家的人，因为客观环境导致的语言使用的不平衡性，势必让他们从主观上对语言形成一定的态度，而这种态度主要表现在对自己的母语和自己语言社区以外的更为通用的强势语言上。这种态度被称作语言态度，也可被称为语言观念，或者语言心态。[③]可见，对少数民族语言使用态度的调查研究，就必须探寻语言使用主体在母语和其他各种使用语言中的语言倾向和语言行为，因此本章节以实际田野调查数据为依据，在前一章节使用现状分析的基础上，分别就托茂人对母语的情感态度、对双语使用的态度和对多语选择的态度展开描述。

## （一）对母语保持的态度

　　母语是一个民族情感依赖最深、寄托最多的语言主体；母语是本民族文化的载体和表现形式，也是本民族与其他民族或社会群体相互联系、沟通情感的重要渠道，是表现民族和客观世界的重要形式和工具。母语承担着维护民族情感、凝聚民族精神，寻找社会地位的重要作用。托茂人的母语使用现状不容乐观，但是他们依然积极地维护着母语的主体地位，传承

---

① 戴庆厦. 社会语言学教程 [M]. 北京：中央民族大学出版社 ,1993,(12)：144.

② 霍姆斯 (Janet Holmes). 社会语言学导论 [M]. 北京：世界图书出版公司北京公司 ,2011,(8).

③ 道布. 道布文集 [M] 上海：上海辞书出版社 ,2005,(5)：409.

精神文化的作用。笔者通过设计一系列的主观意愿、主观选择、主观情感题目，调查分析托茂人对母语的态度。

1.是否喜欢蒙古语

"您是否喜欢蒙古语？"的主观选择中，315 个调查对象中有 283 人持肯定态度，占比 89.4%；4 人"不喜欢"，占比 1.27%；另有占比 8.89% 的 28 个调查对象认为"无所谓"。大多数调查对象表示，"即便自己不会说母语，但是始终认为那是他们自己的东西，是祖宗留下来的财富，自己的东西肯定喜欢。"认为"无所谓"的调查对象，之所以选择中立的态度，实际其中包含更多的是"遗憾"，他们认为"知道那是我们自己的语言，可是我一点都不会，觉得自己没有发言权，只能选择无所谓。"而表示"不喜欢"的 4 个调查对象是从小不在托茂人群中居住生活的年轻人（图 1）。

透过数据分析，我们可以直观地感受到托茂人对母语的深厚感情，这种情感发自内心，尽管他们中大多数人已经不会运用蒙古语，甚至能够听懂的都很少，但是这并没有阻碍他们对母语的理性认知。相反，与托茂蒙古语现世的隔离反倒激起了他们对母语的渴望，也就是说，每个民族都会对自己母语产生深厚的感情，故而，势必会对本民族语言持坚定的维护态度。①

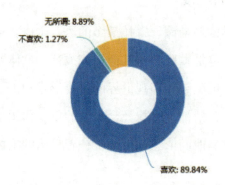

图 1　托茂蒙古语喜好态度调查比例图

---

① 何俊芳 . 中国少数民族双语研究 : 历史与现实 [M]. 北京 : 中央民族大学出版社 ,1998,(9)：150-151.

2. 蒙古语是否比别的语言好

在问及"您认为托茂语比别的语言好吗？"时，在 315 份调查样本中有 234 个调查对象认为蒙古语比别的语言好，占比达 74.29%；认为蒙古语不比别的语言好的调查对象有 13 人，占比达 4.13%；另有 68 个调查对象对此持"无所谓"的态度（图 2）。14 个调查对象之所以对蒙古语持否定态度，是因为他们认为"蒙古语在实际运用中已经明显没有优势，甚至可以说已经没有什么地方是能用到的语言了，"而持"无所谓"态度的调查对象认为语言是没有可比性的，每种语言都有自己的特点、优势和魅力，就看在什么使用场合下评价这种语言。

在母语使用者心中，大多数人认为自己的母语比别的语言好，拥有天然的语言优势，出自内心情感的语言评价，是母语使用者对母语的情感依赖和情感寄托。对母语的态度，没有与语言功能评判挂钩，母语使用者认为即便母语在语言环境中已经丧失了主体地位，但是并不影响他们对母语的优势评判。对母语评价丧失信心的小部分人，更多地将语言使用频率与对语言的态度直接画等号，单一地认为只有"有用"的语言才具有优于其他语言的特点。

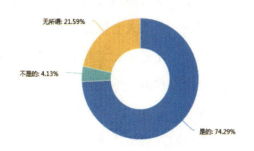

无所谓: 21.59%

不是的: 4.13%

是的: 74.29%

图 2　托茂蒙古语认同态度调查比例图

3.学习蒙古语是否有用

调查"您认为学习蒙古语有用吗？"时，315个调查对象中有293人认为"有用"，占比93.02%；19个调查对象认为"无所谓"，占比6.03%；仅有3个调查对象认为学习蒙古语"没有用"，这3个调查对象是长期在国外留学研究"阿拉伯语"的年轻学习者（图3）。

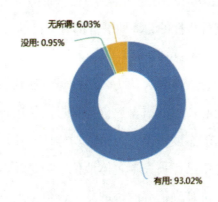

图3　蒙古语实用性调查比例图

据此调查数据可以判断，大多数托茂人对于自己的母语持有非常积极的态度，即使就目前语言环境和语言使用现状来看，蒙古语的使用群体极为有限，仅仅是托茂人群里的一些老人会说，或者也仅仅是他们更着急使用，大部分人不论学习、工作，还是参加宗教活动都很少使用蒙古语，但是这并未影响他们对自己母语的评价，依然坚定认为蒙古语的发展大有希望，故而认定可以通过正规、系统性的学习来再次发展母语。笔者在跟踪调查托茂人专属媒体信息平台时发现，托茂人在自发组织学习蒙古语，以实际行动印证他们对母语学习的态度（图4）。

图 4　托茂人在自己的信息平台主动学习蒙古语歌曲

4. 蒙古语是否应该保护起来

询问"您认为蒙古语应该保护起来吗？"时，可以明显感知调查对象思考过程中会有犹豫，但是最终选择态度又都比较坚定。315 个调查对象中有 310 人认为"应该保护起来"，占比 98.41%；仅有剩余 5 个调查对象认为"无所谓"（图 5）。

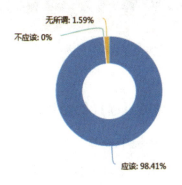

无所谓: 1.59%

不应该: 0%

应该: 98.41%

图 5　蒙古语保护态度调查比例图

调查数据显示，调查对象中几乎所有人认为自己的母语应该采取行之有效的措施保护起来，即使他们中绝大多数调查者根本无法正常使用蒙古语进行日常交流，有的甚至脱离母语已经很长时间，但是在他们内心坚定地认为蒙古语是专属于托茂人的文化载体，是培育民族精神的沃土。虽然蒙古语的使用频率极低，使用范围窄，但是大部分托茂人都认为蒙古语应该保护起来。在进行深度访谈时可以明显感觉到，近年来因为托茂蒙古群体越来越多地受到学者的关注，加之托茂人自己也在积极地成立"托茂人文化研究协会"（图6），并受到政府部门的支持，因此，也有相当一部分托茂人是渴望通过这种意识的表达唤起更多社会各界人士对托茂蒙古语的重视。

图6 "托茂人文化研究协会"成立

## （二）对双语、多语使用与选择的态度

托茂人长期处在多语言环境中，除了母语以外，他们多数人会选择使用青海话、普通话、蒙古语、藏语进行沟通交流，尽管每种语言的使用场合、使用频率都不同，语言使用者的主观选择也会受多方面因素影响，

但是主体选择倾向最终呈现的都是可参考的行为结果。

1. 工作中语言选择

调查问卷中通过设计"您认为在工作中以下哪种语言或方言对您来说比较重要？"来获取托茂人在工作中的多语选择倾向。首先从调查对象选择语言的比例来看，将青海话作为重要语言选择的有 206 人，占比 65.4%；将普通话作为重要语言选择的有 200 人，占比 63.49%，青海话和普通话是两种最重要的语言选择；其次依次为藏语、托茂蒙古语、阿拉伯语和蒙古语。（图 7）

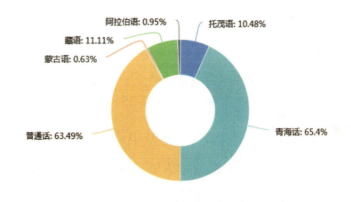

**图 7　工作中使用语言选择倾向比例图** [1]

经分析，从工作中使用各种语言的重要性可以得知，工作中托茂人更侧重青海话与普通话结合使用，调查数据显示在这两者中语言使用重要性最高的是青海话，通过深入了解可知，青海话的选择多是受环境的影响，即便是工作场合，只要交流对象也会使用青海话，那么双方会自然地选择认为更加亲切的语言进行沟通。尽管普通话的选择比例稍低于青海话，但是调查对象主观上更愿意将普通话作为工作中的首选，托茂人普遍对普通

---

① 本选择题涉及多选项和排序，因此选择结果百分比大于 100%。

话更为重视，普通话作为与社会交流的重要语言工具，对促进托茂人成员之间进行社会沟通、交流、合作、发展环节的重要性不言而喻。又因为托茂人现多与藏族相邻而居，其在放牧工作中交往频繁，因此在剩余语言选择中，位列第三的是藏语。又因为宗教信仰，有一部分托茂人从事伊斯兰教文化事业，因此，阿拉伯语的选择略高于其他剩余语言。母语被选择的重要性偏低，主要原因在于母语在众多语言中已经明显失去优势地位，相当一部分托茂人丧失了母语使用能力，甚至很小的时候就已经不会说母语，母语的语言使用环境状况不佳，加之工作中涉及交流对象为多民族团体，因此涉及工作的公共场合，更是鲜有人选择使用托茂蒙古语交流。

综上，工作中托茂人对于多语选择倾向排序为：青海话（64.59%）>普通话（54.37%）>藏语（33.87%）>阿拉伯语（18.98%）>托茂蒙古语（10.76%）>蒙古语（9.67%）。

2. 生活中语言选择

调查问卷中通过设计"您认为在生活中以下哪种语言或方言对您来说比较重要？"来获取托茂人在生活中的多语选择倾向。首先从调查对象选择语言的比例来看，将青海话作为重要语言选择的有283人，占比89.94%；将普通话作为重要语言选择的有148人，占比46.98%；31个调查对象选择托茂蒙古语会在生活中使用，占比9.84%；选择藏语的25人，占比7.94%；选择蒙古语的4人，占比1.27%；选择阿拉伯语的1人，占比0.32%。托茂人的生活常用语言与工作使用语言无论人数比例还是语言重要性都稍有区别（图8）。

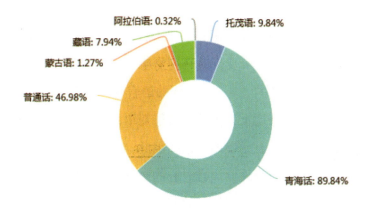

图8　生活中使用语言选择倾向比例图 ①

　　通过分析可知，生活中托茂人更愿意使用青海话作为主要的交际语言，地处青海，大部分托茂人不但从主观上自愿选择青海话，同时也是顺应生活周边的语言环境。其次，在生活中托茂人使用最广泛的便是普通话，他们认为普通话在哪里都可以用得上，并且生活中最容易与陌生人接触，使用普通话沟通会成为下意识的选择。还有一些调查对象表示，更愿意把握生活中语言使用机会，以期提高普通话水平，积极响应国家语言政策。与工作语言选择不同，除了青海话和普通话，托茂人在生活中多选择母语来使用，这说明生活中的母语环境尚可，只要有合适的交流对象（这里就是指同样会使用母语进行日常沟通交流的），托茂人更愿意通过此机会使用、学习、提高母语。其次，根据周边少数民族分布，托茂人生活中依次选择使用的是藏语和蒙古语。调查对象中仅有1人选择使用阿拉伯语作为主要的生活语言，该调查对象常年留学国外学习伊斯兰文化，其周围语言环境中阿拉伯语占有重要地位。

　　综上，生活中托茂人对于多语选择倾向排序为：青海话（83.75%）＞普通话（60.21）＞托茂蒙古语（33.78）＞藏语（15.7%）＞蒙古语（12.98%）

———————————

① 本选择题涉及多选项和排序，因此选择结果百分比大于100%。

＞阿拉伯语（1.32.%）。

通过托茂人多语选择和使用调查情况来看，托茂人语言环境复杂，他们对语言的选择多元，一部分受周边环境影响，一部分靠主观意识判断选择。正如何俊芳认为的那样："一个民族的语言观念主要表现在对待本民族语言和对待外族语的态度上，也就是对待双语的态度上。一般而言，每个民族都对自己的语言具有深厚的感情，因此，对本民族语言都持维护的态度，但与此同时，在对待外族语言时有的民族持开放接纳的态度，有的民族持保守的态度，各不相同。持开放态度的民族，双语、多语现象就会普及一些，持保守态度的民族双语人、多语使用人就会少一些。"① 如此看来，托茂人对于语言的选择态度总体是积极、开放、包容的。

## （三）对子女学习语言的态度

对于子女学习语言态度倾向也是衡量整体语言态度的重要指标，父母对于其子女来说，是很重要的早期语言启蒙指导者，对子女从小学习何种语言有直接影响和重要作用。父母相当一部分语言选择意愿都会在子女身上体现出来，子女的最终学习结果也是父母的选择倾向体现。

调查"您会让您的子女主动学习以下哪种语言或方言？"时，315 个调查对象给出了 7 种语言选择。根据数据统计可以得知，在对子女主动学习语言态度的分析上，其主动选择语言重要性高低排列为：普通话＞青海话＞英语＞托茂蒙古语＞藏语＞蒙古语。

通过访谈可以得知，作为托茂人日常生活沟通、交流所使用的重要语言，普通话的地位不言而喻，家长普遍认为，不论在学习、工作，还是生活中，普通话是必须掌握和使用的。一方面国家九年义务教育普及，100% 实现教育学习，另一方面随着国家通用语言文字政策的宣传力度不断增大，绝大部分父母都会主动要求子女学习普通话。由于自身语言使用习惯，即在

---

① 何俊芳. 中国少数民族双语研究：历史与现实 [M]. 北京：中央民族大学出版社,1998,(9)：150-151.

工作、生活中将青海话的使用排在重要地位，因此，让子女选择学习语言的态度上，大部分托茂人还选择了青海话。作为托茂人，在学习本民族语言上，有一部分人持积极态度，有一部分人因为母语运用能力受限，在与其他语言作比较时，"功能性"理性选择超过了"情感意识"的感性选择。

　　排序第三的是英语，子女正值上学期的父母都会毫不犹豫让他们主动学习英语，一方面是因为学校学习要求规定，另一方面他们认为英语的功能地位已经仅次于普通话。除此之外，藏语和蒙古语对于大部分托茂人来说，也属于日常工作、生活中相对重要的沟通交际工具，故而对于有需求的语言，父母也会主动要求子女参与学习。

### （四）对蒙古语未来发展的态度

　　调查托茂人对未来母语的态度，笔者认为应该从对未来学习母语的态度和对母语未来发展的态度两个角度进行探讨。如果调查对象对母语的学习态度比较坚定，一定程度也可以反映出他们对母语的未来发展比较看好。同样如果学习母语的态度不坚定、不积极，也会从侧面反映出调查对象对母语的未来发展不持有乐观态度，至少也是持保守态度。

#### 1. 对未来学习母语的态度

　　基于田野调查可以得知，对于蒙古语是否应该从小学起，绝大部分人都选择了"应该"，其比例为94.29%；认为"不应该学习"的，只有1人，占比0.32%；剩余17个调查对象持"无所谓"的态度（图9）。对于是否会让孩子去专业的地方学习母语时，同样大部分人选择了"会"，占比85.4%；持否定态度的4人，占比1.27%；剩余42人回答"不知道"（图10）。

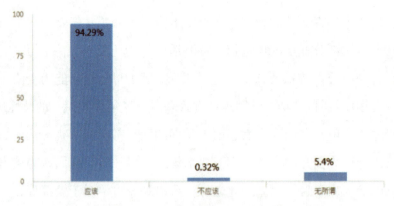

图 9　托茂人对未来学习母语的主观意愿选择比例图

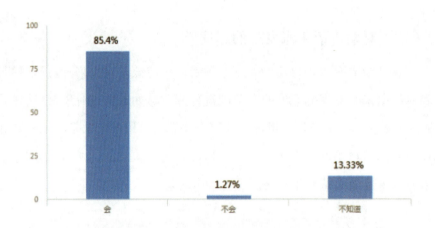

图 10　托茂人对未来学习母语的行为倾向选择比例图

作为托茂人民族文化的重要组成，托茂人对于托茂蒙古语的关注一直持续，但是受宗教信仰影响，以及国家通用语言的普及，对于托茂蒙古语的发展都呈现出较大的制约性，导致托茂蒙古语在使用方面一直呈现出一种边缘化状态。正因为如此，在强烈的民族情感召唤下，托茂人积极地投入到发展母语的事业中，对未来可能让母语恢复使用功能的期盼值很高，表现出强烈的渴求意识，对于自身丧失母语使用的遗憾，期望通过后代的学习进行弥补。因此，占比 80% 以上的托茂人在态度上坚定认为孩子应该从小学习母语，如果有可以学习母语的途径，他们也是积极响应。

2. 对未来发展态度

笔者通过"蒙古语是否会消亡"和"托茂蒙古语消亡了是否可惜"两种主观意愿选择，来获取调查对象对母语未来发展的态度（图 11、12）。基于田野调查可以得知，在问及"蒙古语是否会消失"时，选择会消失的比例非常高，占比达 94.6%，这证明大部分托茂人对于蒙古语的现状都认识得比较清晰，而且蒙古语一旦消失，这就意味着托茂文化中最重要的文化载体就会消失，因此 94.6% 的人都觉得十分可惜。

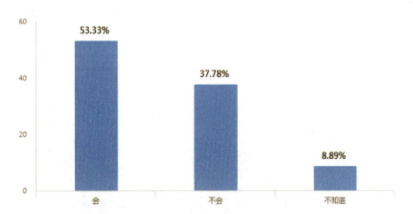

图 11　蒙古语未来发展预测态度调查比例图

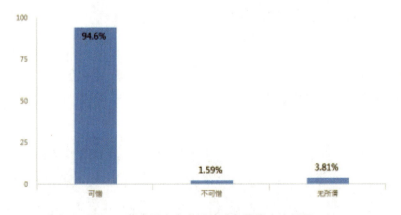

图 12　蒙古语未来发展情感归属调查比例图

通过对一部分托茂人的访谈可以得知,作为托茂人文化的重要载体和组成部分,他们一直关注着自己的古有语言,尽管母语生存现状堪忧,发展前途岌岌可危,但是托茂人并没有完全放弃。一部分人认为尽管目前母语运用状况不理想,但是越来越多学者对此给予关注,政府相关部门也是全力支持"民族文化研究",加上托茂人自身已经有保护母语的强烈意识,也有近 40% 的受访对象认为蒙古语不会消失。总体而言,托茂人对母语现状形势认识到位,虽然对母语未来发展异常担忧,但同样也有迫切保护并且继承母语文化的愿望和行动。

在进行深度访谈的时候,不同年龄段的访谈对象对母语的未来发展也是持有不同的态度:

访谈对象一:DZ,男,65 岁。

我觉得我们自己的这个语言再发展不了了,你们也调查过不少了,也应该看到了,我们托茂人里面现在会说这个托茂语的人太少了,谁都不说,也没地方去学,会说的老人现在也没剩下几个了,等以后这些老人都走了,想学的地方都没有了。我觉得语言就是要不停地说,经常说,现在连语言都保证不了,怎么可能再去谈发展。语言都是越不说就越不说了,大家都忘了,都不说了,是迟早的事情。

访谈对象二:MJM,女,31 岁。

蒙古语当然不会消失,怎么可能消失,它是一种语言,只要有人说着,就说明它还存在着。现在会说蒙古语的人还有呢,而且我们现在跟以前不一样了,以前没注意到,现在都想学蒙古语,都想把我们自己的语言重新学会。而且你们也看到了，我们专门成立了"文化研究协会"，协会不光是只研究历史，我们也要研究自己的语言，首先就会想办法保护语言，政府也很支持。况且，越来越多的学者也在关注我们，关注我们的语言，我相信肯定会想出办法的。其实，我们现在有自发地学习蒙古语的平台，就是几个会说蒙古语而且说得好的人自发每天教大家一点，这样下去我们的语言不可能消失的。

# 四、结　语

作为文化的基础性存在，语言使用是不同人群集团中最具象征性、最具代表性的行为。蒙古语作为托茂人的母语，其在文化特征彰显上的重要意义不言而喻，虽然如今托茂人使用的语言主要是汉语，且长期与蒙古族、藏民族共处，所操的语言在语音、词汇、语法等方面都不同程度地受到蒙古语言、藏语言的极大影响，而呈现出一种特殊性，但是多语环境中语言的使用仍然呈现出并蒂开花的特点。从语言所具备的文化视角上分析，语言作为文化的载体和表现形式，是民族群体最具代表性、最具特征性的行为。调查托茂人的语言状况，一方面可以分析托茂人身处多语环境中的语言使用现状；另一方面可以探寻语言使用、发展变化背后的文化变迁。

因此，本文针对托茂人的语言现状，展开系统的调研，着重分析托茂人语言环境中的语言使用特征，并借助针对语言的研究，一定程度上探寻到托茂人族群之间互动的痕迹。作为一种重要的文化资源，蒙古语彰显的是托茂蒙古族群的文化根基。不过，伴随现代化发展，蒙古语语言资源危机悄然而至，跟其他大部分少数民族一样，语言的逐渐消失和现代化，意味着部分传统文化的丢失。因此搜集、记录、整理托茂人的语言资料，做好蒙古语的保护建议工作，对语言资源的保护与民族文化的传承都具有极为重要的现实意义。

# 康家话使用现状调查研究

李晓慧

# 一、引　言

## （一）康家人历史来源

　　康家人主要聚居在青海省黄南藏族自治州尖扎县康杨镇沙里木、宗子拉、巷道三个村，人口约 3500 人。康杨镇的回族和康家人，普遍信奉伊斯兰教，但在语言使用上有所不同，康杨镇回族所使用的语言为当地的汉语方言。康杨镇位于尖扎县东北部，总面积 35 平方千米，距县政府驻地 23 千米。以回族为主，有 13 个村委会，分别为宗子拉、沙力木、巷道、上庄、东门、城上、崖湾、格曲、河滩、寺门、尕马塘、西淋、烂泥滩。尖扎县东北绝大部分以黄河为界与化隆县相望，东南与循化县接壤，西与贵德县相连，南与同仁市毗邻。康杨镇自古以来就是羌族先民们的繁衍生息之地，在这里曾挖掘出马家窑文化时期的彩陶弦纹壶，以及齐家文化时期的彩陶、灰陶等器物和卡约文化时期的细沙红陶、粗沙红陶等陶器。康杨镇总人口约 0.7 万，主要民族为回族，占总人口的 79%，其余为藏族和汉族。但据史料记载康杨地区历史上的主要民族是屯兵的汉族，回族是后来迁徙过去的。笔者在康杨调查时询问当地人为何叫"康家""杨家"，当地人对其缘由都不是特别清楚。但根据文献记载推测"康家""杨家"就是历史上屯兵的康泰、杨鸾这两个百户，"康杨"一名也是由此而得。关于康家人的来源有多种说法，1. 从保安迁徙过来的工匠、商人。2. 从贵德迁过来的回族。3. 从甘肃河洮等地迁徙过来。康家回族老人讲，康家绽姓是从河州地区迁过来的。4. 当地的汉族、藏族接受伊斯兰教成为穆斯林。笔者查阅了有关资料，认为第一种"保安说"①更有依据，因为康家话与保安语比较接近。

## （二）康家人社会文化

尖扎县是藏、回、汉、撒拉、土、满、蒙古、保安等多民族聚居的地方，其中 65.49% 是藏族，23.22% 是回族，10.61% 是汉族，其他民族占 0.68%。

史料记载，尖扎县内最早的先民是羌人。4 世纪初，鲜卑族吐谷浑率众自辽东一带迁徙青海与诸羌、氐等先民陆续徙居境内。之后，军队屯兵戍边，流放和谋生的汉、回等民族陆续徙居境内，生活习惯互相影响，既相互继承，又相互同化。②

康家（沙里木、宗子拉、巷道）是回族村。在衣着方面，男性多戴白色或青色平顶小圆帽，也有刺绣或编织的花色平顶小圆帽。礼拜时，中老年人多缠头巾。女性头上均戴白布帽，外加戴盖头。盖头颜色随年龄增长而变化，已婚中年妇女大多为黑色，老年妇女多戴白色。青少年、中年女性的盖头多为四织的本色提花图案的薄纱制作，老年妇女的一般用白布料制作。近年来青年女性中流行的盖头款式越来越多，也越来越好看。服饰与汉族大致相同，中老年男性喜穿黑色、灰色大衣。老年妇女喜欢穿黑色

① 陈新海 . 康杨社会历史调查报告 [J]. 青海民族研究（社会科学版），1993(4).

② 尖扎县地方志编纂委员会编 . 尖扎县志 [M]. 兰州：甘肃人民出版社 ,2003：630-634.

长袍。中青年多穿新潮服饰。

在饮食方面，除教规的禁忌食物之外与汉族大同小异，唯烹调技艺略高一些。盖碗茶俗称碗子，尤为喜好，通常用冰糖、桂圆、青茶沏制，上好的则加上红枣、枸杞、杏干、葡萄干、核桃仁等沏泡，称为八宝盖碗茶。还有熬茶时加花椒、盐、草果、茴香等，别具风味。

在建筑方面回族的居住与汉族基本一样，都是砖木结构、方方正正的小院儿和楼房。

在婚葬方面，回族结婚程序和汉族大同小异，有提亲、定亲、送礼、完婚几个程序。提亲俗称"下茶"，请媒人带茯茶、果包和衣料等到女方家提亲。同意后送"定茶"、彩礼。婚期多数选在"主麻日"或主麻日的头一天。第一天念"亥亭"，祈祷真主保佑。在葬礼方面，他们不分男女老少，死后从速土葬。妇女不送葬。葬后三天、七日、二七、三七、四七、月斋、百天、周年为悼念日，请阿訇念经。

在生计方式方面，康家人敢闯敢干，不死守家门，不愿受穷，不甘落后。除了务农之外，一些年轻人外出务工，中年男士就在康杨镇周围跑车赚钱，还有部分家庭举家到广州、深圳一些大城市开饭馆。

### （三）康家话概况

早在 20 世纪 90 年代就有学者关注过康家话。几位学者都曾提出康家话与保安语更接近（韩建业 1990，席元麟 1994，陈乃雄 1997）。康家话是指位于黄南藏族自治州尖扎县康杨镇沙里木、宗子拉、巷道三个村部分回族使用的一种土语。这三个村目前约有 3400 多人。但会说康家话的人非常少，都是年龄在 60 岁以上的老年人。笔者在康家调研时，一些老人除了会说康家话和当地汉语方言外，还精通藏语。当地老人说以前在康家有藏族居住，并且和附近山里的藏族交往密切，交流多了也就学会了藏语。

笔者追问现在年轻人为什么不学习藏语，当地人说现在藏族的汉语水平比他们好，所以也不用学藏语。康家话的使用仅局限在会说康家话的人之间，康杨镇的其他人一般听不懂康家话。

1. 语音

康家话有单元音和复元音两类。单元音有 11 个 a, ə, ɯ, e, i, ɔ, u, ɵ, ʉ, y, ɚ。复元音，又分前响二合元音和后响二合元音两种。前响二合元音有 ai, əi, ei, ui, ʉi, ɑu, ɑʉ 7 个；后响二合元音有 iɑ, ie, iɔ, iʉ, uɑ, ʉe, ya, ye, ʉə 9 个。康家话单辅音和复辅音两类。单辅音有 b, p, m, f, v, dz, ts, s, z, d, t, n, l, r, dʐ, tʂ, ʂ, ʐ, dʒ, tʃ, ʃ, j, g, k, ŋ, ɢ, q, x, ʁ, h 30 个辅音音位；复辅音又分为亲和力强复辅音（指两个辅音结合紧密，一般中间不能出现清化元音）和亲和力弱复辅音（指两个复辅音结合程度没那么紧密，他们既可以连在一起，又可以中间出现清化的或弱化的过渡性元音）。亲和力强复辅音有 nb, mb, nd, ndʒ, ndz, ɔg, ɔɢ, ng, mg, ʃɢ, ʃt, ʃd, ʃdʒ, ʂd, xt, hdʒ, ʁʃ, rʁ, rd, ʂdʒ, ʁʃ, rd, ʂdʒ, sk, 21 个。亲和力弱复辅音有 sx, sdʒ, tsy, tx, dr, sd, st, sg 8 种。

在康家话词的派生词或组合以及语流中受前后音的影响有产生同化、异化、增音、减音的情况。

2. 词汇

康家话的音节是以元音为音节构成，音节的成分是元音和辅音。音节里可以没有辅音，但不能没有元音。康家话一般有单音节词、双音节词和多音节词三种类型，单音节词相对要少一些。而元音都能单独构成音节。但除"ɚ"外，其他元音不能在后续音节首组成音节。

词的构成，可分词根、词缀，词缀又具有构词和构形功能。

如：asɯ-dʒi 牧人（词根、词汇语素）、kʉn-sʉn 人们（词根、构词后缀）、adʒia-sʉn-gʉ 哥哥一家的（构词 — 构形后缀）。

词的结构类型，按其构造可分为单纯词、派生词、合成词。单纯词由一个词根语素构成，如：u 宽。派生词是在词根语素后面接加词汇语素构成，例如：dandi- 买 +-n，dandɯn 买卖。合成词由两个以上的词根语素所构成，imɔ guru 食指。

3. 句法

（1）句子顺序

康家话属于阿尔泰语系蒙古语族的语言，它的语序和其他语言一样，是 SOV 型，即主语 - 宾语 - 谓语。例如：bi tʃa utʃina。我喝茶。但康家话里还存在一些不同的特点。如：（1）谓——宾 / 状式语序：A. bəde se medeva，tʃi resɯni. 我们不知道你已经回来了。B. 谓——状式：bi sanadʒi sɯliɔda dʒigi. 我想去西宁。（2）中心词——修饰式语序：A. 中心词——数代词：kɯn niʁe reva. 来了个人。B. 中心词——形容词式：bi seredʒi ete va. 我醒得很早。C. 中心词——副词式：Gurdun ŋaŋgi. 很快。lesɯdʒi ŋaŋgi. 饿得厉害。

（2）特殊形式

康家话里完整句子不能以体词、形动词形式结束，而都要以语气词或助动词、判断词等各种助词（除陈述式、命令式外）来辅助结束。

如：eni məni ʂɯ i（名＋判断）（康家话），这是我的书。

ene minũ nom.（名 +O）（蒙古语），这是我的书。

康家语里联合复句的分句像一个独立句一样以动词祈使形连接得较多。

如：ki ɯsina，anla urusina.（康家话）刮着风，下着雨。

salqin ɣarcu，borɣan oruju baina.（蒙古语）刮着风，下着雨。

# 二、康家话使用现状调查

语言是人类特有的交际工具，是一个民族的凝聚力。语言和民族是密不可分的。尤其是康家地区，在民族归属上属于回族，但却有不同于其他回族的语言——康家话。在《中国的语言》一书中就提到 20 世纪 50 年代以前由于经济、文化落后，交通不便等原因，康家话的使用状况较好。但在当前经济快速发展、普遍学习国家通用语言的大背景下，使用康家话学习康家话的人越来越少，那么它目前到底处于一个怎样的状态？

本节主要研究的内容是康家地区的语言使用情况，包括调查对象的基本信息、本民族语的使用和其他语言的使用以及双语使用特征。下面调查的数据都是笔者在田野调查过程中获得的第一手材料，主要方法包括问卷调查法和访谈法。由于文化程度原因，绝大多数问卷是笔者及同学边问边记录填写的，也有小部分是识字儿的、有文化能力的被调查者自己填写的。在调查过程中，为了确保力度，也对一些现象进行了刨根问底的调查，当时辅以录音，方便后期整理。

## （一）调查对象基本情况

### 1.调查点基本情况

康家地区包括沙里木、宗子拉、巷道三个自然村，均为回族村，但除了回族之外有个别嫁过来的撒拉族，此外婚配女子均为回族，除尖扎以外的还有化隆、临夏等地的回族女子。目前宗子拉村总共有 847 人，沙里木村 1250 人，巷道村 1350 人。① 有部分人流出浙江、广东等地打工。这三个自然村主要有马、韩、冶、杨等姓。

---

① 此数据有康杨镇政府工作人员 LZC 提供,2018 年 8 月。

2.调查对象基本信息

我们在沙里木、宗子拉、巷道三个自然村随机抽取300人作为调查对象。

（1）男女比例

在300个样本中，男性占53.67%，女性占36.33%，男性人数稍多于女性，性别比例基本均衡。（参见表1）

表1　康家话使用现状调查性别比例图

|  | 男 | 女 |
|---|---|---|
| 人数 | 161 | 139 |
| 百分比 | 53.67% | 46.33% |

（2）年龄比例（参见表2）

表2　康家话使用现状调查年龄比例图

| 年龄段 | 该段人数 | 百分比 |
|---|---|---|
| 6–15岁 | 60 | 20% |
| 16–30岁 | 60 | 20% |
| 31–45岁 | 75 | 25% |
| 46–60岁 | 75 | 25% |
| 60岁以上 | 30 | 10% |
| 总人数 | 300 | 100% |

（3）文化程度

我们将调查对象的文化程度分为"文盲（即没上过学）"、"小学（包括入学一段时间辍学的）"、初中、高中及以上四个层次。从表3中可以看出，康家地区总体文化程度不高，小学所占的比例较高，其次是初中和文盲，高中及以上的占的比例最少。调研过程中发现村里很少出大学生。

表3　康家话使用现状调查文化程度比例图

| 文化程度人数 | 文盲 | 小学 | 初中 | 高中及以上 |
|---|---|---|---|---|
| 受访人数 | 68 | 139 | 76 | 17 |
| 比例 | 22.7% | 46.3% | 25.3% | 5.6% |

（4）婚姻状况

已婚样本209人，未婚样本91人，婚姻状况与年龄密切相关。（参见表4）

表4　康家话使用现状调查婚姻状况比例图

| | 已婚 | 未婚 |
|---|---|---|
| 人数 | 209 | 91 |
| 百分比 | 69.6% | 30.4% |

## （二）个人语言掌握与语言习得情况

关于语言习得和语言能力，考察的是康家人所掌握的语言（包括民族语和第二语言）、本民族语的掌握程度以及与人交谈时使用的语言。

1.调查对象的语言掌握情况

这一项我们通过询问调查对象，以自报的方式了解其语言掌握情况。只有部分调查对象的母语为本民族语言，而大部分调查对象的母语已经发生转用。第二语言自报有汉语方言、藏语。通过调查康家地区的语言使用情况，发现康家地区已经没有母语单语类型[①]，部分是双语型[②]，大部分为母语转用型[③]。在这三种类型中，母语单语型和双语型都属于非转用型。

---

① 单语型，指以母语康家话为唯一交际工具的人群。

② 双语型，是泛指除母语外兼用的其他语言。

③ 转用型，指以非母语为基本交际工具。

由表 5 可知，康家地区，双语型人口占总人口的 16.9%，他们又分两种类型：第一种，母语为康家话，后天习得藏语和汉语；第二种，母语转用为汉语的人群中的部分人后天习得藏语。除双语型人口外，其他的都是母语转用为汉语，并且汉语是他们主要的交际工具，这部分人占总人口的 83.1%。

表 5　调查对象的语言掌握情况

| 语言<br>人数 | 母语 | 第二语言 | |
|---|---|---|---|
| | 康家话 | 汉语 | 藏语 |
| 人数 | 25 | 300 | 26 |
| 比例 | 8.3% | 100% | 8.6% |

（1）双语型

在本次调查中，兼用康家话和其他语言的双语人共有 25 人，占了总样本的 8.3%，他们对康家话的掌握层次不一，年龄分层突出，但都能熟练地掌握康家话。

①母语习得和掌握情况

不言而喻，从小最先习得的语言通常是人的母语。由于康家话没有文字，康家人的母语主要是靠世世代代口耳相传沿袭下来的。在调查中发现，会说康家话的这部分人群，都是通过长辈传授，在家庭环境中自然习得的。

当然，后天的环境对一个人的语言也会产生巨大的影响。随着社会的发展变化，汉语的普及，当地康家人的康家话能力参差不齐。从表 6 中我们可以看出，在抽取的 300 人中，只有 25 个人会说康家话，占调查总数 8.3%，其中掌握程度熟练的只有 5 人，他们的年龄都在 65 岁以上。掌握程度一般的有 7 人，这 12 人从小习得的是康家话，小时候和家里人交流沟通，但随着社会的发展、汉语的普及，以及上学、外出打工与外界的接触等原因，他们不仅会说康家话，而且能够熟练地讲汉语方言，部分人兼通藏语。其余的 13 人年龄均在 55 左右，因家庭影响的程度不同，有的能进行简单的交谈，有的则只是能听懂一些日常用语。

由原来的"康家八十家"，发展到现在的三个村 3447 人，使用的语言也发生了很大的变化。如今，只有部分的老年人依旧记得他们的母语——康家话，一小部分的中年人，偶尔听懂一些词语，而年纪偏小的一代，完全不会讲康家话。

表 6　康家话的习得状况

| 是否习得康家话 | | | |
|---|---|---|---|
| 是 | | 否 | |
| 人数 | 比例 | 人数 | 比例 |
| 25 | 8.3% | 275 | 91.7% |

| 母语水平 | | | | | | | |
|---|---|---|---|---|---|---|---|
| 熟练 | | 一般 | | 不太好 | | 偶尔听懂 | |
| 人数 | 比例 | 人数 | 比例 | 人数 | 比例 | 人数 | 比例 |
| 5 | 1.7% | 7 | 2.3% | 3 | 1% | 10 | 3.3% |

| 习得途径 | | | | | |
|---|---|---|---|---|---|
| 长辈传授 | | 学校获得 | | 其他途径 | |
| 人数 | 比例 | 人数 | 比例 | 人数 | 比例 |
| 25 | 8.3% | 0 | 0 | 0 | 0 |

| 习得时间 | | | | | |
|---|---|---|---|---|---|
| 从小就会 | | 上小学以后 | | 中学以后 | |
| 人数 | 比例 | 人数 | 比例 | 人数 | 比例 |
| 25 | 8.3% | 0 | 0 | 0 | 0 |

②康家话的使用动机

此调查主要是针对会康家话的 25 个样本展开调查，从表 7 可以看出，被调查人使用康家话的原因是多种多样的。出于"对母语有很深的感情""希望母语能更好地继续传承""对生活有一定的实用性"以及"比说其他话更方便自如"等原因。但可以看出"对于母语有很深的感情"和"希望母语能更好地继续传承"为主要动机。

身处当下的环境,康家人的人数和康家话活力的原因导致康家话在传承上面临巨大的挑战,但是他们仍然希望康家话能够继续传承和被使用。

表7 康家话的使用动机

| 母语情节 | | 存母语 | | 适合环境(实用性) | | 语言功能(方便) | |
|---|---|---|---|---|---|---|---|
| 人数 | 百分比 | 人数 | 百分比 | 人数 | 百分比 | 人数 | 百分比 |
| 11 | 44% | 7 | 28% | 3 | 12% | 4 | 16% |

③语言掌握类型

由于康家地区所处的地理环境,以及和周边民族的密切交往,双语现象也并不单一,但双语的使用现象并不非常普遍。使用双语的这部分人群他们针对不同的人群讲不同的语言。经调查发现,比如他们遇到会说康家话的人,他们肯定会说康家话,遇到说藏语的人,他们就用藏语来交流沟通,除此之外就用汉语方言。调查中还发现,能熟练说康家话的人基本也会说一口熟练的藏语,但也有一部分人,他们不会说康家话,会说汉语方言和藏语。笔者当时在康家调研时就观察到这种现象。(参见表8)

表8 语言掌握类型

| 双语语言类型 | 人数 | 百分比 |
|---|---|---|
| 康–汉–藏 | 14 | 4.6% |
| 康–汉 | 25 | 8.3% |
| 汉–藏 | 26 | 8.6% |

（2）转用型

在调查的 300 人中，有 275 人[1] 的母语完全转用了汉语，占调查总数的 91.7%。

①年龄构成

通过表 9 我们可以发现，除了 60 岁以上的老人外，语言转用现象分布于各个年龄阶段，很明显可以看出，随年龄渐小，语言转用现象越普遍。通过调查发现惊人的现象，45 岁以下的人群，语言基本转用为汉语。从语言转用跨越到了大范围的语言使用，康家话的语言使用出现了明显的代际差异，以及语言传承上的断层。首要原因是康家人所处的地理环境，他们处于汉语比较强势的环境；其次，学生上学接受的都是汉语教学，汉语文化影响也较深；再次，网络媒体、电子信息设备的介入，使汉语有了更加稳固的位子。所以，很自然地，他们放弃了自己的语言，将汉语转用为他们的母语。这种情况是为了适应社会而造成的。

表 9　语言转用人群的年龄构成

| 语言转用人群年龄划分 | 6–15 | 16–30 | 31–45 | 46–60 | 60 以上[2] |
|---|---|---|---|---|---|
| 人数 | 60 | 60 | 74 | 66 | 0 |
| 该年龄段总人数 | 60 | 60 | 75 | 75 | 30 |
| 该年龄段总人数百分比 | 100% | 100% | 98.6% | 89.1% | 0 |

②语言接触和语言转用

在康家地区，除了会说康家话的康家人之外，周围还有汉族、回族、藏族等主要民族，回族本来就使用汉语，而藏族也能说比较流利的汉语。因此，在社会的不断发展过程中，康家人和周边的其他民族关系和谐，相

---

[1] 这 275 人中包括外嫁入的女子 21 人。

[2] 60 岁以上调查样本有 30 人，该年龄段的外嫁女子及后来迁入者均不会康家话。

处融洽，他们之间相互影响、相互学习。就是在这种各民族语言和文化接触融合的环境下，交流必须要以语言作为桥梁。康家话的使用人数较少、使用领域有限，但与外界交流时不能没有语言，他们为了更快、更便利地融入社会，积极主动地学习汉语，这就为双语现象或语言转用做了铺垫。（参见表10）

表 10　语言接触与语言转用

| 居住周围说汉语的人数量 | 非常多 |
|---|---|
| 掌握康家话的人数量 | 没有 |
| 康家人和说汉语族群的关系 | 非常融洽 |
| 与居住区其他民族的关系 | 非常融洽 |

语言转用往往与社会环境、语言态度、语言接触的强度等因素有密切的关系。目前康家话的语言功能几乎要被汉语替代，因为汉语的使用领域广、实用性强，基本能够满足所有的交际需求。所以，出现语言转用的现象是在所难免的。

## （三）家庭语言使用状况

作为语言使用人口数少、没有文字的民族，家庭是保护母语的最后一道防线。不言而喻，家庭环境是人们生活的第一环境，在成长过程中母语对小一辈语言学习和成型有着很大的影响。家庭语言环境的形成，除了内部语言类型和外部语言主体之外，还受到家庭关键人物——家长的语言态度、年龄结构、文化程度、经济水平的因素的影响。

表 11 是根据以调查者为中心的三代关系，很明显可以看出，青年人、小一辈的三代关系之间的交流差不多完全是汉语了。但是年龄偏老的调查者，他们的三代关系中父母爷爷奶奶基本是用康家话的。所以，康家话在代际间的传承上出现了断层。

表 11 家庭语言使用情况 ①

| 语言 \ 辈分 | 只用康家话 | | 即用汉语，也用康家话 | | 只用汉语 | | 其他民族语 | |
|---|---|---|---|---|---|---|---|---|
| | 人数 | 百分比 | 人数 | 百分比 | 人数 | 百分比 | 人数 | 百分比 |
| 爷爷辈 300 人 | 206 | 68% | 23 | 7.6% | 71 | 23.6% | 0 | 0 |
| 父辈 300 人 | 143 | 47.6% | 33 | 11% | 124 | 41.3% | 0 | 0 |
| 同辈 300 人 | 0 | 0 | 18 | 6% | 282 | 94% | 0 | 0 |
| 儿子辈 221 人 | 0 | 0 | 7 | 3.1% | 214 | 96.8% | 0 | 0 |
| 孙子辈 126 人 | 0 | 0 | 0 | 0 | 126 | 100% | 0 | 0 |

## （四）社区语言使用现状

在康家地区，康家话只有部分老人会说，他们兼通汉语方言和藏语。在调研过程中，我们发现这些老人完全能用藏语和藏族同学交流，可见他们的康家话、汉语方言、藏语都非常熟练。在不同的场合他们用不同的语言。除此以外的人都用汉语方言或普通话。

表 12 反映在不同的场合汉语方言依然是人们交流沟通的主要语言。和家里人讲话时，只有 6 人（2%）使用康家话，与此同时也兼用汉语方言。在和同民族的人交流时，12 人（4%）使用康家话，与此同时也使用汉语方言。和外民族的人交流时，156 人（52%）使用普通话，54 人（18%）使用其他语言，同时也使用汉语方言。在集贸市场，167 人（56%）使用普通话，同时也使用汉语方言，其余基本用汉语方言。在康家人的民族活动中几乎都讲汉语方言，追问被调查者不讲康家话的原因，表示参加活动的人包括各个年龄段，使用汉语方言更加方便。

---

① 此处辈分划分是以被调查人为中心的辈分关系。

表 12　社区语言使用现状

| 使用语言\交流场合 | 康家话 | | 汉语方言 | | 普通话 | | 其他语言 | |
|---|---|---|---|---|---|---|---|---|
| | 人数 | 百分比 | 人数 | 百分比 | 人数 | 百分比 | 人数 | 百分比 |
| 在家里 | 6 | 2% | 300 | 100% | 16 | 5.3% | 0 | 0 |
| 和同民族 | 12 | 4% | 300 | 100% | 54 | 18% | 0 | 0 |
| 和外民族 | 0 | 0 | 300 | 100% | 156 | 52% | 54 | 18% |
| 在集贸市场 | 0 | 0 | 300 | 100% | 167 | 56% | 0 | 0 |
| 在政府部门 | 0 | 0 | 300 | 100% | 101 | 34% | 0 | 0 |
| 民族活动中 | 0 | 0 | 300 | 100% | 0 | 0 | 0 | 0 |

在调查过程中沙里木一队的一位 74 岁的老人说："土话就我们老两口之间说，孩子们听不懂，出去转的时候遇到会说土话的老汉，也就用土话说几句，会说土话的老汉们在一起更喜欢说土话。"随着社会的发展，康家话的使用功能逐渐降低，除了都会说康家话的老人之间，基本上没法用它进行交流沟通。除此之外，不管在政府部门、集贸市场或与本族人、外民族的人的交谈，使用最多的是汉语方言和普通话。

# 三、康家人语言态度

## （一）对母语保持的态度

关于康家话目前的保持状态，接近九成的人认为康家话保持得很不好，面临濒危。有 8.3% 的人认为出现弱化现象，2% 认为保持一般。（参见表 13）

表 13　　对母语保持现状的认识

| 目前康家话保持状态 | 濒危 | 弱化 | 保持一般 | 保持得好 |
|---|---|---|---|---|
| 人数 | 263 | 25 | 2 | 0 |
| 百分比 | 87.6% | 8.3% | 0.6% | 0 |

被调查人中，在预测康家话发展趋势时，39.87％的人认为在不久的将来康家话将不再使用，26.8％的人认为会任语言自身被使用的情况自然发展。19.61％的人觉得在一定范围内发展，有11.11％的人觉得无法回答。但是，有2.61％的人认为有很大发展，笔者追问原因，调查者认为，康家话引起的学术界诸多人士的关注，所以觉得会有很大的发展。（参见图1）

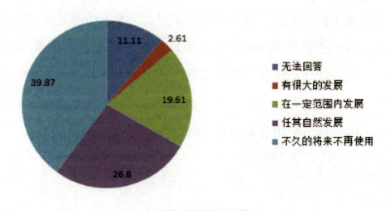

图 1　　康家话发展的趋势

对于保持康家话，48.6％的人认为，学习康家话必须要从小开始学，年轻一代积极学习，这样就不会出现断层的局面。24.3％的人认为，学校开设康家话的课程有助于更多的人更快地学习康家话。19％的人认为应该引起政府部门的关注和重视，政府要鼓励、支持学习康家话。24％的人认为，应该定期地在三个村举行比赛，实行奖励机制，来调动全民积极性。（参见表14）

表 14　　如何保持康家话

| 如何保持康家话 | 人数 | 百分比 |
|---|---|---|
| 年轻一代积极学习 | 126 | 48.6% |
| 学校开设课程 | 73 | 24.3% |
| 引起政府的重视 | 57 | 19% |
| 举行定期比赛，实行奖励 | 24 | 8% |
| 其他 | 20 | 6% |

在问卷过程中，随机访问村民康家话的使用及态度情况，记录如下：

访谈记录一：[①]

问：请问您会说康家话吗？

答：康家话就是我们的土话呗，我再说不来，老汉们不是的话，年轻人都不会说了。（康家话就是我们所谓的"土话"，我不会说，除了老人之外，年轻人基本不会说。）

问：那为啥不说了呢？

答：没人说啊，全都汉话说着。（没人说，全都在说汉语。）

问：是小时候家里人没教吗？

答：家里也说着。一点半点地说着，但后头就慢慢不说了。（小时候在家里也会说一些，之后就慢慢不说了。）

问：那你现在还能听懂一些吗？

答：一点点啊，忘掉着。

问：那如果康家话不说，消失了，你觉得可惜吗？

答：再也不可惜吧，就算现在会说，用处也不太大，离开家也和没人说。大家都在说汉语、普通话。

_____

① 二海买七，男，44岁，宗子拉村人，2018年9月12日。

问：那你觉得康家话的发展前景如何？

答：再慢慢开始没有了吧，之前也有人过来调查、录音。但我看，大家都说，没有一定的办法，保护也难。

## （二）对母语转用的态度

语言转用就是一个民族或当中相当一部分人放弃使用母语而转用另一种语言。这种现象是不同语言之间功能竞争的结果，在语言发展中无可避免。康家地区的情况属于很典型的语言转用的现象。由于康家地区存在本地康家人和其他地区的回族、撒拉族有通婚现象，为了生计很多青年人需要外出务工，周围的语言环境以及汉语文化、教育的普及等原因，很多康家人丢失自己的母语，而转用汉语。对于这种情况，对当地人进行了调查分析。

对于不会说康家话人的态度，调查对象是会康家话的 25 人，他们当中 36% 的人觉得不会说康家话很正常，觉得康家话是老一辈的人说的，年轻人就应该说汉语。44% 的人觉得可以理解，在全国普及普通话的背景下，不会说康家话是可以理解的。有 8% 的人觉得不应该不会说康家话，觉得作为本地人，应该学一些康家话，哪怕数量不多，也应该传承一些。12% 的人觉得无所谓，都是交流沟通，感觉哪种在生活中更方便使用就说哪种。（参见图 2）

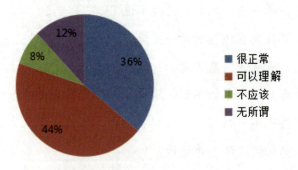

图 2　会康家话的人，对于不会说康家话的人的态度

对于会说康家话的康家人的态度调查，选取的样本是 275 个不会康家话的康家人。对于说康家话的人，53% 的人觉得会多说一门语言是一件很好的事情，多掌握一门语言很好；32% 的人觉得很羡慕会说康家话的人；12% 的人觉得，会说康家话的人很正常，老一辈的人就应该会讲，因为他们需要用它进行交流沟通；4% 的人觉得无所谓。（参见图 3）

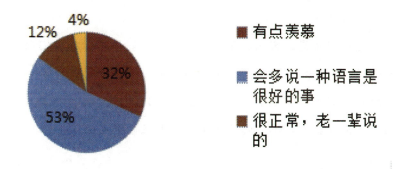

图 3　不会说本族语的对会多本族语的态度

发现康家地区绝大部分人的母语已经发生了转用，所以对于语言转用者的态度，进行了访谈：

问：您对现在这种大多数康家人丢失自己的康家话，开始说汉语，怎么看？

村民 1[①]：

答：这个难说啊，因为年轻人不说康家话也不是他们自己的原因，我小的时候就必须得说康家话，因为家里人全都说，村子里也说，去做礼拜也说，就算在后来，去外面干活，也慢慢说汉语、藏语，但是康家话还是

① 马克文，75 岁，沙里木人，2018 年 9 月 15 日。

会说。但是，到了我的孩子们头上，越来越多的人说汉话，藏族也说汉话，学校里也开始讲汉话，广播电视里全都是汉话。就算我们在家里教，他们也不说啊，再慢慢外面跑啊，康家话一点半点还是会说，现在也可能记着点，但是我的孙子们头上啊，他们的妈妈就是从化隆娶上的，本来就不会说康家话，从小都说汉话。康家话没人教啊，所以就一点都不会说。我们也不教了，学校里都是汉语、英语学习，康家话教了也没啥作用，外面出去没人说。

村民 2[①]：

这种现象很正常啊，不说也就不说了。康家话就我们原来的康家人不是的话，嫁过来的、搬过来、年轻的都不会说。我们小时候、老一辈经常说。我的娃娃们小时候土话不说啊，说的话怕别人笑话，去外面玩儿、去学校啊，汉话就慢慢会了。他们都不咋说了，现在也说不上，更何况他的孩子们。

以上两位访谈者都是土生土长的康家人，到现在为止还能说一口流利的康家话，只是对于一些新型词汇以及对因为年龄增长和长时间的不说的词汇有了遗忘。在笔者问他们对于语言转用者的态度时，从他们的回答就可以看出，语言转用的现象是不可控制的，他们觉得是可以理解的、难免的。

## （三）交流中语言选择的主观态度

在人们的交流沟通中，通常会使用自己最熟悉、最常用的语言，但这前提是交流双方都会这种语言。在康家调研时发现，如果两个人都会熟练地使用康家话，在交流时更喜欢选择康家话；如果会说藏语的康家人在遇到藏族时，有些意思不能用汉语表达时，会选择用藏语来解释，或者从一

---

① 马丙安，87 岁，沙里木人，2018 年 9 月 15 日。

开始就用藏语交流沟通。在其余的情境下，如会康家话的人和不会康家话的人相遇，他们会使用汉语方言来交流，对于和外民族的交流会选择用汉语方言或者普通话。

对于遇到会说康家话但不用康家话进行交流沟通的情况，40%的人觉得这种情况可以理解，他们可能长时间的没有使用康家话，用汉语更方便。44%的人觉得，对于这种情况没啥特别的感觉。有16%的人觉得，如果会说康家话，两个人在交流过程中肯定会使用康家话。（参见表15）

表15　交流中语言选择和主观态度

| 您与会康家话的人说什么话（300人） | 我会康家话（25人） | | | 我不会康家话（275人） |
|---|---|---|---|---|
| | 用康家话沟通交流（5人） | 多种语言混合交流（7人） | 用汉语进行交流（13人） | |
| 当你遇到会说康家话，但却不说的人，你会觉得 | 可以理解（10人） | 没啥特别的感觉（11人） | 没法回答，不会有这种现象（4人） | |

## （四）对于子女学习母语的态度

语言是文化的基础，不仅仅是语音的传递，更重要的是把民族的传统文化和价值观通过语言来传递，语言是维系一个民族的纽带。要习得一种习俗，首先要从父母那里习得语言。在习得语言的同时也开始学习有关的习俗。

如果这个民族的人把语言看得很重要，尽管语言的演变在大多数时候和民族的主观意愿关系很小，和整个社会的发展关系很大，但是他们为了保护自己的文化，会采取各种办法让语言得以传承，教给自己的子孙后代。但是，随着社会的发展，人口较少民族的语言使用功能不断减弱，在汉语强势语言的竞争下，本民族的人对于这种现象也没有很在意，甚至觉得学习国家通用语言更加有用的情况下，后辈就会学习使用功能强大的国家通用语言，而丢失本民族的母语。所以，整个民族群体对自己语言是否重视，就体现在对下一辈的语言传承上。

对子女学习母语额态度，通过分析可得，52.29%的人不会和孩子用康家话交流，27.45%很大程度上不和孩子说康家话，13.73%的人表示无所谓，3.92%的人觉得可以教孩子说康家话，2.61%的人希望下一代学习康家话。（参见表16）

表 16　对子女学习母语的态度

| 你以后会和你的孩子用康家话交流. | 不会 | 不希望 | 无所谓 | 还可以 | 希望 |
|---|---|---|---|---|---|
| | 52.29% | 27.45% | 13.73% | 3.92% | 2.61% |

从图4可以看出，在子女今后的语言学习上，94.12%的人希望学习普通话，9.15%的人希望学习汉语方言，7.19%的人希望学习康家话，1.31%的人学习的其他语言。由于现在的社会，全国普通话的普及以及考试、找工作都得使用汉语，所以越来越多的人认识到汉语学习的重要性。在给孩子教语言的时候，基本不会是民族语，在达到条件的情况下，连汉语方言都很少，直接教普通话。为的是在以后的学习过程中更轻松，更好地在社会上发展。

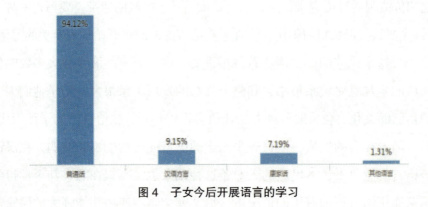

图 4　子女今后开展语言的学习

# 四、康家话的濒危状况分析

## （一）概念界定

语言是人类区别于动物的、特有的一种交际工具，它承载着人类的精神文明，通过语言将自己民族的精神文明和传统文化代代传承。早期的人类以氏族、部落的形式存在，由于生活的地理环境千差万别，造成了他们认识客观世界的差异性，而这种差异性就反映在语言中，造成了语言的个性特点。语言的差异不仅仅是语音上的差异，更是思维方式上的不同。随着社会的进步，各族群之间逐渐交流、沟通、融合，语言也随之接触、融合，甚至转用。一种语言的消失绝不亚于一个物种的消失。联合国教科文组织濒危语言问题特别专家组在所编的《语言活力与语言濒危》（2006）中提道："全世界 6000 多种语言中至少有半数语言，其使用人口正在减少。我们估计，到 21 世纪末，在全世界的大部分地区，约 90% 的语言可能被强势语言取代。"[①]同时，该文也说明了每一种语言都承载着自己民族的精神文化，任何一种语言的消失，对于人类来说都是巨大的损失。

我国是一个多民族的国家，语言资源十分丰富，这些资源不仅是发展中国语言文学的宝贵财富，而且是铸牢中华民族共同体意识不可或缺的一部分。我们国家一共有 56 个民族，但是有 120 多种少数民族语言，有 20 多种语言的使用人数还不到 1000 人。随着社会的发展统一，官方语言的普及，汉语成为全国各地的主要交际工具，因此一些人口较少民族的语言使用功能不断衰弱，他们开始放弃自己的母语，转用其他语言。一些方言和民族语一旦消失，便不可逆转，尤其是没有文

---

① 范俊军，官齐，胡鸿雁译.语言活力与语言濒危（联合国教科文组织濒危语言问题特别专家组）.民族语文,2006(3).

字的语言，不仅仅是语音的消失，更是一种文化的消失，因此需要引起了人们的关注和保护。

1. 濒危语言

濒危语言指正在走向灭绝的语言。一旦语言使用者不再使用该语言，或使用该语言进行交际的场合日益减少且不再将它传授给下一代，即没有新的使用者出现，该语言就处于濒危。马伟（2009）他认为濒危语言可以区分为两类，一类是弱势语言，另一类是濒危语言。其中，所谓的濒危语言是快要死亡的语言。濒危语言有三个特点："（1）多数人已经转用了另外一种语言，只有少数人还讲自己的民族语言；（2）保存的民族语已经成了次要的交际工具，第二语言反而成了主要的交际工具；（3）老一辈的人对于本民族语的价值是肯定的、积极的，而年轻一代对于本民族语的价值观变了，对民族语持否定的、消极的态度。语言价值观一变，语言很难保存。"[1]

导致语言濒危的原因并不是单一的，一方面是受外界的影响，另一方面是语言自身的因素。外界影响包括：使用该语言的人口少、分布杂；民族融合；社会转型；族群分化等。语言自身的因素则是因为该语言没有文字系统，使用人口数少，在强势语言的影响下，该语言的使用活力逐渐降低、功能衰弱，无法满足人们的交流需求。除以上两方面的原因，关键还是得看该语言使用者对自己母语的态度，有些即便是人口少的民族，他们在强势语言的面前也会想方设法保护自己的母语。相反，有些母语使用者会放弃自己的母语，这样下一代的母语也无法传承。

2. 强势语言与弱势语言

语言是人类重要的交际工具，人们对语言的使用频率决定着该语言的生命力，如果使用该语言的范围广、领域多，那就说明这种语言的社会功

---

[1] 马伟. 撒拉语的濒危状况及原因分析 [J]. 青海民族研究, 2009(1).

能是比较强的，它的语言活力就高，这就是我们所说的强势语言。在各个国家，我们发现一般官方语言是比较通用的，它使用于大多数经济领域、政治领域，所以在各种语言的接触融合中，无形中它是比较强势的。而弱势语言的使用具有局限性，它的使用范围有限且较小，有些只用于农村或者家庭。显而易见，随着强势语言的推广，人们发现学习强势语言更具有实用性，所以为了更快、更好地融入社会，多数人会积极地学习强势语言，这又导致弱势语言的使用人数不断减少。这种情况下，弱势语言很有可能出现传承上的断层，之后即便是本族人甚至家庭内部之间也不会使用本族语，这就很容易导致母语转用，使他们语言的母语丢弃，加速了语言的消亡。

强势语言与弱势语言相接触，弱势语言势必会受强势语言的影响，这会导致弱势语言的语言功能衰退、语言活力降低，但是形成这种现象肯定是需要一定的时间，并非短时间内的结果，是一点一点开始影响的，就是所谓的，语言的衰变是从量变到质变的。人类不可能停止说话，任何一个群体都不能没有语言，但是还有很多的语言在不断地消失。因为一些语言群体，他们的语言功能弱化而逐渐衰退消亡。当前经济全球化很大地加速了不同的语言和文化之间的相互接触影响，由语言转用而导致的个体语言衰退消失的现象速度明显加快。

### （二）康家话的濒危程度

自从 20 世纪 90 年代以来，在语言学家的积极推动下，濒危语言问题引起了联合国教科文组织的关注与重视。2003 年 3 月，在巴黎召开了濒危语言国际专家会议，会上通过了专家组提交的《语言活力与语言濒危》[①]（Language Vitality and Endangerment）报告，该报告成为

---

[①] 范俊军,宫齐,胡鸿雁.语言活力与语言濒危（联合国教科文组织濒危语言问题特别专家组）.民族语文,2006(3).

联合国教科文组织关于保护和抢救濒危语言的纲领性文件。文件建立了一个评估系统，该系统包括以下指标："1）代际语言传承；2）语言使用者绝对人口；3）语言使用者相对人口；4）语言使用域的走向；5）语言对新领域和媒体的反映；6）语言教育和读写教材；7）语言族群的语言态度；8）文献的数量与质量。"① 下面我们将借鉴这些指标评估康家话的濒危状况，并确定一个大概的级别。判定依据都是在调查第二章语言使用情况的基础上来判定。

指标 1：代际间的语言传承 ②

在康家地区，经过调研发现，会说康家话的都是 60 岁以上的老人，并且熟练程度不一。所以，根据这种情况，我们将代际间的语言传承确定为 2.5 级。（参见表 17）

**表 17　代际间的语言传承级别**

| 濒危程度 | 级别 | 使用人数 |
| --- | --- | --- |
| 安全 | 5 | 儿童在内的所有年龄阶段的人都用该语言 |
| 不安全 | 4 | 仅有部分儿童在所有领域都使用该语言；所有儿童在有限的领域使用该语言 |
| 确实濒危 | 3 | 该语言主要有父母辈及以上的人使用 |
| 严重濒危 | 2 | 该语言主要有爷爷奶奶辈及以上的人使用 |
| 极度濒危 | 1 | 该语言主要有极个别曾祖辈以上的人使用 |
| 消亡 | 0 | 没有讲该语言的人 |

---

① 范俊军，宫齐，胡鸿雁 . 语言活力与语言濒危（联合国教科文组织濒危语言问题特别专家组）. 民族语文,2006(3).

② 范俊军，宫齐，胡鸿雁 . 语言活力与语言濒危（联合国教科文组织濒危语言问题特别专家组）. 民族语文,2006(3).

指标 2：语言使用者的绝对人数[1]

康家话仅流通于沙里木、宗子拉、巷道三个村子，并且使用者年龄偏大。根据前文语言使用情况的调查，会说康家话的人口只有 8%。它周围的语言群体也都是汉语、藏语，并且使用者人数较多。所以，很容易被周围的语言吞并，从而丧失自己的语言与文化。

指标 3：语言使用人口占总人口的比例[2]

根据调查的康家话使用现状，我们得知康家话只是极少的人使用。所以在确定语言使用人口占总人口的比例时，将康家话的级别确定为 1 级。（参见表 18）

表 18　语言使用人口占总人口的比例级别

| 濒危程度 | 级别 | 语言使用人口占总人口的比例 |
|---|---|---|
| 安全 | 5 | 所有人都使用该语言 |
| 不安全 | 4 | 将近所有人都使用该语言 |
| 确有危险 | 3 | 大多数人使用该语言 |
| 很危险 | 2 | 少数人使用该语言 |
| 极度危险 | 1 | 极少人使用该语言 |
| 灭绝 | 0 | 该语言已无人使用 |

---

① 范俊军,宫齐,胡鸿雁.语言活力与语言濒危（联合国教科文组织濒危语言问题特别专家组）.民族语文,2006(3).

② 范俊军,宫齐,胡鸿雁.语言活力与语言濒危（联合国教科文组织濒危语言问题特别专家组）.民族语文,2006(3).

指标 4：语言使用域的走向 <sup>①</sup>

康家话依旧是那些会说康家话老人之间的主要交际工具，虽然他们目前都是双语人，但是在与会说康家话的人交流时，他们还是会选择讲康家话。所以，根据这个情况，我们将康家话的语言使用域走向确定为 1 级。（参见表 19）

表 19　语言使用域走向级别

| 濒危程度 | 级别 | 语域与功能 |
|---|---|---|
| 普遍使用 | 5 | 该语言被用于所有领域，功能全面 |
| 对于共用 | 4 | 在绝大多数社会域和大多数功能使用两种或多种语言 |
| 范围缩小 | 3 | 该语言被用于家庭领域，功能较大，但强势语言也开始进入家庭领域 |
| 有限领域 | 2 | 该语言被用于有限的社会领域，功能有限 |
| 极限领域 | 1 | 该语言被用于极有限的社会领域，功能极为有限 |
| 消亡 | 0 | 该语言在任何领域都不使用，没有任何功能 |

指标 5：对新领域和媒体的反应 <sup>②</sup>

随着社会和科技的不断发展进步，人工智能、物联网、大数据等一些新领域也被康家人所吸收应用，进一步改变着他们的生活方式，但是它们都主要依托汉语运行。因此，康家话的使用功能逐渐下降，跟不上时代的步伐，面临的就是被替代。所以，针对康家人对新领域和媒体的反应，我们将康家话确定为 0 级。（参见表 20）

---

① 范俊军，宫齐，胡鸿雁.语言活力与语言濒危（联合国教科文组织濒危语言问题特别专家组）.民族语文,2006(3).

② 范俊军，宫齐，胡鸿雁.语言活力与语言濒危（联合国教科文组织濒危语言问题特别专家组）.民族语文,2006(3).

表 20　对新领域和媒体的反应级别

| 濒危程度 | 级别 | 语域与功能 |
|---|---|---|
| 普遍使用 | 5 | 该语言在所有新领域中都被使用 |
| 对于共用 | 4 | 该语言在绝大部分新领域中都被使用 |
| 范围缩小 | 3 | 该语言在许多新领域中都被使用 |
| 有限领域 | 2 | 该语言在某些新领域中被使用 |
| 极限领域 | 1 | 该语言在极少新领域中被使用 |
| 消亡 | 0 | 该语言在任何新领域中不被使用 |

指标 6 : 语言教育材料和读写材料 [①]

有些民族有自己的语言也有自己的文字，但有些民族只有语言。相对而言，前者拥有较强的生命力。语言教育对于保护一种语言是必不可少的，口语能传承一些口头文化，文字有助于记载民族历史。如果，一个民族有相应的语言教育材料和读写材料，那么对于自己的民族发展是很有帮助的。康家话只有语音，没有相应的文字系统，所以没有任何的语言教育材料和读写材料。所以，我们在确定指标 6 时，将康家话确定为 0 级。（参见表 21）

表 21　语言教育材料和读写材料级别

| 级别 | 书面材料的可用度 |
|---|---|
| 5 | 有创智的文字系统，合乎语法的读写习惯，词典，课本，文学作品，日常媒体。在管理和教育方面使用书面语言 |
| 4 | 有书面材料，在学校培养儿童的读写能力；在管理方面不使用该书面语言 |
| 3 | 有书面材料，在学校儿童可能接触到这些材料；没有出版物用来提高读写能力 |

---

① 范俊军, 宫齐, 胡鸿雁. 语言活力与语言濒危（联合国教科文组织濒危语言问题特别专家组）. 民族语文, 2006(3).

续表 21

| 级别 | 书面材料的可用度 |
|---|---|
| 2 | 有书面材料，但只对于族群的部分人有用，对其他人只有象征意义；使用该语言的读写教育没被列入学校课程 |
| 1 | 有可用的拼写符号为族群成员所了解，一些材料在编写当中 |
| 0 | 该族群中没有可用的拼写符号 |

指标 7：族群成员对自己语言的态度 [①]

族群成员对自己语言的态度，对于一种语言的保护是十分重要的。如果语言族群成员对母语持十分积极的态度，该语言就可能被视为族群身份的重要标志。如果该族群成员对于自己的母语只是使用或者觉得讲母语很羞耻抑或者是把母语当作改善经济状况和融入主流社会的一种阻碍的话，那么他们的母语会随着社会发展而丢失。在调查康家话的使用现状时，涉及康家人的语言态度，发现大部分人还是希望自己的母语能够继续传承。所以，在评估指标 7 族群成员对自己的语言态度时，我们将康家话确定为 3 级。（参见表 22）

**表 22　族群成员对自己语言的态度级别**

| 级别 | 族群成员对自己语言的态度 |
|---|---|
| 5 | 所有成员重视并希望继续发展其语言 |
| 4 | 绝大部分成员支持保持其语言 |
| 3 | 许多人支持保持其语言，但部分人对此漠不关心，甚至主张放弃 |
| 2 | 部分人支持保持其语言，但部分人对此漠不关心，甚至主张放弃 |

---

① 范俊军，宫齐，胡鸿雁．语言活力与语言濒危（联合国教科文组织濒危语言问题特别专家组）．民族语文，2006(3).

续表 22

| 级别 | 族群成员对自己语言的态度 |
|---|---|
| 1 | 只有极个别人支持保持其语言，其他人对此漠不关心，甚至主张放弃 |
| 0 | 没有人在乎其语言的存在，所有人倾向于使用强势语言 |

指标 8：文献的数量与质量[①]

评估记录一种语言紧迫性的一项原则是，必须确切了解现有语言材料的种类和质量。文字材料，包括转写的。翻译的和注释的自然语言的视听记录材料，都十分重要。对于康家话，只是前辈学者有一些相关的研究，并撰写了文章。所以，在确定指标 8 文献的数量与质量时，我们将康家话确定为 1 级。（参见表 23）

### 表 23　文献的数量与质量级别

| 记录状况 | 级别 | 语言记录 |
|---|---|---|
| 极佳 | 5 | 有全面的语法、词典，大量的文本，不断更新的材料；有充足的、高质量的视听注释材料 |
| 良好 | 4 | 有一部分完整的语法著作，局部不错的语法书、词典、文学和文学作品，偶尔更新的日常媒体；有充足的、高质量的视听注释材料 |
| 不错 | 3 | 也许有一部不错的语法著作，有许多语法描写，有词典和文本，但没有日常媒体；可能有不同质量的视听录制和注释资料 |
| 缺陷 | 2 | 有一些语法概要、词语列表，对部分语言研究有益的、但涉及面有限的文本；不同质量的视听录制资料可能存在，有的有注释，有的没有注释 |
| 稀少 | 1 | 只有极少的语法描写、很短的词语列表和残缺的文本；视听录制资料不存在，即使有也是质量差无法利用或者根本没有注释 |
| 没有 | 0 | 没有文献材料存在 |

---

① 范俊军，宫齐，胡鸿雁. 语言活力与语言濒危（联合国教科文组织濒危语言问题特别专家组）. 民族语文，2006(3).

如果我们把以上几个指标都综合起来，那么，我们就可以对康家话的濒危程度有个较为清晰的认识，见表 24。

表 24　康家话的濒危程度评估表 [①]

| 指标 | 级别 |
| --- | --- |
| 1. 代际间的语言传承 | 2.5 |
| 2. 语言使用人口总数 | 300 |
| 3. 语言使用者在总人口中的比例 | 1 |
| 4. 语言使用领域的转变 | 1 |
| 5. 对新领域和媒体的反应 | 0 |
| 6. 教育和读写语言材料 | 0 |
| 7. 政策机构的语言态度与政策及语言的官方地位与使用 | 3 |
| 8. 族群成员对于自己语言的态度 | 3 |
| 9. 文献的数量与质量 | 1 |

以上指标的分析，很清楚地显示了康家话在各个指标中所占的等级，根据综合情况，康家话实属濒危语言。在代际间的传承上趋于断层，语言使用人数大约 300 人[②]，我们应趁康家话还没有完全消亡，尽可能地做好一切保护工作。

## （三）康家话濒危原因的分析

说到语言消失的问题，首先会关心的一个问题就是，语言为什么会消失？导致当代语言如此普遍而迅速消失的原因是什么？德国语言学家弗朗兹·博普（Franz Bop）1827 年曾经这样认为："语言应该被看成是自然有机体。那是因为一切语言都按照固定的法则形成，按照生命内部原则的进程发展，最后逐渐死亡，因为这些语言不再被人理解了，于是，它们不是就此被人

---

① 根据 UNESCO 文件编制。

② 包括完全会说、大概会说、会说一些日常用语、能听懂一些。

抛置不用，就是将它的形式肢解开去。"①到了 20 世纪，人们不再那么简单地认为语言同植物一样，在尽享天年后按照预定的生命历程归于消亡。

一种语言消亡的主要原因绝对不是其使用者在减少，而是由造成维持这种语言存在的使用者减少的种种原因而导致的。例如，社会的变迁、经济的全球化和文化特殊性的消失等诸多的原因，以及由于这些原因引发的使语言使用者对自己的母语产生的消极的语言态度等。我国著名的语言学家戴庆厦先生在所著的《中国濒危语言的个案研究》一书中提出"关于语言濒危的原因研究，一定要从两个方面进行，一个是使语言濒危的外部因素：社会结构、经济结构，科学技术文化和民族关系等。还有一个是内部因素：语言的使用功能以及个别语言结构变化的特征"。②影响语言濒危的原因很多，并不仅仅是单一的。

语言是人类的交际工具，与人、与社会的关系极为密切。随着濒危语言研究的逐步深入，人们对濒危语言有了新的认识。我们看到，造成语言濒危的因素是多方面的。康家话也是如此，所以我们来看造成康家话濒危的因素。

1. 康家话没有文字

语言是人类最重要的交际工具，文字是语言的辅助工具。有文字的语言比没有文字的语言有更强的生命力。康家人的历史故事、口头传说、歌谣等口碑文学都是靠会讲康家话祖祖辈辈传下来的一种重要的文化资源，由于没有文字，只能靠口耳相传得以延续。随着掌握这些技艺的老人相继离世，康家人珍贵的民间艺术也随着时间的推移即将消失殆尽。

2. 康家话代际间的语言传承开始出现断层

随着经济的快速发展，城镇化的建设，目前使用康家话的人口少之又少。据笔者调查，康杨镇会说康家话的人年龄一般在 60 岁以上。会说康

---

① 徐世璇 . 濒危语言研究 [M]. 北京：中央民族大学出版社 ,1993：167.

② 戴庆厦 . 中国濒危语言个案研究 [M]. 北京：民族出版社 ,2004：8—10.

家话的老年人之间使用康家话进行交流。由于康家话的使用范围有限，很多老年人也逐渐忘记了很多康家话的本土词汇，而转用汉语进行交流。使用汉语的人数在不断增加，使用者的年龄从刚学说话的幼儿算起，都开始使用汉语。除老人之外，中年一代只是偶尔听懂，年轻的小一辈直接不会说也完全听不懂。所以，康家话的代际传承方面出现了断层。

3.康家话的使用领域和功能降低

随着社会的发展进步，普通话的普及和推广，一些公共场所、政府机关等都是在使用汉语，康家人为了更好地融入社会，自然而然地就会学习汉语。康家话的使用功能在逐步萎缩，使用范围在急剧缩小。即便是在家庭成员内部，康家话的使用范围也很有限。笔者在康杨镇调查时发现年轻一代已经不会说康家话，大多已经转用汉语。目前在康杨镇也只有少部分老人会说康家话。康家话的使用功能日渐衰退。并且出现了严重的断代。

# 五、康家话的保护与文化传承

语言学家帕默用一句话肯定了语言和文化的关系："语言的历史和文化的历史是相辅而行的，他们可以互相协助和启发。"①

濒危语言逐渐消亡已经成为当今形势下全球都面临的新问题，是对多样的语言和文化的一个严重冲击，每个多民族、多语言的国家当前都要面对和重视濒危语言这一相当紧迫的问题。随着官方语言或通用语言迅速加强的传播力度，很多弱势语言的语言功能不断衰弱、语言活力降低，最后慢慢消亡，这些都是人力无法完全控制的客观趋势。但是，语言承载着自

---

① 徐世璇.濒危语言研究 [M]. 北京：中央民族大学出版社 ,1993：10.

己民族的文化历史，它的消亡一定伴随着人类重要文化现象的消失，这无疑是人类文化财富的巨大损失。

民族平等、语言文字平等是我国政府一贯坚持的政策。每个民族都有它自己的语言，语言是文化的载体和表现形式，不同的语言所蕴含的文化也是不一样的。但是，随着经济全球化、城镇区域化的高速发展，各民族交往日益频繁，不同民族间的交往接触以语言为媒介。同时，国家大力推广国家通用语言，汉语成为族际交往的主要语言。基于以上原因，我国人口较少民族的语言传承出现了危机，甚至部分语言逐步走向濒危。语言的消失，不利于文化的传承和保护，尤其是没有文字的语言。习近平总书记提出铸牢中华民族共同体意识，每个民族是中华民族共同体的重要组成部分，所以我们要对这种弱势语言进行保护。

## （一）语言与文化的重要性

语言学家萨丕尔说："语言的背后是有东西的。并且，语言不能离开文化而存在。"[①] 不管是从语言的角度认识文化问题还是从文化的角度讨论语言问题，我们都可以清楚地看到，语言承载着文化，文化是蕴含在语言之中的民族精神元素。语言和文化是密不可分的，因为一个民族的语言总是把一个民族的文化烙印于每一个民族成员的心里。每一个民族成员的母语就规范和制约了他们的行为和心理。讲不同语言的人他们的思维方式也是不一样的。所以，母语和民族文化是一个民族最坚实、最温暖的家园，也是全民族的精神支柱。语言是民族构成的最主要的因素之一，是民族标志性的符号，语言的变化是缓慢的，只要语言不消失，一个民族、一个文明就不可能消失。

总而言之，语言是人类不可或缺的工具，语言承载着文化。濒危语言

---

① 爱德华·萨丕尔.语言论 [M],陆卓之译,商务印书馆,1964：221.

的消亡不仅仅是个别地区、个别国家的现象，而是全球化的问题，是一种趋势。这将是对文化和语言多样性的挑战，重视濒危语言的问题是多民族、多语言国家面临的一个迫在眉睫的任务。

## （二）康家话的保护措施

语言不仅仅是人类最重要的交际工具，更是民族文化的重要载体，任何一种语言的消失都是人类多样性文明的损失，保护和复兴濒危语言是全体人民的责任。对于濒危语言这项工作，联合国、世界语言组织都召开了多次会议并制定"行动纲领"，一些网站、基金会也相继成立。比如，伦敦大学亚非语言学院将保护濒危语言作为一项重要的工作；墨尔本大学的一些教授在语言保护方面投入了很大的精力。

目前，关于康家话的发展和保护措施是少之又少的，所做的努力也是 20 世纪 90 年代老一辈学者的记录。

1.高校科研机构

对于康家话的研究，1990 年青海民族学院民族研究所语言研究室几位老先生对康家话进行了初次调查，并发表了《初谈康家话语音系统及词汇的构成》，1992 年又进行了补充调查，发表了《康家回族话语法探析》一文。陈新海将康杨社会历史调查整理成报告并发表。也是在两次调查的基础上，席元麟对康家话的亲属称谓进行了简述，对康家话的词汇问题做了进一步分析，发表了《康家回族的亲属称谓》和《康家回族话的词汇特点》两文。此外，陈乃雄利用第二手语文资料对康家话的词汇特点进行了初步分析，并在词法方面与保安语进行了比较。斯钦朝克图对康家话的语音、词汇、语法进行了调查研究，发表《康家语概况》一文。

虽然关于康家话的研究少之又少，但以上研究都是关于康家和康家话相当宝贵的资料。但是，对于康家话这种只有语言而没有与之相对应的文字的濒危语言，采用传统的文字进行记录是无法有效保护的。在目前这种情况下，高校与科研机构应积极采取行动，采用录音或录像的形式进行记录，也可借鉴《中国语言资源保护工程》项目，对康家话进行全面的纸笔、音频、视频的同步记录。这样才能记录康家话的真实面貌，从而得到较好的保存。

2.政府部门的做法

政府部门在濒危语言的保护中可以起到很大的作用，他们不仅可以通过政策或者立法等措施对濒危语言进行保护，也可以通过支持或鼓励其他非政府机构去对濒危语言进行保护。目前，由于康家人数较少，对于康家话的发展和保护，在当地政府层面也没有明确的保护措施或者鼓励方法。

我国的《中华人民共和国宪法》《中华人民共和国民族区域自治法》和《中华人民共和国国家通用语言文字法》对少数民族使用和发展语言文字的权力作出了规定，但没有任何关于怎样保护濒危语言的单项立法。但是随着濒危语言保护的工作不断进展，与之相应的政策也开始出台，比如：2010 年 5 月，国家民委制定了《国家民委关于做好少数民族语言文字管理工作的意见》。但是，这些政策只是针对保护少数民族语言的，并没有针对地区民族语言。

由此可见，我国在保护濒危语言方面，不仅要保护少数民族语言，而且更要关注到各省、自治区、直辖市一些人口少但有自己的语言的族群，因为越是这样的群体，语言越处于弱势，消亡得越快。因此，更应该得到保护。

3.民间力量的行动

在康家地区调研时，并没有发现康家人采取相关的保护方法来保护自己的母语。但受访者[①]反映，在他小时候，有位老人鼓励小孩跟他学习康家话，并且用糖果作为奖励，但很遗憾的是这位老人已经去世多年。自此

---

① 马富财，康杨镇宗子拉村，32 岁。

之后没有人主动鼓励村民学讲康家话，尽管一些康家人对康家话现在的使用状况表示遗憾和惋惜，但是依旧觉得在目前这个社会背景下，仅仅凭借自己的力量是微不足道的。

笔者认为，保护濒危语言不仅仅是语言学家、政府工作者的责任，而且更是该语言使用者的责任和义务。因此，要将保护自己母语、保护自己民族文化以及语言和文化对于该民族的重要性落实到民间，调动语言使用者的积极性，成立语言保护宣传小队或相关语言保护的其他组织。动员该语言使用的所有人民，让更多的人参与到语言保护中。单单靠一些外力的作用去进行濒危语言的保护，是不可行的。因为语言作为一种文化存在于使用该语言的这一部分群体中，而文化的传承更多的是依赖于自身群体对于该文化的认同，因此应该让康家人认识到康家话是他们的文化传统的外在形式，使他们能够重视康家话的保护和传承，只有这样进行由内而外的保护，才可以更为有效地防止康家话这一特殊的濒危语言消失。

### （三）我国人口较少民族语言发展的未来

语言是人类特有的机能，语言对于人类的重要性是毋庸置疑的。人们要通过语言进行互相交流、表达思想，人类社会一刻也离不开语言。但是，在人类社会发展进步中，也有许多语言在不断地消失。在整个世界这个大家庭里，语言形形色色。据说史前时期，世界上的语言多得多，但是随着15世纪欧洲殖民主义的扩张，在殖民战争、法律禁令、同化政策的影响下，大量的语言开始消亡，大约有 4000—9000 种语言承载着自身的文化灰飞烟灭，现在我们只能通过有文字的史料了解丁点。①

在世界经济全球化、城镇区域化的大背景下，各国之间、各民族之

---

① 徐世璇. 濒危语言研究 [M]. 北京：中央民族大学出版社,2001：74.

间、各地区之间的交流往来相当密切，在这过程中语言是必不可少的桥梁，而通用语能使人们更加快速、方便地交流，比如，英语是国际通用语。这对各国国家的影响也是不可小视的。在我国的词汇系统中，也有部分词汇是借于英语的，即便我国是一个 14 多亿人口的大国，我国的语言主体依旧会受国际通用语的影响。与此相同，在我国普通话是我国国家通用语言，不管在网络媒体还是在公共场合，都是使用普通话。所以，普通话对各地汉语方言和民族语都有影响，尤其是全国普通话的推广和普及，人们逐渐意识到学习普通话的重要性。为了能在社会上有更好的发展、找到更好的工作，一些母语使用者的语言态度发生了转变，很多人很愿意学习普通话。各民族中精通汉语的人数越来越多，语言转用的现象也是越来越普遍。

我国有 120 多种语言，其中包括台湾高山族使用的 19 种南岛语系语言。

从表 25 我们可以看出，虽然我国有 56 个民族，但语言有 120 多种，近期消亡的就有 2 种。在剩下的 121 种语言里，将近 86% 的人使用 2 种语言，使用人数在 1000 人以内的有 22 种语言，它们已经在濒危语言的范围之内。使用人数在 1000 — 10000 的语言数最多，有 41 种；使用人数在 1万 — 10 万的有 34 种，由此可以看出，只有 10 万多人在使用将近一半的语言。那么这些语言也可能在未来 20 — 50 年内面临濒危甚至消失。比如，像侗台语族仡央语支语言，几乎都可算作濒危语言。这些语言消失后，该一语支将不复存在。我国绝大多数语言使用人口较少的民族，由于普通话的推广和普及抑或与外界的接触，他们逐渐地转变为双语人，除了使用本民族语言外也会使用普通话，也有一部分人的母语转用。我国 20 世纪 80 年代的民族双语人数使用调查中，发现大多数民族都不同程度的有语言转用和双语现象，具体情况看表 26。

表 25　我国语言使用状况 [1]

| 语言使用人口 | 语言总数 | 使用者总数（约数） |
|---|---|---|
| 1—100 人 | 7 | 400 |
| 101—1000 人 | 15 | 11,000 |
| 1001—1 万人 | 41 | 219,000 |
| 1 万人—10 万人 | 34 | 1,300,000 |
| 10 万人—100 万人 | 17 | 12,100,000 |
| 100 万人—1000 万人 | 10 | 31,000,000 |
| 1000 万人以上 | 2 | 1,120,000,000 |
| 近期消亡数 | 2 | 0 |
| 我国已知语言数 | 128 | – |

表 26　各民族双语总人数及比例 [2]

| 民族 | 双语总人数 | 占总人数百分比 |
|---|---|---|
| 鄂温克族 | 16435 | 84.73 |
| 达斡尔族 | 66159 | 70.28 |
| 京族 | 8238 | 62.84 |
| 仫佬族 | 6409 | 61.13 |
| 裕固族 | 6409 | 60.65 |
| 柯尔克孜族 | 66264 | 58.44 |
| 保安族 | 5105 | 56.62 |
| 羌族 | 56929 | 55.37 |
| 壮族 | 7323190 | 54.72 |
| 撒拉族 | 37.826 | 54.17 |
| 布依族 | 1154446 | 54.71 |
| 白族 | 615333 | 54.35 |
| 东乡族 | 149388 | 53.44 |
| 黎族 | 468111 | 52.77 |
| 纳西族 | 13127 | 52.12 |
| 基诺族 | 6126 | 51.21 |
| 鄂伦春族 | 2074 | 50.55 |
| 土族 | 76912 | 48.18 |
| 毛南族 | 17787 | 46.64 |
| 朝鲜族 | 787997 | 44.64 |

[1] 孙宏开 . 关于濒危语言问题 [J]. 语言学教程与研究 ,2001(1).

[2] 徐世璇 . 濒危语言研究 [M]. 北京 : 中央民族大学出版社 ,2011：237–238.

续表 26

| 民族 | 双语总人数 | 占总人数百分比 |
|------|-----------|---------------|
| 普米族 | 10289 | 42.45 |
| 乌孜别克族 | 5013 | 41.05 |
| 塔吉克族 | 10583 | 39.79 |
| 珞巴族 | 819 | 39.66 |
| 哈尼族 | 408782 | 38.61 |
| 彝族 | 2064329 | 37.85 |
| 德昂族 | 4591 | 37.33 |
| 傣族 | 316628 | 37.72 |
| 阿昌族 | 7516 | 36.78 |
| 水族 | 103166 | 35.96 |
| 景颇族 | 31997 | 34.41 |
| 瑶族 | 447108 | 31.67 |
| 蒙古族 | 1023380 | 29.99 |
| 拉祜族 | 89918 | 29.57 |
| 布朗族 | 17215 | 29.44 |
| 佤族 | 83489 | 27.96 |
| 侗族 | 384989 | 26.99 |
| 塔塔尔族 | 1032 | 25.04 |
| 苗族 | 1243711 | 24.77 |
| 锡伯族 | 19891 | 23.77 |
| 傈僳族 | 96982 | 20.09 |
| 怒族 | 4525 | 19.76 |
| 门巴族 | 1111 | 17.86 |
| 赫哲族 | 220 | 14.78 |
| 独龙族 | 649 | 14.01 |
| 藏族 | 538106 | 13.39 |
| 仡佬族 | 6696 | 12.36 |
| 哈萨克族 | 92302 | 10.17 |
| 土家族 | 149604 | 5.27 |
| 维吾尔族 | 26887 | 0.45 |
| 汉族 | 1019760 | 4.45 |
| 畲族 | 399 | 0.11 |
| 满足 | 500 | 0.01 |

　　首先，对于我国各民族的双语情况，徐世璇根据双语人数在全民族总人口中的比例，他将我国的双语群体分为普遍双语型和局部双语型。我们可以看出，在普遍双语型中，占民族总人口 50% 以上的人兼通两种语言，在我国，属于这类型的双语群体有：鄂温克族、达斡尔族、京族、仫佬族、裕固族、柯尔克孜族、保安族、羌族、壮族、撒拉族、布依族、白族、东乡族、黎族、纳西族、基诺族、鄂伦春族共 17 个民族。双语人口在民族总人口中不到 50% 的，我国绝大多数的民族属于局部双语型。徐世璇又根据双语人口的年龄特征反映出来的语言趋势，将局部双语型分为双语发展型（双语人以中青年或青少年为主体）和双语萎缩型（双语人以老年人或中老年人为主体，平均年龄较高，中青年或青少年大多数已经转用了新的语言，成为单语人）。

　　其次，对于我国各民族的语言转用现象，在表 27 使用本族语人数和转用其他语言人数分别是使用不同语言的单语人的数据，都不包含兼通两种语言的双语人。通过表 27 的分析，双语群体中使用语言的实际状况是很不一致的、非常复杂的，兼用的两种语言在使用程度上往往不同等，普遍存在着不同程度的偏斜，在有的地区或时期，情况可能正好相反，本族语用得少而同族语用得多。徐世璇按照本族语的人数比例，可以将兼用双语的少数民族分成五个层级。第一级：70% 以上的成员转用了其他语言的民族，例如土家族。第二级：70% 以下至 50% 以上的成员发生语言转用的民族，例如锡伯族。第三级：50% 以下 30% 以上的成员发生语言转用的民族，例如怒族、鄂伦春族。第四级：30% 以下 10% 以上的成员转用其他语言的民族，例如东乡族、蒙古族。第五级：只有不到 10% 的成员转用其他语言的民族，例如撒拉族、纳西族。

表 27　各民族使用本族语人数比例与转用其他语言人数比例 ①

| 民族 | 使用本族语人数比例% | 专用其他语言人数比例% |
|---|---|---|
| 维吾尔族 | 99.46 | 0.09 |
| 藏族 | 82.08 | 4.52 |
| 傈僳族 | 79.70 | 0.21 |
| 拉祜族 | 66.48 | 3.94 |
| 佤族 | 66.46 | 5.58 |
| 哈尼族 | 61.29 | 0.10 |
| 布朗族 | 61.75 | 8.81 |
| 水族 | 58.05 | 5.99 |
| 德昂族 | 58.00 | 4.67 |
| 傣族 | 57.55 | 4.73 |
| 朝鲜族 | 55.19 | 0.17 |
| 彝族 | 55.15 | 7.00 |
| 苗族 | 54.89 | 20.30 |
| 侗族 | 50.84 | 22.16 |
| 蒙古族 | 50.06 | 19.95 |
| 阿昌族 | 49.23 | 13.98 |
| 塔吉克族 | 46.99 | 13.22 |
| 纳西族 | 43.91 | 3.97 |
| 壮族 | 42.29 | 2.99 |
| 瑶族 | 38.23 | 30.10 |
| 白族 | 36.64 | 9.01 |
| 布依族 | 36.53 | 9.00 |
| 撒拉族 | 35.88 | 9.40 |
| 东乡族 | 34.39 | 12.16 |
| 柯尔克孜族 | 33.50 | 8.06 |
| 怒族 | 30.45 | 49.79 |
| 黎族 | 29.42 | 17.81 |
| 毛南族 | 28.20 | 25.16 |
| 珞巴族 | 28.13 | 32.21 |
| 普米族 | 27.85 | 29.70 |
| 达斡尔族 | 20.58 | 9.14 |
| 土族 | 15.45 | 36.37 |
| 裕固族 | 14.48 | 24.87 |
| 保安族 | 9.38 | 34.00 |
| 锡伯族 | 8.93 | 67.30 |

① 徐世璇 . 濒危语言研究 [M]. 北京 : 中央民族大学出版社 ,2011：203-204.

续表 27

| 民族 | 使用本族语人数比例% | 专用其他语言人数比例% |
|---|---|---|
| 羌族 | 6.90 | 37.73 |
| 京族 | 3.82 | 33.34 |
| 鄂温克族 | 2.90 | 12.36 |
| 土家族 | 1.78 | 92.95 |
| 鄂伦春族 | 0.70 | 48.74 |
| 畲族 | 0.15 | 99.74 |

现如今，在民族地区使用本民族语和国家通用语言是很常见并且普遍的。随着社会的发展双语人数越来越多。尤其是人口较少的民族，在语言使用方面，不得不掌握国家通用语言。因为他们的语言功能在逐渐变弱，语言活力在降低。使用民族的成员年龄偏大或者在传承上出现断层。民族是离不开语言的，需要交流沟通，他们就自然而然选择的交际能力强范围广的语言。

康家话，已经在传承上出现了断层，使用康家话的一般都是年龄偏大的人，而年轻一代语言已经发生转用。因为康家人认识到学习汉语的重要性，认为就算学会康家话使用范围也是有限的，而汉语使用范围广，更有利于自己以后的发展。康家话的案例是我国人口较少民族语言使用情况的"缩影"，而每一种语言都是铸牢中华民族共同体意识不可或缺的一部分。但是，人民群众对这一问题的认识还是有所欠缺。其他少数民族，他们的语言也面临着同样的问题。

徐世璇在《濒危语言研究》一书中就提到关于濒危语言最佳的对策就是：双语的倡导和保持。我们都知道，双语现象和语言转用是语言使用过程中竞争的结果，是适应群体发展需要而出现的现象。我们发现现如今在少数民族地区，他们普遍都是双语人，民族人士都认识到学习汉语的重要性，都很积极地学习汉语，这样更能适应当前社会的发展，跟上社会的步伐。作为语言使用者，任何群体都需要和外界交流，吸收先进的科学技术和文化理念。但是，也不能摒弃自己的语言和传统文化，要保持和珍惜自己族群独一无二的文化遗产，增强民族成员的自尊心和自信心。所以，在语言上既要传承自己的母语也要学习国家通用语言。随着社会的发展，双语现象会越来越普遍，到一定程度会变成语言转用，慢慢地不再使用自己的语言，语言的丢失带走的不仅仅是一种交流方式。所以，我们要及时地关注人口较少民族的语言使用状况，做好收存与记录工作，争取更好更完整地保存语言面貌。

# 六、结　语

本文对康家话的使用现状进行了调查分析，并且根据联合国教科文组织关于保护和抢救濒危语言的纲领性文件中建立评估系统来评估康家话，得出了康家话已经成为一种濒危语言的论述。

就康家话来说，如果这种语言濒危，那么与它相应的一切文化都可能会消失。首先，康家话的使用人口少，并且没有相应的文字；其次，康家话的语言功能衰弱，语言活力降低，康家人要跟上时代的步伐，就会逐渐放弃自己的母语，学习新的能满足需求的语言；再次，母语使用者态度的转变，因为自汉语成为官方语言并大力推广之后，康家人也意识到汉语的使用性高、使用领域广，所以大家都积极主动地学习汉语、重视汉语，与此同时母语就受到了冲击，很多人语言态度发生转变，在语言传承上不会将自己的母语传承给下一代；最后，族际通婚也普遍存在，族际通婚会先改变小家庭的内部语言，继而影响大家庭的语言使用状况。

作为一个人口较少并且没有自己文字的群体，自身的社会和文化实力都比较弱。余秋雨先生说过："语言是祖先留下来的遗产，是第一笔遗产，也是最后一笔。"① 这就表明语言对一个民族是相当重要的。一个民族的历

---

① 贾晞儒，语言文化学 [M]，西宁：青海民族出版社，2018：77.

史，特别是只有语言而没有文字的民族。总是以文化的形式，如谚语、格言，在其民族共同体中以口传的办法代代相传。因此，抢救和保护康家话是迫在眉睫的事情。高校科研机构、政府的鼓励政策、民间力量的行动都能为更好地保护康家话提供很大的帮助。

随着经济全球化、城镇区域化的高速发展，各民族交往日益频繁，不同民族间的交往接触以语言为媒介。同时，国家大力推广普通话，汉语成为族际交往的主要语言。基于以上原因，我国人口较少民族的语言传承出现了危机，甚至部分语言逐步走向濒危。语言的消失，不利于文化的传承和保护，尤其是没有文字的语言。习近平总书记提出铸牢中华民族共同体意识，每个民族是中华民族共同体的重要组成部分，所以我们要对这种弱势语言进行保护，制定相应的措施。

# 民和与互助土族语词汇比较研究

余晓玲

　　语言有一个底座，说一种语言的人是属于一个种族，也就是说属于身体上具有某些特征，而不同于别的群的一个群。[①]语言也不脱离文化而存在，同样语言不脱离社会流传下来，它决定着我们的风俗和信仰。可见语言是有民族性的，语言负载着民族文化，其力量是无法抗拒的，也是无法同化的。民和土族语和互助土族语虽然有内部方言差异，但他们有共同的同源词，这些同源词反映的文化可还原土族跟其他民族接触前的文化状态。一个民族也是随历史的发展而发展，这种发展呈现民族文化的多元性。

　　土族语言文化与其他民族的接触历史悠久，尤其是土族语言文化从汉族、藏族和其他民族的语言文化中接受了很多有益成分。无论文化的哪一方面，当今土族的语言文化的整体性发展，得益于语言文化接触。民族语言文化多元是对中国文化的继承和发展，保护和发展民族传统文化是中国文化事业中的一个十分重要的工作。就已形成的土族语互助、民和、同仁三大方言区的格局，就是土族在跟其他民族历史接触在语言文化上的表现。

---

[①] 爱德华·萨丕尔.《语言论》，北京：商务印书馆，1985:6.

本文选择以土族人口较为密集的民和回族土族自治县和互助土族自治县的土族语言文化为例，这两个地区的土族语分属于土族语的两种方言，两种方言之间有差别，互相通话会有一点困难。互助方言受到的藏语影响比较大，新名词术语一般都借自汉语，民和方言受藏语影响较小，受汉语影响较大，两种方言间的趋势是逐步接近，这是因为基本词汇同源，新词术语又都借用汉语。我们可以借此对土族语言文化发展变化的内部规律和外部作用进行探析。此外除民和、互助两大方言区外分布在青海省不同地区的土族语都有自己的特点，因此，通过对民和、互助土族语言文化比较研究也可为比较方言或亲属语言之间的差异研究提供一些新素材。

# 一、土族概况

## （一）土族的历史来源

### 1. 土族的历史分布

从唐至宋，土族先民主要居住在青海省东部湟水流域和祁连山以南大通河两岸及与之相毗邻的地区。虽然和汉族、藏族、保安族、东乡族等民族交错杂居，但有本民族集中聚集的村落，比较稳定，至今土族仍然分布于这些区域。

《秦边纪略》中记载了明朝和清初土族的分布情况：“西宁李土司所辖近万人，祁土司所辖十数万人，其他土官吉、纳、阿、陈等辖合万人。”[①]“西川口，土司西祁之所居也。东西二祁所辖之土民，各号称十万。”“三川盖挛牧地，土人皆李土司所部。”[②]上川口“汉、土杂错”“为东李土司居地，

---

① （清）梁份著，赵盛世等校注.《秦边纪略》卷一《西宁卫》，西宁：青海人民出版社，1987：50.
② （清）梁份著，赵盛世等校注.《秦边纪略》卷一《西宁卫》，西宁：青海人民出版社，1987：59.

其精锐土人尚以万计算。""巴川（今民和巴州）堡土人所居，巴川土人属冶土司所辖。"①从这些记载中可以看出，明及清初的土族人口数量达到了一个族群形成的规模。

而现在全国土族人口有24.12万人，其中青海省19.95万人，主要居住在互助土族自治县、大通回族土族自治县、民和回族土族自治县、乐都区、同仁市，以及海北藏族自治州、海西蒙古族藏族自治州、西宁市；有4万余人居住在甘肃省的天祝藏族自治县、永登县、卓尼县等地。②明及清初土族分布的地区与今天土族分布的地区进行比较发现分布地区基本是一致的。

2. 土族名称来源

土族通称为土人，此类土人为青海所独有。其来源除藏族外，汉族、突厥族、蒙古族、畏兀尔等皆有之。明初经略青海时，对青海之居民，除藏族以外，概称为土人，以别于明初之新移民。明洪武元年，元甘肃省理问所官祁贡哥星吉归附；四年，元甘肃右丞朵儿只失结等招抚其他蒙古、畏兀尔等族，各族首长，皆相率来归，分别授予官职，分土人为有司和土司二类。明朝一部军民沿湟水河到达湟水河流域开始学习耕种树艺，以后，连同原住在该地的民众都称为土人。元末明初后史书上记载的"土人"已经是一个比较稳定的群体了。

1949年，中华人民共和国成立后，土族历史的研究进入新时期。这时，党和人民政府十分重视民族工作，对土族社会历史多次进行调查研究，正是在这个基础上，1952年正式定名"土族"。1954年成立了互助土族自治县。

3. 土族族源讨论

土族人民有悠久的历史、光辉的业绩，尤其在明清时期，曾出过名将

---

① （清）梁份著，赵盛世等校注．《秦边纪略》卷一《西宁卫》，西宁：青海人民出版社，1987:60.
② 互助土族自治县民族宗教局编，转引自《土族民俗》接待部分。

高僧。关于土族族源问题，本民族没有文字记载，汉藏文记载也属片段不全，而民间传说在几部土族中又相互歧异，但在过去的地方志中曾有几种推断性说法，一是吐谷浑后裔；二是蒙古部后裔；三是沙陀突厥后裔。对土族族源进行研究始于 19 世纪末，如俄国人史禄夫指出，土族与满族有许多相似之处，提出了土族与东胡人的渊源关系；德斯迈、蒙塔尔两神甫从语言上直接认为土人就是蒙古族。自 20 世纪 30 年代后，我国的学者对这一问题陆续发表了一些考察记和论文，其中一些人仍在上述三说中进行推断考订。如：持主要来源于沙陀突厥说者，仍是依据李土司族谱和民间传说立论；持主要是蒙古族后裔说者，主要的依据仍是语言和民间传说。在诸说之中，陈寄生于 20 世纪 40 年代初对土族历史作了考订，两次著文提出"土人是吐谷浑后裔"继而卫惠林先生著文提出土人是吐谷浑为主的"鲜卑与羌人之混合族"。在《辞海》"土族条"，把吐谷浑放在土族来源的第一位，说："在民族形成过程中主要与吐谷浑、蒙古诸族有渊源关系。"[1]《中国少数民族》"土族篇"继承了《土族简史简志合编》的说法，介绍了有关三说而倾向于元代蒙古驻军说，[2] 而在《土族简史》中，编写组倾向于主要来源吐谷浑说。[3]

　　从上述的土族族源研究中我们发现去探究无文字的民族族源是比较困难和复杂的。但我国学术界和广大土族人民对土族族源的探析从未停下脚步。经过大量的研究，"对土族历史和土族族源的认识，已基本趋于统一，即鲜卑慕容氏吐谷浑是今天土族的主体先民，同时融合了蒙古、藏、汉等民族，形成了统一的新型民族。所以，土族的民族历史是悠久而辉煌的，土族民族文化是多元而灿烂的"。[4] 土族因为这样的历史渊源，时代变迁，

---

① 详见《辞海》，中国书籍出版社，2011，"土族条"。

② 《土族简史》修订本编写组. 土族简史简志合编 [M]. 北京：民族出版社，2009：10.

③ 《土族简史》编写组. 土族简志 [M]. 北京：民族出版社，1989：8.

④ 鲍义志. 弘扬民族文化振兴民族经济——在青海土族研究会第三届会员代表大会上的工作报告 [J]. 中国土族.2007：7—10.

其语言文化也发生着变化。但我们依旧能发现土族文化是一个开放的系统，它应时代的要求不断地学习、筛选、吸纳、融会他民族的文化为本民族的发展服务。

## （二）民和土族概况

### 1.地理位置

民和回族土族自治县，位于青海省的东部地区，湟水河下游。地理坐标为东经 102°26′~103°04′，北纬 35°45′′~ 36°26′。《民和县志》记载，"截至 2012 年末，全县总人口 42.88 万人，其中少数民族总人口 25.57 万人，占总人口的比重 59.63%，其中土族为 83583 人，占总人口的 12.36%，主要从事农业兼营畜牧业"。民和回族土族自治县共有 8 镇、14 乡（共 312 个行政村、13 个社区居民委员会。民和回族土族自治县内土族主要分布在桑布拉川地区，这一带包括官亭、中川、前河、甘沟、峡口、杏儿、等乡（镇）。

### 2.语言概况

李荣的《中国语言地图集》B4 中所示：青海省民和回族土族自治县方言属于兰银官话里的金城片，土族语属于阿尔泰语系蒙古语族。土族长期以来没有本民族的文字，本民族中以土族语对话，并保留与蒙古族的同源词。在进行书面记录和交际方面只能用汉文和藏语。随着社会发展，土族和汉族的接触越来越紧密，这使得在土族语中增加了更多的汉语借词。"根据土族 5000 多条常用词汇的分析，与蒙古同源词占 61.2%，汉语借词 18.5%，藏语借词 5.6%，突厥语借词 0.5% ,满族语借词 0.3%。"现在土族语在不同来源的借词中有藏语借词、蒙古语借词、突厥语借词等，但汉语借词所占的比重趋势日益上升。

### （三）互助土族概况

#### 1. 地理位置

互助土族自治县位于青海省东北部，县境北依祁连山支脉达坂山，与海北州门源回族自治县相接；东北部与甘肃省天祝藏族自治县、永登县毗邻；东南与乐都区接壤；南以湟水河为界，与平安区相望；西靠大通回族土族自治县，西南与西宁市相连。地理坐标为北纬 36° 30′ ~ 37° 9′ 和东经 101° 46′ ~ 102° 45′ 之间。县城威远镇距西宁市 40 公里，县境南北宽约 64 公里，东西长 86 公里，总面积 3423.9 平方公里。截至 2011 年，互助土族自治县辖 8 个镇、9 个乡、2 个民族乡（松多藏族乡、巴扎藏族乡）。

#### 2. 语言概况

截至 2011 年，互助土族自治县总人口为 370540 人，其中，少数民族 91963 人，占总人口的 24.82%，其中土族 62745 人、藏族 22012 人、回族 6999 人、蒙古族 131 人、满族 51 人、朝鲜族 5 人、东乡族 5 人、白族 3 人、维吾尔族 7 人、壮族 4 人、苗族 1 人。土族语言内部分为互助、民和和同仁三个方言区。使用互助方言的有 11 万余人，使用民和方言的有 4 万余人，使用同仁方言的有近 1 万人。居住在大通回族土族自治县、西宁市区及散居的约 7 万人已转用汉语。居住在甘肃省卓尼县和其他涉藏地区的近 1 万人已转用藏语。互助境内 80% 的土族以母语作为族内交际工具。土族没有本民族传统文字，在 20 世纪 50 年代国家对少数民族语言进行大规模调查研究的基础上，于 1979 年创制了以拉丁字母为字母形式的拼音文字，并在互助土族自治县推行。主要进行了师资培训、编辑教材，工具书和通俗读物、农村扫盲、学校试教、土语广播、电影译制、刊行杂志、口碑古籍整理、人民代表大会土语翻译，解决土文新词术语等工作。土族文字为抢救、继承和发扬本民族传统文化起到了其他文字无法替代的作用，同时也成为土族人学习汉语文和其他民族语文的重要工具。

# 二、民和与互助土族语词汇比较

## （一）音位系统

### 1.元音

土族语中的元音包括六个短元音 ɑ、e、i、ə、o、u 和 ɑ:、e:、i:、o:、u: 五个长元音。复合元音 ai、ia 、au 、ua 、iu 、ui、uai。其中,短元音 i、e、ɑ、o、u 会出现在音节首、音节中和音节尾。例如：itə（吃）、ila（哭）、tʰerge（头顶）、de:şi（线头）、ɕimişi（指甲盖）；ker（家）、ne（这个）、neşi（它们）、pişi（草）、erma:（嘴巴）；ana /ama（妈妈）、ala（杀生）、alima（果子）、sara（月亮）；ula/ule（没有）、untur（高处）、mula:（小的）、kuadun（人们的）等。长元音是以元音 i 等双写 ii 表示，发音比元音 i 等的音要相对长,并有区别词意的功能。例如:şuzu（头发）和 şuzu（水）, mula（小的）和 mula（思考）, xara（黑色）和 xara（骂）, ula（山）和 ula（哭）。

民和方言和互助方言中元音最突出的不同点是：互助方言的元音分长短具有区别词意的功能,而民和方言的元音,发音中并没有明显的长短之分,单个词的发音也不做区别词意,在具体的语境中区别发音相同词的意思。

土族语在语音上亦表现出自身特点会更明显,如：复元音、成套复辅音情况十分常见,同时在进行对话时,词首音节中的短元音通常被省略掉,词尾的短元音则会保留下来。[①] 民和方言和互助方言在语音上存在的差异加大了方言之间相互通话的困难。

### 2.辅音

土族语中的辅音有 b、p 、m、f、v、d 、t 、s 、dʑ、tş 、n、l、r、ş、ʐ、dʐ、tş、ɕ、j 、dʑ、tɕ、g、k、x、ŋ、ɢ。例如词汇:tasba（渴）、şam（梳子）、

---

① 照那斯图 . 土族语简志 [M]. 北京 :民族出版社 ,1981:92.

tʰaʂi（石头）、ker（家）、ʂuloŋku（听见）等。ulan（没有）、tʰuma（萝卜）、tara（受冷）、tɕiantɕia（狡猾）；ŋ只出现在音节尾，例如：ahdanaŋ（滑）。同为土族语，又分为民和方言和互助方言两种，有着略微的区别，表现在：民和方言 x 在互助方言中读 f，q 则在互助方言里则读 x。同时，民和方言音节尾的 l、r 辅音合并为一个儿化音。

土族语在语音上亦表现出自身特点会更明显，如：复元音、成套复辅音情况十分常见。同时在进行对话时，词首音节中的短元音通常被省略掉，词尾的短元音则会保留下来。[①]民和方言和互助方言在语音上存在的差异加大了方言之间相互通话的困难。

## （二）固有词比较分析

土族语词汇包括固有词、借词两部分。固有词主要是和同语族不同语言同出一源的词，及在此类同源词的基础上产生的大量派生词、合成词等，这样的情况在土族语中十分常见。是土族语词汇的重要组成部分。下面举一些例子（表 1）。

表 1 土族语词汇对比表

| 土族语 | 蒙古语 | 东乡语 | 保安语 | 达斡尔语 | 东部裕固语 | |
|---|---|---|---|---|---|---|
| kuŋ | xʉn | kuŋ | kuŋ | xu: | kuŋ | 人 |
| kuol | xəl | kuan | kuol | koḷ | køl | 脚 |
| arasə | ars | arasuŋ | arsoŋ | ars | arasə | 皮 |
| ɢar | gar | qa | χar | gar: | ɢar | 手 |
| tʃiʂə | tʃus | tʂusuŋ | tʃisoŋ | tʃos | tʃuʂən | 血 |
| ɢal | gal | qaŋ | χal | gaḷ | ɢal | 火 |
| χɢai | gaxæ | ɢɯɢəi | ɢai | gag | qaɢai | 猪 |
| moɢuai | mogœ | moɢi | moɢi | mog | moɢoj | 蛇 |
| dʒaɢa | dʒax | dʒaɢa | dʒiɢa | dʒag | dʒiɢa | 领子 |
| xamdʒə | xantʃui | ɢandʒuŋ | ɢandʒoŋ | kantʃ | xamdʒun | 袖子 |

① 照那斯图 . 土族语简志 [M]. 北京 : 民族出版社 ,1981:92.

续表1

| 土族语 | 蒙古语 | 东乡语 | 保安语 | 达斡尔语 | 东部裕固语 | |
|---|---|---|---|---|---|---|
| to:sə | tos | tosuŋ | tosoŋ | tos | tu:sən | 油 |
| ʃirə: | ʃire: | ʂʅɾə | ʃile | ʃirə: | ʃerə | 桌子 |
| tʃina | tʃan | tʃian | tʃian | ʃanə | tʃian | 煮 |
| ɑlɑ | al | ɑlɑ | ɑlə | ɑlɑ | ɑlɑ | 杀 |
| ne: | nə: | niə | ne | nə: | ni: | 开 |
| kurə | xʉr | kuru | kur | kur | kur | 到 |
| aj | æ: | aji | ɑi | ɑi | ai | 怕 |
| mɑʂta | mart | mata | mɑrtə | mɑrtə | marta | 忘记 |
| moʃə | uŋʃ | oŋʂ | məʃə | oŋʃ | oŋʃə | 读 |
| mau | mu: | mau | moŋ | mo: | mu: | 坏 |
| olon | olon | oloŋ | oloŋ | wualən | olon | 多 |
| tʃo:n | tʃø:n | tʃoɢoŋ | tʃon | tʃu:n | tʃy:n | 少 |
| kungon | xøŋgən | goŋgiən | kiŋkaŋ | xuŋgən | køŋgən | 轻 |
| kundun | xʉnd | gundu | kuŋtə | xuŋgən | χundə | 重 |
| tʃaɢa:n | tʃaga:n | tʂʅɢaŋ | tʃiχaŋ | tʂiga:n | tʃəɢa:n | 白 |
| xara | xar | qara | χəra | xar | χara | 黑 |
| alə | æl | ali | an | al | a:lə | 哪个 |
| ken | xən | kiən | kaŋ | xən | kən | 谁 |
| kədʒe: | xədʒe: | giədʒə | kədʒə | xədʒə: | kədʒə | 何时 |
| nəge | nəg | niə | nəgə | nək | nige | 一 |
| ɢo:r | xojir | ɢua | ɢuar | xojir | ɢu:r | 二 |
| ɢura:n | gurab | ɢuraŋ | ɢaraŋ | guarəb | ɢurwan | 三 |
| de:ren | dereb | dʒiəraŋ | deraŋ | durub | dø:rwøn | 四 |
| ta:wən | tab | tawaŋ | tawoŋ | ta:wən | ta:wu | 五 |
| dʒirɢu:n | dʒurga | dzʅɢoŋ | dʒirɢoŋ | dʒirgo: | dʒirɢu:n | 六 |
| dolo:n | dolo: | doloŋ | doloŋ | dolo: | dolo:n | 七 |
| meŋɢab | mɯŋ | tʃiən | doŋso | miangə | məŋɢan | 千 |
| tumun | tʉm | wæn | tʂʅso | tum | temen | 万 |

　　语言的统一和分化，是和这个民族的历史联系在一起的。[①] 长期以来，土族人民在黄河以北、浩门河两岸的广阔区域里，与汉族、回族、藏族人民交错居住。这种杂居的形式把各地土族分割在一些相互之间不常来往的地区之中。在历史发展的进程中，由于各地所处的语言环境不同，加之缺乏共同的经济生活和文化生活。土族有没有本民族的文字，于是，原来就存在的语言的地区特点进一步活跃起来，使得土族语言内部逐渐形成互助方言和民和方言。民和方言多受汉语影响，互助方言兼受汉语和藏语的影响，方言之间互相通话有一定的难度。

　　关于土族语民和方言区和互助方言词固有词使用方面的不同可以归纳为以下几方面：

## （一）互助方言中的固有词在民和方言中为汉语借词

| 互助方言 | 民和方言 | |
| --- | --- | --- |
| salaŋgxu | tʂ'ahuŋ | 彩虹 |
| xamno | niaɳjiɑ | 娘家 |
| aadal | ʂeŋxo | 生活 |
| Szarbaten | minzʊ | 民族 |
| jawɑːn | tian | 甜 |
| nəge | iː | 一 |
| ɢoːr | ər | 二 |
| ɢurɑːn | san | 三 |

---

① 孙竹. 蒙古语族语言词典 [M]. 西宁 : 青海人民出版社 ,1990:75.

## （二）民和方言中的固有词在互助方言中为汉语借词

| 互助方言 | 民和方言 | |
|---|---|---|
| tɕʻi | dolo:n | 七 |
| fa:r | arɢa | 办法 |
| jandz | qoro | 院子 |
| tsoŋjia | tʻarɑ | 庄稼 |

## （三）民和方言中的固有词在互助方言中为藏语借词

| 互助方言 | 民和方言 | |
|---|---|---|
| nad | pəqiŋ | 病 |
| agasdzan | orba | 星 |
| ɑ:bɑ | ɑ:ti | 爸爸 |
| Losge | lætoŋ | 劳动 |
| naŋsa: | xitiyamɑ | 早饭 |
| sgorlo | qorə | 围住 |
| murko: | kur | 没有 |

固有词随着土族与其他民族的交流日益密切，土族语词汇的构成出现了一定的变化：土族语中使用频率低的固有词开始流失，适合语言交流环境的借词的比重越来越多。互助方言中的土族语固有词按照行政区域的不用，使用情况也各不相同。就笔者田野调查点东山乡来说，东山乡位于互助县东部，东边与丹麻接壤，北部与东沟乡相邻，距离县城15公里。常住居民以土族为主，占东山乡总人口的82.6%。此地区固有词较稳定，在调研与人交流时，大部分语言我能听懂，只是在语音上稍有差异。互助方

言中年龄稍长者都知道土族语中比较原始的固有词，年轻人能用母语交流，但在语言中会出现使用一些汉语借词、藏语借词的现象。在松多乡，这是一个藏族乡，但土族人口达到了总人口的 42.1%，藏族人口占比 23.6%，另外还有汉族。此地区出现了使用藏语借词替代固有词的情况。五十镇的土族居民达到总人口的 59.89%，在母语中有些词保留民和方言中流失的固有词，也有大量使用藏语借词的情况。这是由于该地区拥有青海省较为盛名的藏传佛教寺院佑宁寺，会在每年农历的正月、四月、六月和腊月各举办一次大规模的法会，由于纳八方来客，因此吸纳外来语种（主要是藏语）较多，对其本身语种带来了冲击，产生了严重的固有词流失的问题，语言中较多使用藏语借词。互助方言地区民族语言文化普及较民和方言地区较好，在国家的支持和少数民族语言工作者的努力之下，出版了众多的土族语书籍，例如《土族语语法》《土族民间故事》《土族语自学读本》等。互助方言词汇中既保留着底层固有词，又有藏语借词、汉语借词进入语言系统，使内部方言区人民交流时，听其语言既熟悉又陌生。

在民和回族土族自治县三川地区访谈过不同年龄层次的土族人，其中 80 岁以上的人可以流利地说土族语。在访问中笔者听到了本人这个年纪的母语者完全没听过的固有词。例如：鱼 entʂaʨ、碟子 piɑlɑ、山坳口 tʰɑuɚ 等。这些固有词涉及了有关农业、山川地名、饮食等。跟互助方言相比，互助方言中的有些固有词借用了藏语借词或者汉语借词，但在民和方言中还在使用，甚至是有很强的语言活力。例如最容易借用汉语借词的数词，在民和方言中，一到一百的数字，极少数的人能数到十，都借用了汉语借词。但土族人民都知道七 tɔlɑŋ 数字，这是由于在该地区的丧葬礼仪中十分常见，人们见得多，自然也就了解了。

由此可以看出，土族语中的固有词为了适应生存的语言环境而在借用其他民族的语言，呈现逐渐流失的现象。在两个方言区调研，据访谈的土族同胞讲述，现在使用土族语场合越来越少，成年人在进行市场交易，外出打工，接触的人不全是土族，多数是汉族。孩子在接受义务教育阶段也在学习汉语，很多家长为了让孩子没有"口音"现象，甚至主动让其说汉语。这一点我与访谈人感同身受，自己从上小学起一直使用汉语，土族语在亲属之间交谈时偶尔使用。

## （三）借词比较分析

历史的不断发展，各族人民之间交往也在不断加强，对语言文化也产生了重要的影响。因此，一个语言向另一个语言借词是一种自然而然的现象。土族语各方言里都存在着不同数量和不同来源的借词，这是多民族相互接触，相互影响导致的必然结果。借词反映着各民族积极与其他民族相互交流，是丰富发展本民族经济文化做出努力的表现。一个语言中的多种不同来源的词汇，除一定程度地反应该民族和其他民族的关系外，亦是其本身历史的展示。

土族语的词汇中，除了阿尔泰语系及几个语族共有的固有词之外，还有来自于藏语、汉语的借词。

在历史的不断进程中，土族语亦在不断地吸纳这些外来借词，不断丰富。作为中华民族五十六个大家庭的一员，受汉语的影响是较深的，因此，以汉语借词最多；由于地理环境的影响，临近藏族村落，因此藏语借词排名第二，其他语种借词以突厥语为主，整体占比不高[①]。但也存在地区差异，如互助方言中藏语借词更多一些，民和方言则汉语借词更多，表现出更强的汉化程度。无论是民和方言还是互助方言，其土族语言中的借词，涉及到了社会生活的各个领域，包括政治、经济、文化、农业、饮食、服饰、计量、亲属称谓词的借用等方面。

另外，按照借词进入方言中的时间，将其分为早期借词、晚期借词两类。前者主要是一些宗教用语、日常用语，涉及面广，已形成了基本稳定

---

① 照那斯图.土族语简志[M].北京:民族出版社,1981:82-85.

的发音。后者类型涉及更广,除了宗教及日常用语外,还包含政治、经济、文化、科学技术术语、互联网时代的热词等。有些词,以借词的形式进入土族语言中,它的发音往往适应母语人的发音习惯,会产生发音不太稳定,或按借词原来的读音,但读音有细小差别,或者用本民族的语音习惯完全替代借词的语音。①

1.土族语民和互助方言中的早期借词

(1)互助方言中的藏语借词

①宗教名词术语借词

互助方言中的借词除汉语借词外,比较多的是藏语借词。这跟藏传佛教在互助地区的传播有关。在《最近之青海》互助土族自治县土人调查记一节中记载了互助土族自治县境内历史悠久的寺院建筑佑宁寺:"寺院初建时未可考,同治乱后重建。住屋与汉人同,均信黄教。习梵经,语言多用土语,并兼番话与汉话。"②另据清藏文文献《佑宁寺》记载,13 世纪初,成吉思汗部下一员名叫格日利特的将领率领自己部队在此地,现今寺滩村村民就是其后与当地的霍儿人通婚,逐渐繁衍成如今的语族。在五十镇寺滩村进行调研,跟当地的村民访谈时,有年长者谈道:

我们这个寺院的历史比你们书里的记载更早。以前在寺的北面有古城墙,这个古城墙像手弯起来的样子(形状呈拱形),西面还有城门遗址,这是元代的古城墙。相传在元末时期,曾有印度80位大成就者来此修炼,在此留下了生活和文化的痕迹。此后,萨迦派僧人于此建寺,并形成了数千人的规模,此后在元末逐渐衰落,建筑也被埋没在历史的洪流里,只剩下古城墙、城门还在诉说当年的繁华。佑宁寺以前叫着郭隆寺,大概鉴于始建于明万历年,在清朝康熙皇帝年间也很著名啊。寺院的规模相当大,

---

① 清格尔泰编著,李克郁校.土族语和蒙古语 [M]. 呼和浩特:内蒙古人民出版社,1991:78
② 青海省政府民政厅编写.最近之青海 [M].西宁:青海省政府民政厅,1934:134.

修建的经堂、僧舍有 2000 多个，在这的僧人有 7000 多人，里面还有学习经文的大学院，胡度砝码[①]。之后是雍正皇赐下"佑宁寺"的匾额。

根据史料记载和访谈者的论述，藏语借词进入互助方言时间较早。在互助方言中在日常用语中常用的藏语借词有：麻尼 mane、寺院 rgomgpa、金刚 tortɕi 、上沿 goŋtʰa、海螺 toŋ 、大象 loŋwuqe:、印玺 tʰamɑgxa、虚空 uarṣidŋ、松木 ṣzompa 等名词。还有摸顶 nja:la、请示 xi:la、发展 mpe:le、共献 xemle、赞颂 tsdorlo、不要 murho 等动词。值得一提的是借入的藏语动词有个特点就是藏语动词词根后添加土语动词附加成分 –lɑ，–l，,–lo，–dɑ，– qi，–qile。例如：摸顶 njɑ:lɑ =miɑl–bɑ。

②人名借词

根据田野调查获取的不同土族村庄人名的信息，互助土族民众的名字类型可以分为三种：一是姓氏加土族语，二是由寺院活佛所起的名字，三是姓氏加有寓意的汉语词。根据访谈记录，土族民众的名字，最初在明末清初，统治者基于笼络人心，为部分得道高僧赐汉姓、汉名，其他人员则多为土族语名。此后，伴随土族、汉族、藏族接触更加紧密，加之宗教信仰等因素，导致土族人的取名方式越来越悖离传统，更多地使用藏语名字，这也分两种形式，一是全名直接用藏语名字，例如：扎西、达娃、仁增。二是会在姓氏后面加藏语词，例如李尼玛、韩卓玛。三是姓氏加藏语词汇再加一个区别男女的词，男性人名，正在名字后面会加一"保"字，女性人名后面会加一"姐""索"等。例如:蒲英措姐。蒲是姓氏，英措是藏语，姐表示是女生的名字。

③藏语借词中的形容词、副词、名词

土族语中，由藏语借入的形容词、名词主要采用音译介入法，以保留原音为主。如：幸福 tebxir、紫色 marnɑq、潮湿 rlen、颜色 ndoq、肮脏

---

① 胡度：青海话，程度副词，意为十分，非常的意思；砝码：意为厉害。

nampa、好像 ats:nra:、突然 lorjoq、平时 raŋxa、还 taraŋ、又 iaŋ、除了，以外 munte 等。在土族语中表示抽象意义的固有词非常少，互助方言在表达抽象意义的词时借用藏语，而民和方言则在表达抽象意义的词，使用音译法时借用汉语词。

值得探析的是互助土族语言中受藏语影响的不仅是在语言中借入了藏语词汇，而藏语名词的指称也影响到了互助土族语言。在土族语的名词中是有"数"范畴，单数一般用词干表示，如 şiper（鸟）（一只鸟），牛 χukuo（一只），在互助土族语中来表示名词单数。藏语中表示"一头牛"这种数词加名词的组合时，写为：lek tsak joke（羊一个有），其语序是名词后面跟数词。在土族语里明确表示名词单数的一种形式，这就是名词词干和数词 nəge（一）直接组合的形式。这里数词"一"往往失去自己的独立性，表示抽象的语法意义"一"，是单数的概念，词的语音也发生相应的变化：以 ge 的形式出现。例如：kun ge repara. 意为人（一个）来。蒙古语族的主要语言如蒙古语、达斡尔语在数词修饰名词时语序都是"数词加名词"，但是作为亲属语言的土族语、保安语、康家语却是"名词加数词"，出现这种差异的原因，还是和藏语的接触相关。这种表达在互助土族语中比较明显。

2. 土族语民和互助方言中近期的借词

(1) 政治、经济方面的借词

在政治、经济方面的词汇，互助方言和民和方言都使用音译的方式借用了汉语借词。例如：共产主义 kuŋtş'an tşuji、国家 kuoteia、主席 tşuei、群众 tɕ'yntşuŋ、社会 şexui、公务员 kuŋu yuan、国务院 kuo yuan、就业 teiəuiə、干部 kanpu；利益 li-i、会计 k'uaitei、收入 şəuzu、养老金 Iaŋ lauteiŋ、银行 iŋxaŋ、个体经营 kət'iteiŋiiŋ、西部开发 ɕipu k'aifa 等。

综合上述例词不难发现，土族在政治、经济等的词汇主要源于汉语，采取音译方法。对于土族语言发展的研究，我们首先对其民族进行溯源。

土族的来历至今在学术界未取得统一，主要的几种观念包括：吐谷浑说、蒙古人和霍尔人融合说、多源混合说等，学术界各抒己见。① 不过，多数学者支持吐谷浑说，认为土族人主要是鲜卑支系吐谷浑人后裔。尽管吐谷浑曾于西北建立草原王国，但吐谷浑人在迁徙的过程中，首先是在临夏定居，此后才逐步西移至民和回族土族自治县的三川地区，不过仍不能就此定义土族即吐谷浑。② 由土族语固有词中政治词汇极度缺乏这一现实我们不难推断，该民族在历史的发展中，不曾建立真正的独立政权。

古代土族政治始终与中央王朝紧密相关，新中国成立后，土族人民才成为中华民族中的一分子，实施国家政治政策。近些年更是吸纳了众多政治热词：中国梦 tʂoŋkuo məŋ、深化改革 ʂənxua kaikə、核心价值观 xəɕin tɕiatʂikuan、改善民生 kaiʂan minʂən、创新就业 tʂʻuaŋɕin tɕiuiə 等均为土族民众在平时的政治谈话中的常用词。笔者和土族同学通过土族语言交谈政治话题时，一旁不通土语的汉族同学便能分辨出我们说的党员 taŋiuan、公务员 koŋu yuan、促进就业 tsʻutɕin tɕiuiə 等汉语词汇。

在不同的历史时期，民和土族的经济发展有着不同的特征。封建地主时期，该地区以自然经济的发展为主；新中国成立前夕，又以农业为主，主要种植小麦、玉米等粮食作物；此外还包含畜牧业等较少接触及发展商业性活动。

加之彼时土族人民居住区域存在信息、交通闭塞等问题，整体的发展落后，亦极大影响了地区经济的发展。此后，伴随改革的深化，西部大开发的不断促进，民和县三川地区人民一直紧跟时代的脚步，积极响应国家西部大开发号召，逐步冲破传统生活圈子，更深切地意识到经济发展对于推动地区发展的重要意义，人们亦开始立足自身的发展，关注经济发展为自身生活带来的好处。从自身角度出发，时时关注国家政策

---

① 崔永红，张得祖．青海通史 [M]．西宁：青海人民出版社,1999: 56.
② 《土族简史》编写组．土族简史 [M]．西宁：青海人民出版,1982: 6.

的发展和变化。在这样的环境下，土族人民亦引进了众多有关经济的新型汉语词汇，如银行 iŋxaŋ、会计 ʂəuzu 等。当前互助、民和土族地区的人们充分地运用河湟地带的农业基础、先天性的自然环境等优势，全面助推特色化农业的发展,现已形成了"纳顿节""喇家文化遗址"等特色化、区域化的优势，为助推地区旅游业发展发挥出重要作用。可见，汉文化在土族百姓的生活中占据着越来越重要的地位，政治、经济等已深深渗透至土族文化中，为促进地区发展、实现文化交融发挥着重要的作用。

(2) 节庆文化词汇的借词

节庆活动的出现，是各族人民在不断的发展中，根据季节变化、农业生产等规律，制定的一些特殊意义的日子，如庆祝丰收的中秋节、庆祝新年的春节等。不同的民族有着不同的节庆文化，土族的节日主要有三种形式，一是该族特有节日类型，如纳顿节，这是该族百姓庆祝丰收的形式，该节日的主要意义在于传授农务知识；二是时令性的节日，例如春节、端午节、中秋等；三是民族群众交流集会性的节日,可称之为民间集会，如六月六、花儿会等。这就显示，无论土族开展的是何种形式的活动，均反映出该族人民对不同民族文化知识的学习、传承、丰富和发展。土族的节日中除了纳顿节以外，像春节、端午、八月十五这些中国的传统节日也进入了土族的节日中，而且也是比较重视的节日。相应的跟这些节日相关的词汇也进入到了土族语言系统中。将民和方言区和互助方言区的节庆词汇相比较，能明显发现，互助土族在节庆中较为传统地保留着自己的民族特色，而民和方言区的土族节庆将汉文化炉火纯青地融入到了本民族的文化当中，主要以舞蹈表演、唱词、礼仪等形式表现。

①土族传统节日 —— natun

纳顿 natun,土族语意即玩耍、娱乐,和蒙古族"那达慕"有一定的联系，其表示的意思和发音方面也十分相同。纳顿节最早流行于青海民和三川地区，是土族十分重要的节日。在民和地区，纳顿节规模庞大，它是从农历七月十二开始一直持续至农历九月十五，历时两个月之久，所涉及区域极广，涵盖了整个土族聚集区，被称为"世界上最长的狂欢节"。

纳顿节的主要活动形式包括：搭头、报喜、打杠子、面具舞等。"搭头"代表着整个活动拉开帷幕，是由德高望重的长者向大家汇报参加纳顿的村庄、人数，表达对于纳顿庆丰收的美好期冀，接着活动正式开始。首先进行的是"报喜"活动，主要是各村汇报当年农事生产的成绩，汇报结束后便开始"唱喜讯"，即以歌唱形式赞颂这一年取得的丰收，歌唱百姓安宁康健的生活。接着开始"打杠子""摆阵法"等具有难度的表演，主要是通过村民两两持棍进行对打表演，以及三五成群摆放乾坤八卦阵、共摆一字长蛇阵等，这些活动主要表现的是古代军队摆阵、练军的场景，反映了土族先民注重强身健体，崇尚武力的传统。另外，在纳顿节中的面具舞是整个纳顿的高潮，面具舞《庄稼其》（其，土族语中是对长期从事某项事业的这类人群的专指，意为师傅或匠人，庄稼其意为庄稼人）。庄稼其为六人参演的活动，表演者分别戴上角色面具：一对老夫妻、他们的儿子儿媳和犁耙前的两头耕牛。故事情节是老人家的儿子重商轻农不愿耕种，老人为了让儿子了解农业的重要性，便让儿子到田间劳作，于是一家人开始耕种，不料儿子将耕犁架反，老父亲当场训斥他，并指导其正确的架犁方法。表演形式带着令人捧腹的夸张，生动地再现了土族人民朴实的生活场景，展现出了农耕文明在该地区的深远影响。面具舞蹈的故事是从中国经典小说《三国演义》中选择一些情节进行表演，有《三将》《五将》等。舞蹈中"三将"指刘备、张飞、关羽，"五将"指刘备、张飞、关羽、吕布、曹操。这些人物都不是土族民间文学《格萨尔王》中的人物，而是对汉文化的引进，将三国时期的英雄融入纳顿面具舞中，显示汉文化对民和三川地区带来的深远影响，是历史上文化大融合的见证。此外还有舞蹈《打虎将》表现的是土族先民和大自然顽强斗争的情景。

互助土族地区，也同样重视纳顿节。时至今日，这一特殊的节日文化已成为旅游产业，对促进土族地区旅游业发展发挥着重要的作用，并形成了"安昭纳顿节"的品牌效益。安昭纳顿节在保留传统土族文化的基础上，亦伴随时代的发展，融入了新的生命力。其一般是在每年七月举办的文化艺术节中开展的，成为宣扬土族文化，实现对外交流，推动经济发展的重要手段。其中最受游客欢迎的活动无疑是安昭舞了，即由穿着土族传统服饰的表演者围成一个大圈，欢快地舞动，人数不拘，有几十人至上百人，为了体现文化的包容，也欢迎不同民族的游客参与，构建共同参与的和谐舞蹈形式，实现"全民狂欢"的目的。此类圆圈舞形式和藏族锅庄舞十分类似。

②吸纳与发展中国传统节日——春节、中秋节

春节、中秋节等一类中华民族传统节日，也融入土族之中，不过亦被土族人演绎出新的文化特色，展示出一种土族人的节日气氛。

民和、互助地区将春节称为"过正月"，是在继纳顿节之后的又一隆重节日。土族人对于汉族春节的吸纳十分全面，跨越时间亦较长，由腊月二十三开始祭拜灶王爷，至腊月二十九完成除室内的除尘工作。这个时间段内杀猪宰羊、蒸糕炸馍，所有的工作都是为了迎接大年三十的到来。大年三十这一天，妇女们拿出精心准备的蒸馍、炸馍参与族内的聚会，比较谁的手巧花样好看，谁的技术强做得味道好等。小辈需要向长辈敬酒，主要用的是土族酩馏酒，向长辈祝福新年，并汇报自己一年的收获。大家吃饱喝足了便会唱起来、跳起来，以此表达对美好生活的向往、对亲朋好友的祝福，许下来年风调雨顺、健康幸福的愿望。

可见，大年三十是土族人民对过去一年的总结，是一个亲朋之间联谊、互诉衷肠、建立亲密感的重要机会。白天在叔伯家过完三十，下午各自回到家中准备年三十的吃食。以前土族在年三十晚上还会吃长面条，取意长命百岁，或是吃饺子。年三十晚上，还尽可能多吃，他们认为守岁后，谁的体重最重则福气最多。此外，在子夜过后，还会在院子中间生一堆火，

代表着烧掉不好的气数，接着在爆竹声中迎接新年的到来。正月初一，在太阳升起之前，大人们便会到庙里添灯油，小孩子则成群结队到长辈家中拜年。互助土族还在新年中增加了跳安昭以积累福气的做法，以及荡轮子秋（荡秋千）可祛腰痛病的习俗。

民和、互助地区将端午节称为"过当午"（发音源自汉语端午）。土族先民世居青藏高原，和中原地带的屈原相去甚远，不过端午现同样成为土族民众心中的重要节日，显示了我国多民族的深度融合，及现代教育、文化、经济多维度催化。土族人民会在端午的前一天，将家中所有盛水器皿盛满水。相传端午节，青蛙、蟾蜍将沉水而不出，于是，民和土族地区的人们在这天要为其供清水，表现出其敬水、敬蛙，尊重自然的传统习俗。这可能和土族先民当年在迁徙时，探寻有水源的生息之地的习惯相关，见到蛙类便证明附近有水源，自然环境适合生活。出包儿（绣香包）是土族姑娘们端午节的一项重要活动，她们采用五颜六色的绸缎，制作香包，再在里面放进香草药粉后缝严，用于赠送亲友或是自用，手巧的姑娘们会在绸缎面上绣上十二生肖、花鸟鱼兽、农作器具（簸箕、茶壶）等式样，其寓意为吉祥安康。其中送长辈的是"羊心"形的荷包，认为挂在胸前能保护心脏。这是因为"羊"和"阳"谐音，代表着土族人的太阳崇拜，借此为老人带来活力。绣香包的习俗也源自汉族，但在吃食方面，就和汉族人有着较大的不同了，土族人端午节主要是吃凉面、韭菜合子、凉粉等，并不吃粽子。土族地区的端午节多了一丝尊重自然、祈福安康的文化因素。

③族际交流的集会——花儿会

花儿会的形式更像是青海各族为了彼此交流而设置的一个节日，一般在六月初六，这时的青藏高原百花齐放，是最富生机的时期，就好像南方地区春天的时光一样。藏、汉、回等民族就是在这美好的季节里走出家门，聚集在花团锦簇的环境下，以歌传情，唱响"花儿"（青海地区的民歌），交流联谊。

在互助丹麻乡，每年农历六月十一日至十五日还会唱青苗戏，这期间被称为丹麻会，这不仅会吸引了附近大量群众前来观看，全国各地的游客也会慕名而来。在丹麻会的当天，土族群众纷纷身穿艳丽的民族服装，聚集到丹麻会场，他们三五成群、以歌会友。在开阔的草地、舒适的林节间，围成大小不一的圈子，进行花儿对唱，以其嘹亮的歌声表达对自然的赞美和对美好生活的向往。届时，各民族结队前来，一首首小调拉近了人们的距离，为地区人民团结奋进、共同发展打下了良好基础。

（4）饮食与服饰文化借词

① 饮食文化借词

土族人民日常食物主要有以青稞、荞麦、大麦、洋芋、豌豆、扁豆为主要原料制作的馍 timei、油炒面 tʂuokʻuo、拌汤 tʂɚ-ma 等，其日常饮食与青海各地区的饮食习惯并无太大的差异。故在饮食方面的词汇在具体的语境环境中借用汉语借词或者兼用本民族的语言词汇。例如：薄油饼 sitsʐa timei、馒头 ɕianmiau、油炒面 tʂuokʻuo、面条 puta、拌汤 tʂɚ-ma、面疙瘩 taŋpɚ、羊肉 kʻoŋni mukʻa 等。随着社会生产力的发展，土族地区单一的农作物种植结构发生了变化，土族人民也引进先进的种植技术来改善农作物的产量。现阶段，由于社会的不断进步与发展，人们的物质需求也越来越高，再加上人口流动的加强和交通的便利，土族人民的生活中也逐渐出现了许多产自外地的瓜果蔬菜、海鲜等产品。这些极大程度地影响了本地的饮食习惯。土族人民曾经最喜欢吃的食物是油炒面 tʂuokʻuo（将油加热之后，炒熟炒面，放入适当的调味品即可完成美食），只有在特殊重大的日子才会吃到油炒面这一珍贵美味的食物。而在现代社会，土族人民热衷于面食。以往在他们举办的婚宴中，需要准备的宴席食物并不多，基本上也就是五碗（白肉、馄饨、瘦肉、黑肉以及肉丸）、一龙锅（烩菜），而随着时代的发展，婚宴的菜单也发生了变化，增加了各式各样的凉菜，肉菜有手抓羊肉、红烧牛排、白斩鸡、红烧整鱼等，热菜从各种菜系中选择，饮品之前喝的都是自己酿造而成的酩馏酒，现在逐渐以啤酒等为主。通过对土族人民饮食习惯进行分析后发现，随着饮食结构的变化，在自身的特色饮食习惯得以保存的同时，也融入了许多其他地区的饮食特色。除此之外，汉族健康的饮食习惯也渗透到了他们心中，从某种程度上来看也对其饮食习惯产生了潜移默化的影响，即由最开始的仅为了填饱肚子，而转变成了更加重视饮食的健康均衡，与此同时，传统的饮食观念也发生了变化，不再信奉"不干不净吃了没病"的说法，更加注重饮食的营养搭配，对于食品安全也提出了更多的要求。以上均与汉族健康的饮食习惯密不可分。

这些汉族的饮食文化融入土族人民的日常生活当中，自然而然地影响着土族语言。土族人民的话语中会大量存在这些借用的汉语词汇，例如土族人外出吃饭，食物的名称就会用汉语的词汇称呼，因为像所举例的炸酱面 tʂatɕiaŋ mian、海鲜 xai ɕian、烤鸭 kʻauia 等这些食物在以前土族饮食结构中是不存在的，也说明这些词在土族固有词中是不存在的，但为了实现社会交际需要借用这些汉语词汇来补充土族语言。

②服饰文化借词

对于一个民族或族群来说，服饰也是非常重要的文化载体，因此也会对许多方面产生影响，包括经济、生活习惯、文化以及审美理念等，长此以往，也就产生了具有区域特色的服饰文化。无论是民和方言区，抑或者是互助方言区，其所生活的人文背景与自然条件均是相似的，基于此，服饰文化也体现出了许多相同的特征。土族的服饰类型比较多，再加上受到地理因素、生活习惯、历史背景以及其他民族文化等因素的影响，导致土族服饰呈现出了十分明显的地域差异，充满独特的民族特色。在此过程中，虽然土族服饰会受到以上几项因素的影响，但更重要的却是源自其他强势民族文化所带来的影响。

从服饰方面来看，对于互助土族服饰来说，要更具民族交融的显著特色。例如：互助土族女子传统头饰中，以三个箭叉造型而得名三叉头的 nareniuta 和俗称干粮头的 tuohuæniuta。外衣多的材料大多是羊毛，主要表现为黑色与白色，在经过一道道加工工序之后，羊毛线已经变成了一种优良服务纤维，不仅可以起到保暖的作用，而且具有一定的美观性。利用羊毛毡子加工而成的服饰可以分为两种类型，即褂与衫，青年男性群体一般身着褂子，而中老年男性与女性群体更多身着大衫。民和土族服饰布料多为丝绸和棉布，过去民和土族男子穿大襟短褂，大裆裤，节日着长袍，头戴礼帽，女子服饰以凤凰头（头饰）、百褶裙为主。现在土族服饰已经很少出现，只有少部分老人或者在婚礼等重大节庆时会穿戴。当前，人们穿的更多是充满时尚感现代服饰，不仅穿戴方便，还可以有更多的选择。随着生活习惯的改变,土族人民对于世界也有了更多的了解。现代服饰也受到了大家的广泛喜爱。然而，尽管如此，对于本民族流传下来的传统服饰，土族人民仍充满了深厚的情感。土族人民在举办婚礼时，经常会选择两种服饰，一种是本民族的新娘装，另一种是婚纱、旗袍。从上述论段可以看出互助、民和地理位置的差异，也可看出互助土族服饰借鉴了藏族服饰的一些款式，其原材料的使用上显示着先民是游牧民族的痕迹，而民和土族更早是与汉族融合，体现出了农耕文明留在服饰上的痕迹。

③ 亲属称谓的借词

土族语的亲属称谓词在固有词中占很大的比例，但随着民族融合、族际通婚，土族语的亲属称谓词变得更加丰富。

在土族语民和方言中，土族语中的亲属称谓固有词有：奶奶 ani、姑奶奶 aku nini、爸爸 ati、妈妈 ana、大伯 şukati、大妈 şukana、叔叔 kata、婶婶 kana、妯娌 burgan、亲家公 guta 、亲家母 guta nene、女婿 kurgen、儿媳 beirz、女儿 ɕutɕun 等。这些固有词在土族语言中是有活力，但现在使用汉语亲属称谓词的频率会更高。由此表明，土族联姻并不受到限制，与其他民族通婚的情况也是越来越普遍。在传统的习俗中，均是由媒人牵线，但凡家中有适婚子女，家人都会向媒人寻求帮助，打听附近有没有同样的适婚男女，双方在商定好彩礼、婚期等事项之后，就可以男婚女嫁。针对嫁女娶亲而言，也仅局限在本民族。然而，由于时代的进步，人们的交际圈子也逐渐扩大化，在这一背景条件的影响下，人们对于婚姻对象也有了更多的选择。笔者在进行调查后发现，不同地区男女通婚的现象已经十分普遍。从中可以发现，在本民族的亲属称谓词中，虽然有一些仍保留传统的称呼，但是也有很多变成了汉族的称呼，这一现状的转变，是为了各民族之间的通婚可以更加协调，交流更加顺畅。通过对亲属称谓词的应用现状进行分析后发现，60 岁以上群体对其中的固有词有着更加全面的认知与理解，在日常生活中也比较常见，而年轻人则基本上是应用汉语借词中的表达词汇，比如说爸爸、妈妈、爷爷、奶奶等。

土族语互助方言中的亲属称谓词除了借用汉语的亲属称谓词外，较多的使用藏语的亲属称谓词。例如：爸爸 atʰa、妈妈 ama、姐姐 atɕe、哥哥 au、叔叔 ag a。这主要是因为互助土族与周边的藏族互相通婚，在语言中借用和转用了藏族词汇。

# 三、语言背后的文化

## （一）从语言看民和土族文化

1. 民和方言区土族受汉族文化影响较互助方言区尤为明显

长时间以来，土族人民在河湟地区定居生活，这一地区也是中原、西域等多种文化的交汇之处，各民族文化相互影响，共同交流传播。尤其在当下社会经济发展迅速，知识更新快速、通讯工具不断升级、电视新闻等传媒骤增的情况下，文化传播方式更为多样化。土族人民的长期生活中，也吸纳了其他民族的文化，特别是深受汉文化的影响，这在土族语中尤为明显。土族和汉族文化之间的冲突和融合加快，彼此之间的影响显得更为深刻。例如土族在日常生活中的汉语借词，如表2。

表2 土族日常生活中的汉语借词

| 土族语 | 汉语借词 | 汉语形式 |
|---|---|---|
| kə | ki | 一 |
| qərɔn | san | 三 |
| tɔlaŋ | tɕʻi | 七 |
| xɔlən | əʂʅ | 二十 |
| tarun | tɕʻiʂʅ | 七十 |
| nikətʂen | jipɛ | 一百 |
| ani/anai | nainai | 奶奶 |
| aku nini | ku nainai | 姑奶奶 |
| ati | papa | 爸爸 |
| ana | mama | 妈妈 |
| ʂukati | tapo | 大伯 |
| ʂukana | tama | 大妈 |
| kata | ʂuʂu | 叔叔 |
| kana | ʂənʂən | 婶婶 |
| burgan | tʂəuli | 妯娌 |
| ʂukuoai | tai | 大姨 |
| ulaai | ɕiaui | 小姨 |
| guta | tɕʻintɕia kɔŋ | 亲家公 |
| guta nene | tɕʻintɕiamu | 亲家母 |
| kurgen | nyɕu | 女婿 |
| beirʐ | əɕi | 儿媳 |
| ɕutɕun | nyɚ | 女儿 |

续表 2

| 土族语 | 汉语借词 | 汉语形式 |
|---|---|---|
| tə | yfv | 衣服 |
| xantə | uaitʻau | 外套 |
| mautuo | kʻutsi | 裤子 |
| mə˞ka | limau | 礼帽 |
| tʂəuʐi | miani | 棉衣 |
| ɕiutʻau | ɕiutʻau | 袖套 |
| tʂau ʂan | tʂʻəni | 衬衣 |
| sitsʐa timei | poiəupiŋ | 薄油饼 |
| ɕianmiau | mantəu | 馒头 |
| tʂuokʻuo | yəutʂʻaumian | 油炒面 |
| puta | miantʻiau | 面条 |
| tʂə˞ma | pantan | 拌汤 |
| taŋpə˞ | mianketa | 面疙瘩 |
| kʻoŋni mukʻa | yaŋʐəu | 羊肉 |
| puta | tʂatɕiaŋ mian | 炸酱面 |
| jitipatsi | mənpatsi | 门把子 |
| jitipaosku | mənkʻan | 门槛 |
| ʂlʲian | yantsi | 院子 |
| tʻə˞ʂuə˞ | kʻəfaŋ | 客房 |
| ulakə˞ | pianfaŋ | 偏房 |
| tsouxaŋ | tʂufaŋ | 厨房 |
| xuəntʂʻə˞ | ueiʂəntɕian | 卫生间 |
| pʻə˞kasi | teʻaŋ | 墙 |
| kʻutaŋ | niu、iaŋpʻəŋ | 牛、羊棚 |
| sə˞iuan | tsʻayan | 菜园 |

表 2 中列举了民和土族在数词、亲属称谓、服饰文化、饮食方面、建筑方面的一些汉语借词，这些词在土族语言中是有固有词的。根据民和土族所处的地理环境和语言环境，如果民和土族语言是一个小圈，那它被汉族、回族这些说汉语的民族环形包围。民和回族土族自治县官亭镇相较于川口镇地区，土族的语言圈较集中，有较好的母语使用环境。甚至影响到临界的甘肃省大河家地区一些回族在日常与土族人民生意往来时使用土族语。所以在官厅镇的几个土族乡镇，土族语保留着一定的活力。在川口镇居住的土族人民与周边的汉族和回族交流，平时在学习和生活中母语使用的次数比较低。在调查中发现，母语是土族语的青少年即使是用母语跟笔者交谈，语言中也会用大量汉语词汇代替土族固有词，听起来他们说的是一种混合语。例如在访谈中一调查者用土族语的一段交谈：

tɕint 'iæ naʐa kətsei-baŋ pj ɕiaŋ-k 'ətɕi ɑ ŋtɕi ɕni tʰi tʰian tɕʰi yʊpæ kəli-laŋ yɕialifo pj noutsa leipou-ku ɕikan- paŋ.

意思是说：今天天气好，我想着去什么地方，但天气预报说今天雨下哩，我看是天不像要下雨的样子。

简短的对话中，我了解到了"天气 tɕʰeŋkəɚ""今天 noutv""下雨 qoɚapo"这些很日常的，在土族语中有固有的词都使用了汉语借词。一个汉族也能从其言语中听出他讲的是什么意思。

民和土族语言中汉语借词较多，除了跟它的地理位置和语言环境有关系外，跟飞速发展的社会经济文化是离不开的。土族人民为了紧跟时代的步伐，对汉语教育也是尤为重视，希望他们在学好汉语的同时能认识到母语的保护和传承问题。

2. 民和土族文化受汉文化影响是逐渐加深的

在本文节庆词汇中，我们可以发现土族有自己的传统节日纳顿节（natun），这跟蒙古族那达慕大会一脉相承，但庆祝节日的表现形式有所不同。除这个传统节日外，民和方言区的土族也是顺着二十四节气，过每一个中国传统的节日，例如春节、寒食、清明、端午、中秋、腊八等，这些传统节日在土族人民的日常生活中也是很重要的节日。村里的老人也常说，要跟着节气掌握农时，不同作物的种植要根据农时，这样农作物才会长得好。从节庆词汇来看纳顿节（natun），欢庆娱乐就是为了庆祝庄稼大丰收，其中有庄稼其（tʂuaŋtɕiatɕi）表演，内容讲的就是如何架犁耕田，对后人有教育和警醒教育。另外，在纳顿节中，长者报喜时的唱词，用的是汉语：

在这吉庆的日子里，美好的三川地区，庄稼丰收，瓜果飘香，我们欢聚在这里，一是感谢上苍的好生之德，二是感谢二郎爷爷保佑我们风调雨顺，再是感谢祖宗庇佑，我们的后辈们大富大贵个 pərni（成啊）。

整段唱词中信手拈来的是汉语词汇，在最后表示期许的语气词，使用了一个土族语的词汇。根据喇家遗址的考古发现，民和土族居住的地区发现了 2000 年前的第一碗面条，足以证明土族居住的地区自古以来就有深厚的农业文明基础。因此，土族人民无论是何时迁徙到此，都受的是农业文明的影响。在节庆中表现的都是跟农业有关系的舞蹈节目，民和地区的土族因农业需要，就近学习当地汉族的农业文明，这使他们的语言中自然就多了很多有关农业的词汇。

在民和土族聚居过程中，各个地区之间对于汉文化的接受程度也是不同的，然而，在历经了百余年的发展之后，在土族文化的构成中，汉族文化所占比例越来越高。由此一来，在汉文化的学习方面，土族人民也更加主动，所以也就存在了大量的汉族文化成分。在经济上，土族学习先进的农业生产技术，例如现代化的蔬菜大棚，使用地膜种植农作物增加产量，使用机械代替人工播种收割粮食，尤其是由种植传统粮食作物转化为种植粮食作物与经济作物相结合的种植格局的变化，这些使生产力水平得到极大提高，土族人民的经济收入也更上一层楼。在语言和文字上，以往民和三川地区 50 岁以上的土族人大多数只会说本民族的语言，现在由于接触面的广泛，能使用汉语与汉族交流。这里的学生所接受的教育也是现代教育，老师授课也要求用普通话。学习汉语和汉字，使土族人民的生活生产更为方便。在思想观念上，他们保留着北方民族萨满文化的残影，并逐渐接受儒家传统，推崇爱国忠孝，同时又吸收了二郎神、关公、土地爷、灶神崇拜等汉文化内容。现在土族人民的思想观念也发生着变化，不事事依赖迷信解决生活中的问题，遇事用法律法规，科学的观念也日益融入土族人民的头脑中。由此可见，这种趋同性是由年长日久的汉文化的浸润累积而成的。

以往土族人民的活动范围局限于庄廓、庙宇、田地等相对封闭的小社会。但从目前得情况来看，众多土族人民逐渐改变了生活环境，土族家庭中子女由于外出学习、工作、打工的缘故，会离开出生的村落，到全国各地去，这使得这一部分人接受和吸收汉文化更加容易，其家中的长辈也有机会离开村落到外面看看，扩大知识面。民和县三川地区的土族有一部分人的居住情况是这样的：在村落有自己的庄廓，在民和县城有居住的楼房，能接触的人也不仅仅是本民族的人。此外，民和县土族地区由于积石峡水电站、白干渠、川大高速、喇家遗址博物馆等工程的修建，有大量外来的务工人员，他们在一段时间之内和当地的土族人民生活在一起，他们的生活方式、思想观念无形中也会影响土族人民。

3. 土族的精神文化的传承相比物质文化的变迁更为稳固

从列举的受汉文化影响的土族词汇在政治、经济、饮食、服饰、节庆文化方面的变化，我们可以发现土族精神文化的传承相比物质文化的变迁更为稳固。从以上分析可以看出，土族人民在许多方面均与汉族趋同，其中可包括服装、交通运输、饮食习惯以及生活模式等，但是其传统文化也在许多方面得到了保存，包括婚丧礼仪、宗教文化等。

　　青海民和土族面临现代化的冲击，存在着不少值得人深思的问题，从土族物质文化和精神文化中的汉文化成分来看，土族文化和汉文化之间的冲突和融合处于加快状态，两种文化之间的影响显得更为剧烈，土族文化在现代化浪潮的冲击下发生着改变，土族文化在和汉文化碰撞下面临着一场文化转型和文化变迁。[①]因而，我们现在看到的土族文化具有多种不同特质的文化因素相互夹杂在一起，这在土族有关经济、政治、建筑、饮食、服饰、亲属称谓等方面的词汇中表现明显。另外，国家经济的发展以及政治政策的变化，土族人民面对变化了的生活环境，产生了不同的群体需求，这使得本民族人民逐渐追寻一些能够适应新生活环境的因素，从而丰富了土族人民的生活方式，但也会有一些冲突。就像土族纳顿"庄稼其"中不会耕地的儿子一样，当土族逐渐接受汉族文化之后会不会忘记原有的民族文化。汉文化对土族文化影响越来越深刻。面对汉文化对土族语言的冲击，许多土族语中的固有词汇也发生着改变，这会不会意味着土族语言会逐渐被汉语代替消亡呢？新一代成长起来的土族人民会不会选择放弃本民族的语言文化？这些都是值得我们反思的。

## （二）从语言看互助土族文化

### 1.互助方言区的土族更能展现宗教性

　　土族语和藏语属于不同的语系，语言类型也有很大的差异。但藏语借词在土族语借词词汇中占有一定的比例，其中有关佛教方面的借词比较多。例如表3是互助方言区土族日常生活涉及的藏语借词。

---

① 祁进玉，牛慧丽.持续性族际接触、文化认同与"文化涵化"的范例——以土族语借词研究为个案［J］.青海民族研究,2015（4）:43－47.

表3　互助方言区日常生活中的藏语借词

| 藏文（转写） | 藏语借词 | |
|---|---|---|
| dung | toŋ | 海螺 |
| thang | thaŋ | 平原 |
| vkhorlo | khorlo | 轮子 |
| bande | wande | 小喇嘛 |
| chos | tɕhi | 经典 |
| vcham | tɕham | 跳神 |
| rtags | ʂtak | 象征 |
| sman | sman | 药 |
| rkang | ʂkaŋ | 骨髓 |
| stagps | ʂtaχua | 白桦 |
| rtenvbrel | ʂtemtʂul | 预兆 |
| rgas | ʂkes | 工作 |
| hŋer wa | nerwa | 管家 |
| hŋom tɕhoŋ | nemtɕgoŋ | 罪孽 |
| vgrulba | ntʂuwa | 客人 |
| dgonpa | rkompa | 寺庙 |
| sgrung | rtɕoŋ | 神话 |
| rgaskhog | ʂkekhu | 长者 |
| sdongra | ʂtoŋra | 树林 |

土族语中的藏语借词绝大部分是采用了音译的方式，有少量的藏语借词语音上稍与现在的藏语语音有差异，这一部分的词是借入了早期的藏语借词。纵观历史的发展进程，在人们的行为与思想中，始终会受到宗教信仰的影响。针对民和土族而言，也存在比较多的宗教信仰，并呈现为多元化的发展趋势。在早期阶段，土族人民信奉的是萨满教，元代之后受到道教、萨满教等诸多宗教的影响，也逐渐产生了兼容并蓄的宗教信仰。从互助土族语言文化中我们可以看出，其保留着早期原始宗教信仰的痕迹，但后期逐渐趋向信仰藏传佛教。例如，互助土族妇女的传统服饰彩虹花袖衫即为本民族女性的主要服饰，也具有重要的代表性意义，各种颜色不仅可以起到装饰的效果，也是一种身份的象征，体现出了土族人民的宗教信仰。在"扭达尔"头饰中，有许多关于鸟元素的装饰，根据传说记载，这是早期阶段人们根据鸟图腾传承下来的。从互助方言区的藏语借词来看，藏传佛教对互助方言区民族的影响更深刻。在许多装饰图案中，有佛教的标识，这赋予了物品更多的文化内涵，也是其宗教意识的反映。

2.土族语言文化中的包容性

历史向我们证明，随着社会的不断发展与变迁，也会导致各民族的语言文化产生相应的改变。各民族的文化在经过一系列的融合贯通与发展后，将会产生更深刻的变化，也会更加完善。通过对土族语言文化进行分析后发现，其他民族的文化也在其中得到了体现。

民和县土族聚集的三川地区，与甘肃省大河家隔河而望，这里生活着土族、保安族、东乡族、回族、藏族等少数民族。在这片地域里，各民族友好相处，在汉语强势语言的包围之下，并没有将本民族封闭在自己的语言圈子当中。笔者在民和县三川地区调研时发现，这里的回族、汉族、藏族，都彼此多多少少掌握着兄弟民族的语言。例如在官厅镇的集市上的回族、汉族都能用一口流利的土族语方言跟土族民众交流交谈。在同清水乡马家村村民的交谈中了解到，很久之前这个村子住着的居民大部分是回族，因处在土族村落的包围圈中，他们慢慢地接受了土族的语言文化，在风俗习惯上也趋同。加之两个民族之间通婚，现在已慢慢看不见以前民族的语言和文化面貌。清水乡马家村村民祭祖时，以前绝不会用到猪肉。这也是对最初信仰的坚守。这些语言和文化中直接表现出的，都是生活在同一地区民族的相互包容。

从互助方言中藏语借词的使用频率可以看出他们对藏文化的友好借鉴，在与藏族杂居期间，也借鉴了藏族的文化。总而言之，每次融入其他民族文化之后，均会对本民族文化产生一定的影响，经过有选择地吸收与借鉴之后，融入本民族文化中，体现出了包容性的特点。实际上，其所具有的同一性也得到了充分体现，反映了土族人民对于精神世界的丰富，如果全盘接受周边民族的语言文化，会使民族本身失去鲜明的民族特色，经过时间的筛选，沉淀下来的本民族文化特色，我们就可以把它称之为"互助土族特色"。

3.土族语言文化中的多元性

在青海的历史文化中，羌、蒙古、藏族等民族均是在青藏高原生活的，伴随着民族经过无数次的分裂与整合，最后形成了土族。对于在不同地区居住的土族人来说，由于对祖先的信仰，在其内部也就构成了多元化的文化现象，并对语言文化产生了潜移默化的影响，呈现为多元化的语言特征。正如前文所述，不同地区的土族在其他民族文化的影响之下，构成了在语言文化上既有相似又有差异的方言区。所以，通过分析后我们可以得出，土族的语言文化并非是一成不变的，是在历史的长河中吸收各民族文化演变而成的。他们是通过吸收和借鉴兄弟民族的语言文化来丰富自己的语言文化。

如果说将现代土族语言当作历史长河里的泥沙，用词汇作为淘沙的容器，再对土族语言中的词汇进行过滤，我们会发现，表层的土族语言还是保留着 60% 的蒙古语词汇，其他还有汉语、藏语、突厥语成分。

从两种方言区不同层面的词汇比较，汉族文化、藏族文化的影响在土族语言中是比较丰富的，现在的土族语言显示出了在不用区域语言的共性和个性差异。这种差异也是土族语言中多元化文化存在的原因造成的。

## （三）方言差异对土族文化造成的影响

通过对互助和民和两大土族方言区的词汇调查研究发现，各民族的融合和交流必会影响民族语言中出现新的词汇，这使得本民族的语言会越来越丰富。这也说明土族与周边民族的接触会影响到本民族语言文化中存在其他民族的语言文化成分。对民和、互助两大方言区的词汇进行比较后发现，两大方言区的土族文化都呈现多元文化融合的形态。民和纳顿中出现的"三将""五将"，也充分体现出了汉文化对土族文化产生的巨大的影响，由于社会的不断进步与发展，土族人民也更加主动的了解汉文化。由于互助土族文化融合了其他民族的文化，所以其文化具有多元化的特性，这也增进了各民族之间的沟通与交往。但重要的是在各民族的交流中，我们必须要将可能会出现的误解消除，要对彼此的文化传统与价值理念有一定的了解，从而实现互相尊重，达到合作的目的。

从互助方言中的藏语借词中，我们可以看出，像海螺 toŋ、平原 thaŋ、轮子小喇嘛 khorlo、经典 wande、跳神 tɕhi、象征 tɕham 等这些词进入土族语言时我们保留了其原来的发音，在借入药 sman、骨髓 ʂkaŋ、白桦 ʂtaxua、预兆 ʂtemtʂul、工作 ʂkes、管家 nerwa、罪孽 nemtɕgoŋ、客人 ntʂuwa、寺庙 rkompa、神话 rtɕoŋ、长者 ʂkekhu 等这些词的时候，会受母语发音习惯的影响，使得借入这些词时其原来的发音会有变化。这也是造成互助方言里的部分词汇在民和土族词汇中不存在。此外，土族语言文化既有其民族性又有地区性。

在历史文化中，纳顿节最初是源自民和县三川地区，互助地区举办的纳顿节，则是土族与藏族在文化交融之后，便形成了独特的安昭舞。然而，从民和、互助区域的土族人民角度来看，虽然所处区域不同，却并未因此而产生不同的想法，他们以共同文化作为基础条件，构建了统一的民族心理素质。经过研究后发现，土族人民也会过汉族的节日，例如端午节、春节、中秋节等，所以，汉文化在当地已经实现了本土化，端午节采用绣荷包供清水的方法，向自然表达敬畏之情，祈福安康之意。

回顾土族语言中借入的其他民族语言里的词汇，这些词使得土族的社会文化风貌发生了一定的变化。语言，尤其是词汇方面，可以使民族的文化理念与风貌变化得到充分体现。实际上，其不仅是表达民族语言文化的重要载体，体现出民族的文化特征，甚至许多词语也是源自本民族的生活环境与习俗。通过对比民和和互助土族词汇，发现其中反映游牧文化的词汇很少，而反应农耕文化的"纳顿""庄稼其"等在土族文化中已成主流。

# 四、结　语

土族作为青藏高原上世居的一个人口较少的民族，从土族语所分布的方言区来看，土族在所居住的区域上虽然从某些方面来看，达到了小聚居的状态，然而，其所处地区却被多个民族所包围，主要包括汉族、蒙古族以及藏族等。在土族发展的历程中，与周围民族和谐相处，彼此之间交往密切，交流也十分顺畅。最后不仅促进了土族文化的发展，在生活习惯、语言以及服饰等多个方面均产生了密切的联系，建立了良好的互动关系，不同地区的民族文化也对土族产生了重要影响，其中最具有代表性的就是语言。所以可以得出，由于其分布区域的不同，也促使土族语具有各自的特点；聚居区中受强势文化影响的情况使不同方言区的土族语言产生差异；方言区的地域差异会形成多种风貌的区域特征，这也为内部语言的划分打下了基础。与此同时，在对各个方言区进行探索与研究后，我们对该民族的地理环境、语言文化等有着更深入的了解，基于空间区域层面来看，也可以对其文化的相同点与不同点有着更全面的认知。这也为研究调查其他语言方言差异性打了个样。同一民族语言其显示出的差异正是这个民族语言具有丰富的语言文化，其中包含了宗教性、包容性以及装饰性等多个方面。经过一系列的研究之后，有利于对土族文化内涵进行全面分析，挖掘出其中更深层次的含义。

针对民和、互助地区的土族而言，与地域名称相同的是，"互助"即为互助传承发展，"民和"即为共创民族和谐。在当前的社会环境下，土族人与各民族人民之间进行文化交流，面对继承与变迁的问题积极协调，在新时代的背景下，土族人民也会在文化交融的影响下不断进步。

# 社会发展与语言生活变迁
## ——以青海互助土族自治县小庄村为例

樊晓丹

　　语言就是一面镜子，能如实照出不同民族的特点，从语言的"万花筒"中能够看到民族的各方面特点。青海省互助土族自治县威远镇小庄村作为土族聚居的多语村落，其独特的语言现象折射着使用该语言民族的历史文化，实际经验以及先人的智慧。该个案的调查研究，有利于我们透过语言事实，揭示该民族的文化与生活，推动该民族文化的保护、传承与发展，并且在青海互助土族自治县制定相关的民族政策，共建和谐社会的举措中发挥重要的作用。除此之外，该地区民族旅游业发展较早，语言接触、融合相对来说更加剧烈，更加突出。因此，了解该地区的多语生活状况，预测其未来发展方向，不仅对该地的语言保护有一定的积极作用，而且对其他的少数民族聚居区，也具有十分重要的借鉴价值。

# 一、小庄村及其旅游发展情况

## （一）小庄村概况

小庄村位于青海省互助土族自治县威远镇西部，南邻中国土族风情园（彩虹部落），北接班家湾村，西靠山体，东临彩虹路，距县城 1 公里，距西宁市 30 公里，区位条件优越。东西宽约 2 公里，南北长约 0.9 公里，地形西高东低、北高南低，村庄沿东西向、南北向两条主要道路布局，呈"T"字型结构，村庄中心位于两条轴线的交叉口处，建设有村庄广场，村民公共活动多集中于此。现有农户 161 户，共 620 人，其中土族 609 人，占总人口的 98.2%。全村现有耕地 622 亩，林地 200 亩，农作物以小麦、土豆、油菜为主。小庄村周边中小学、医院、超市和市场等公共服务设施较多，与本村间距离均在 2 公里以内。彩虹路由小庄村中部横穿而过，交通便捷，给排水管线、电力电信网络均已接入村内，基础设施条件较好。

## （二）小庄村旅游发展情况

"土族民俗体验第一村"——小庄村，是互助土族故土园旅游景区景点之一，以打造"土族民俗旅游文化接待名村"为目标，以创建国家级高原旅游度假区和国家 5A 级旅游景区为重点，结合乡村振兴战略的发展要求，坚持把壮大土族民俗旅游产业和挖掘土族民俗文化放在首位，以农家餐饮、农家宾馆、土族特色旅游商品加工与销售、土族风俗体验等项目为主要着力点，逐渐形成了以品尝土族民俗小吃、领略土族传统文化、休闲娱乐、避暑等为一体的农家乐经营模式，拓宽了村民的致富门路，取得了较好的社会效益和经济效益，推动了全村旅游业的快速发展。

小庄村自 1992 年从事旅游经营以来，游客量逐年快速增加，2017 年底有民俗旅游接待户 90 户，占总户数的 56%，全村 85% 的劳动力从事旅游接待及相关的服务，接待游客突破 20 万人次，实现旅游收入 835 万元，占全村总收入的 80%，人均纯收入 13527 元。到了 2018 年，小庄村接待游客突破 29.5 万人次，实现旅游收入 935 万元，占全村总收入的 86%，人均纯收入达到 14491 元。这些数字，记录的都是小庄村近年来收获的一笔笔财富，展示了小庄村旅游业的蓬勃发展，也反映了人民生活水平的不断提高。

# 二、小庄村土族的语言使用现状

## （一）调查样本情况

本次对互助土族自治县小庄村的调查采用随机抽样法，共发放问卷 185 份，回收问卷 180 份，其中有效问卷 180 份。

由表 1 可知，本次抽样男女性别比例基本平衡；年龄段从 7 岁到 61 岁以上都有所覆盖，各年龄段的样本量基本均衡；职业中打工和学生占了样本的绝大多数；文化程度较低，并且绝大部分是小庄村土生土长的土族。

表 1　样本构成情况表

| 性别 | 男 101（56.1%）　女 79（43.9%） | | |
|---|---|---|---|
| 年龄 | 7—15 岁 31（17.2%）16—30 岁 38（21.1%）31—45 岁 46（25.6%）<br>46—60 岁 37（20.6%）61 岁以上 28（15.5%） | | |
| 职业<br>构成 | 农民 36（20%）学生 53（29.4%）打工 66（36.7%）旅游业 18（10%）<br>机关人员 3（1.7%）其他 4（2.2%） | | |
| 文化<br>程度 | 文盲 30（16.7%）小学 50（27.8%）初中 74（41.1%）<br>高中 7（3.9%）高中以上 19（10.5%） | | |
| 婚姻<br>状况 | 已婚 116（64.4%）未婚 64（35.6%） | | |
| 出生地情况 | 本地 167（92.8%）外地 13（7.2%） | | |

## （二）个人语言使用情况

由表 2 可知，关于母语习得和掌握情况，在所抽取的 180 个样本中，177 人会土族语，占调查总人数的 98.3%，其中有 3 人完全不会土族语，占调查总人数的 1.7%。这主要是因为有 1 人是从外村嫁过来的女性，另外两人都是大学生，由于长期在外地求学，缺少母语环境，所以渐渐也就不再会说了。会说的 177 人中通过自然习得掌握母语的有 168 人，占会说土族语总人数的 94.9%。而且，这些人大都是从小就会，是通过长辈传授学会土族语的。71 人土族语掌握程度为熟练，占习得总人数的 40.1%；能听懂但不会说的有 30 人，占习得总人数的 16.9%。由此可见小庄村母语掌握程度相对较好。

**表 2  小庄村土族母语掌握表**

| 是否习得 180 | 是 177（98.3%） | 否 3（1.7%） | | | |
|---|---|---|---|---|---|
| 习得时间 177 | 自然习得 168（94.9%） | 小学阶段 4（2.3%） | 中学阶段 0 | 工作后 1（0.5%） | 其他 4（2.3%） |
| 习得途径 177 | 长辈传授 137（77.4%） | 交际中 37（20.9%） | 学校里 1（0.5%） | 其他 2（1.2%） | |
| 掌握程度 177 | 熟练 71（40.1%） | 一般 57（32.2%） | 不太好 19（10.8%） | 能听懂但不会说 30（16.9%） | |

关于母语使用动机，被调查者的选择也是多种多样的，其中认为土族语是自己的母语，有很深的感情的占 54.8%，达到一半以上，这种主观因素是人们使用土族语的主要动机。其次是从实用性的角度出发，认为土族语非常适合目前的工作、生产和生活环境，这部分人占到了调查总人数的32.2%。关于母语的接触途径，被调查者中通过日常谈话接触土族语的有152 人，占到了调查总人数的 85.9%，这表明日常谈话是调查对象接触母语最主要的途径。

### （三）家庭语言使用情况

调查结果显示（表3），小庄村家庭语言使用情况整体上是以土族语为主的。在与爷爷辈、父辈和兄弟姐妹们在家里交谈时，人们使用土族语的频率呈阶梯式的递减状态。在与爷爷这一辈交谈时，人们倾向于只用土族语，这部分人达到了调查总人数的71.8%；而在与父辈交谈时，人们倾向于选择大多使用土族语，这一部分人占到了调查总人数的49.2%；在与兄弟姐妹交谈时，人们则倾向于选择较少使用土族语，这部分人占到了调查总人数的40.7%。而在和儿子辈和孙子辈人交谈时，除未回答的人之外，占比最高的都是较少使用土族语，分别占到了调查总人数的44.6%和23.7%。与此同时，他们只用土族语的频率相较于爷爷辈和父辈而言，急剧下降，只有少数的几个人，而使用汉语的频率却在逐渐增加，尤其是在与兄弟姐妹这辈人交谈时，有10%以上的人都选择只用汉语。使用其他民族语交流的情况为0，这是因为小庄村98%都是土族，周围其他少数民族较少，所以没有使用其他民族语交流的情况。

表3　小庄村土族家庭语言使用情况表

| | 只用土族语 | 只用汉语 | 使用其他民族语言 | 大多使用土族语 | 较少使用土族语 | 未回答 |
|---|---|---|---|---|---|---|
| 爷爷辈 | 127(71.8%) | 2(1.1%) | 0(0%) | 41(23.2%) | 7(3.9%) | 0(0%) |
| 父辈 | 64(36.2%) | 3(1.7%) | 0(0%) | 87(49.2%) | 23(12.9%) | 0(0%) |
| 兄弟姐妹 | 24(13.6%) | 21(11.9%) | 0(0%) | 59(33.3%) | 72(40.7%) | 1(0.5%) |
| 儿子辈 | 3(1.7%) | 15(8.5%) | 0(0%) | 23(13.0%) | 79(44.6%) | 57(32.2%) |
| 孙子辈 | 1(0.6%) | 5(2.8%) | 0(0%) | 4(2.3%) | 42(23.7%) | 125(70.6%) |

## （四）社区语言使用情况

调查结果显示（表4），小庄村社区语言使用情况整体上不容乐观，除在家里和举行民族活动时，人们多使用土族语之外，在其他场合，人们不用土族语的情况接近半数。在家里，人们多选择只使用土族语和多使用土族语，这两部分人占到了调查总人数的71.2%。而在村里或工作单位，相较于在家里，人们使用土族语的频率明显降低。这是因为小庄村本身就是一个旅游村，村庄就是他们平时的工作场所，所以经常会有一些外来的游客来到这里，他们为了更好地服务客人，会更加倾向于说客人听得懂的语言，而减少土族语的使用。和同胞见面打招呼时以及和同胞平时聊天时，这两种场合下的语言使用情况大致相同，都是以较少使用土族语为主，各占到调查总人数的35.6%和37.3%。在思考问题和说心里话时，数据相对分散，但以较少使用土族语为主，分别占到了调查总人数的40.1%和39%。在举行民族活动时，人们使用土族语的频率相对于其他场合而言，又有所回升，其中，只使用土族语和多使用土族语的人分别占到了调查总人数的29.4%和44.1%。在社区语言使用情况调查中，个别选项有1人未回答，这是因为在调研过程中，有一位老人年纪过大，无法理解问题所述内容，因此选择了这一选项。

表4　土族语在不同场合使用情况表

| | 只使用土族语 | 多使用土族语 | 较少使用土族语 | 不用土族语 | 未回答 |
|---|---|---|---|---|---|
| 在家里 | 63(35.6%) | 63(35.6%) | 39(22.0%) | 12(6.8%) | 0(0%) |
| 在村里或工作单位 | 6(3.4%) | 59(33.3%) | 71(40.1%) | 41(23.2%) | 0(0%) |
| 和同胞见面打招呼时 | 14(7.9%) | 52(29.4%) | 63(35.6%) | 47(26.6%) | 1(0.5%) |
| 和同胞平时聊天时 | 14(7.9%) | 50(28.3%) | 66(37.3%) | 46(26.0%) | 1(0.5%) |
| 思考问题时 | 22(12.4%) | 36(20.3%) | 71(40.1%) | 48(27.2%) | 0(0%) |
| 说心里话时 | 22(12.4%) | 35(19.8%) | 69(39.0%) | 51(28.8%) | 0(0%) |
| 举行民族活动时 | 52(29.4%) | 78(44.1%) | 34(19.2%) | 12(6.8%) | 1(0.5%) |

# 三、小庄村土族的语言态度

关于目前土族语所处的状态（表5），有 71 人认为土族语出现了弱化现象,占到了调查总人数的 40.1%。其次,有 33.9% 人认为土族语保持一般,还有 18.1% 人持乐观态度,认为土族语保持很好,只有 7.9% 的人对于土族语持特别担忧的态度,认为土族语处于濒危状态。由此可见,对于土族语的保存状态,小庄村的村民整体上持悲观态度。

关于土族语的保持时间（表5），有超过半数的人认为大约可以保持两代人,占到了调查总人数的 50.3%。认为大约可以保持一代人和三代人的紧随其后,分别占到了调查总人数的 18.6% 和 13%。只有 7.9% 的人认为土族语可以保持很长时间,也有 18 人不知道土族语还能保持多久,占到了调查总人数的 10.2%。

表5　语言保持现状和预测

| 目前土族语处于何种状态 177 | 保持很好 32（18.1%） | 保持一般 60（33.9%） | 弱化 71（40.1%） | 濒危 14（7.9%） | |
| --- | --- | --- | --- | --- | --- |
| 土族语保持时间 177 | 很长时间 14（7.9%） | 大约三代人 23（13%） | 大约二代人 89（50.3%） | 大约一代人 33（18.6%） | 不知道 18（10.2%） |

对于土族语的保持方法（表6），有 81 人认为家庭内部必须使用,占到了调查总人数的 45.8%。可见,家庭作为保持土族语的重要防线,对于土族语的保护和传承,具有极其重要的作用。也有 52 人认为应办好土族语的广播、电视、报纸,占到了调查总人数的 29.4%,只有 19.2% 的人认为学校应专设土族语课。这主要是因为大部分人认为,专门开设土族语课,一方面会加重学生的课业负担;另一方面,离开小庄村,也就没有了使用

土族语的语言环境，而现在年轻人外出的很多，因此没有必要进行系统学习，只要平时在日常生活中，能够理解简单的词语就可以。

表6　如何保持土族语

| 土族语保持方法 | 选择人数 177 |
|---|---|
| 家庭内部必须使用 | 81（45.8%） |
| 学校应专设土族语课 | 34（19.2%） |
| 办好土族语的广播、电视、报纸 | 52（29.4%） |
| 其他方面 | 10（5.6%） |

从上述数据可知，在互助土族自治县小庄村，本民族语是家庭内部和同族之间的主要交际语，而汉语是招待游客、社区之间交流和公共场合发言的主要交际语。可见，村民大多具备双语能力，但在生活的小区域还是以母语为主。随着旅游经济的发展，人口流动的增加以及电视网络等媒体的普及，小庄村与外界的联系进一步加强，汉语也成为越来越多人日常交际的首选。青少年的母语能力下降，一些青少年虽然会本族语，但仅仅限于听得懂，能说个别日常生活用语，有的甚至不会说。他们大多是土汉双语人，汉语兼用程度较高，主要以汉语作为交际工具，且汉语水平普遍较高。

语言是民族重要的标志之一，本民族的母语更是一个人从小习得的语言，是表达思想和交流感情最直接、最便捷、最有效的交际工具。因此，各族对本民族语言有着天然的热爱之情，小庄村村民对本民族语言有着浓厚的民族感情和强烈的情感认同。随着旅游经济的不断发展，为了获得更多的经济利益，村民不断地学习和使用汉语。由于经常与外来游客打交道，小庄村的村民大多对外来语言和文化持包容和理解的态度，这可以说是造成小庄村语言多样性的重要原因。

# 四、小庄村土族语言的发展走向与启示

## （一）小庄村土族语言的发展走向

根据前文对小庄村土族语言使用现状的描述与分析，能够看出目前小庄村土族语的使用处于比较稳定的状态，但是从青少年以及儿童对土族语的掌握情况来看，随着旅游经济的持续发展，土族语会逐渐呈现衰退趋势，但这种情况不会在短时间内出现，需要一个过程。

随着旅游经济的发展，我们认为小庄村土族的语言使用正经历着深刻变革，人们对语言使用的期望与社会现实状况之间存在着不可调和的矛盾。一方面，在经济利益的驱使之下，村民们不得不逐渐放弃土族语，选择普通话或者青海汉语方言与游客进行交流，以此来吸引更多的游客，增加收益。在调查问卷中，当被问及"您认为对您孩子今后的发展最重要的语言是什么"时，小庄村家长对语言的选择呈现出了"普通话为最重要发展语言"这样具有明显倾向性的回答。虽然该村的家长也表示，孩子最好也能够会使用土族语，但是客观的现实状态不得不让他们选择普通话为主要学习语言。另一方面，对自己土族身份的认同和对土族语的情感，又使小庄村土族对营造土族语语言环境有着强烈的愿望。表现为绝大多数土族希望通过家庭内部土族语的使用，以及办好土族语的广播、电视、报纸，为社会成员提供较好的土族语继承和传播的环境。

小庄村语言使用过程中的这一矛盾，也在客观上为我们继承和发扬土族的语言和文化提供了契机。在大力发展旅游经济这一宗旨的指引下，小庄村村民有非常强烈的保护本族语言和继承民族文化的意识。我们刚好可以利用这一特点，把民族文化的传承与本地村民的经济利益结合起来。民族文化只有在继承中发挥经济价值，才能得到更好的保护和发展，形成良性循环。小庄村在这一方面可以说走在了前列，它大力宣传本民族的文化内涵，挖掘那些有代表性的民族手工艺品，让更多的人了解民族文化，同时将文化传承与民族服饰、手工艺品、传统小吃、特色旅游等结合起来。但民族旅游的发展是一把双刃剑，既带来了民族文化的复兴与发展，也带来了民族文化过度商品化，部分民族文化的淡化、消失以及民族文化价值观的退化。虽然旅游开发对民族文化产生了种种负面影响，但是我们认为文化的负面影响只是旅游发展中存在的一时现象，是可以通过各种措施来减少的。因此，趋利避害，使小庄村的旅游发展在民族语言文化的传承中实现利益最大化，是我们今后不断努力的方向。

## （二）社会变迁中小庄村土族语言的启示

土族语是土族人民在长期生产、生活的历史发展中创造和积累的文明成果，蕴藏着土族人民宝贵的传统文化和精神财富。但是，由于旅游业的不断发展壮大，土族语在继承和发展上存在着许多障碍。因此，土族人民在适应社会发展、加快发展经济的过程中，应统筹兼顾，既要学习主流汉文化，又要发挥本族文化的价值，二者不可偏废。

### 1.制定和完善国家相关语言保护政策

保护和发展民族语言，就是保护民族文化，这是一项浩大的工程。政府需要根据实际情况制定和完善一系列使用、保护和发展土族语的政策，为少数民族地区语言发展提供宽松的环境。这样不仅客观上保证了小庄村土族语的正常使用，还有利于其传统文化的保留和传承。1999 年 11 月，联合国教科文组织宣布：从 2000 年起，国际母语日设定在每年的 2 月 21 日，旨在促进语言和文化的多样性，以及多语种化。我们也应该抓住此次契机，广泛开展形式多样、涵盖本地区各个层面的"国际母语日"纪念活动。通过演讲、展览和参观考察等活动，帮助本地区土族群众了解本民族语言的生存状态，进一步认识到母语保护的重要意义；采用各种方式鼓励当地的土族群众，特别是青少年去学习和使用自己的本民族语言。

## 2.通过多种渠道宣传和推广土族语

一方面，应该加强对土族语的研究。土族语衰变的一个重要原因是没有文字（虽然政府在 1992 年创制了文字，但并没有推行开），人们对土族文化了解相对肤浅。近年来，学术界慢慢开始重视对土族语言的研究工作。目前已经发表的文章有照那斯图的《土族语简志》、喻世长的《论蒙古语族的形成和发展》、清格尔泰的《土族语和蒙古语》等，这些文章向我们展现了以往学者在土族语研究方面所取得的成果。这些文章的发表，进一步扩大了土族语的社会影响，也为土族语争取了更多的理解和支持。

另一方面，随着科学技术的发展，人们在生活中接触最多的就是手机和互联网。利用现代互联网技术宣传民族语言是大势所趋，也是行之有效的方法。例如，可以开通土族相关文化网站，办好有趣的土族语的广播、电视节目，口耳相传，让年轻一代继续传承这一民族语言。

除此之外，家庭作为传承民族语言的关键所在，也应发挥其重要作用。土族人的族际通婚改变了家庭语言环境，使得本族语言世代传承的链条断裂。家中的年长者是土族语的主要掌握者，在家庭中要言传身教，尽可能多地使用土族语。对非土族的家庭成员，要耐心教授他们学习土族语，给他们讲授土族的民族文化，增进他们对土族文化的了解，提高他们学习与掌握土族语的积极性。

## 3.在土族村落开展土汉双语教育

双语教育有助于培养民族传统文化的传承人，也承担着民族文化传承的功能，尤其是对于人口较少民族传统文化的继承发展。双语教育对于语言保护和文化传承具有重要意义，其目的不仅能让学生学到学科专业知识，提高教育水平和文化素质，还能解决民族语言与文化的传承问题，让少数民族学生通过两种语言的学习，能更好地了解本民族的传统文化。因此，小庄村应积极采取措施，在本村开展土汉双语教育，促进民族语言文化的保护和传承。

除此之外，设立土族语教授示范点，对示范点学校的学生给予升学优待。在选拔性考试中，应重视对少数民族语言的考核，可以将少数民族语言成绩列入升学考核项目，这会使得学生、家长与学校更重视民族语言。在笔者的调研过程中，74岁的王国文老人告诉我们："如果想要保护土族语，光靠村民的自觉是不够的，最好的办法就是把土族语的学习和上学联系起来，对本民族的学生进行语言测试，如果通过考试，在升学上会给予一定好处，这样可能会有很多家长和孩子愿意学习土语。除此之外，想要保护没有文字的土族语，很难。"我们认为王国文老人的看法有一定的道理，依靠小庄村村民自觉去保护土族语，确实收效不大，就像他们说的那样，"不是我们不学，出了村子，土话就没用了"，所以如果想要切切实实地保护土族语，将少数民族语言成绩列入升学考核项目，未尝不是一个可取之策。

4. 大力开展对土族语言资源的调查和保护工作

应记录和保存土族语言资料。尤其是采用现代化手段保存其语音、词汇、语法、长篇故事，并编写基础课本，出版词典，录制土族语言口头文学作品，做成数字化材料。土族虽然有自己的民族语言，但没有本民族的文字，所以要抢救土族语，就要保存"固态语言"，把语言材料符号化，用国际音标进行录入，以方便后人的学习和使用。

除此之外，针对依然保存有土族民族特色的地区，可通过信息化手段，采集数字化语言、文化习俗等信息，建立数据博物馆，在宣传民族文化的同时，也将会对民族语言文化起到保护与传承的作用。此外，随着智能技术的普遍应用，开发土族语使用智能程序也是提高土族语使用活跃度的重要手段。

5. 大力发展民族旅游经济，建设土族语言保护示范村

小庄村虽然已经在民族旅游发展方面走在了前列，通过大力发展民族特色经济，民族语言同当地的经济结构发生了联系，民族语言和基于民族语言的经济活动也为民族群体带来实实在在的利益。但与此同时，也应积极规避在旅游发展过程中出现的种种负面问题。比如，民族文化过度商品

化，部分民族文化的淡化、消失等，这是我们需要不断努力的方向。

在大力发展旅游经济的基础上，我们也可以建设土族语言保护示范村，该村的建立，旨在保护土族语的使用环境。建立保护与传承土族语传统文化的社会环境，一方面可以激励土族语地区居民继续维护和使用母语，挖掘、传承其民族传统文化。另一方面，其他仍使用或者部分使用母语的土族村落为了争取政府经费投入，自觉加入维护和使用母语的行列中，充分发挥示范村的辐射作用，增强土族群众的主体自觉性，避免民族语言与传统文化传承断代现象的出现，提高土族群众的民族认同感和自豪感。

# 五、结　语

作为一个人口较少的民族，土族自身的社会和文化实力都比较薄弱。处在社会生活急剧变迁的时代，在抵御外来文化冲击等压力时，土族处于不利的地位。如何才能保持住自己的语言，这是值得我们深思和探讨的问题。土族自身的努力至关重要，除此之外，及时借助外力也必不可少。例如：制定和完善国家相关语言保护政策；通过多种渠道宣传和推广土族语；在土族村落开展土汉双语教育；大力开展对土族语言资源的调查和保护工作；大力发展民族旅游经济，建设土族语言保护示范村等，这些都将为土族语的语言保持提供良好机遇。

对互助土族自治县小庄村土族语言现状的考察并不仅仅对这一个土族村落有实际意义，它对其他传统的土族村落，甚至对于我国其他人口较少的少数民族都具有同等重要的意义。通过对小庄村土族的个案分析，我们可以大致地了解这类民族语言的整体概况，具体的保护建议对其他民族的语言保护也有重要的参考价值。

# 撒拉语与朝鲜语形态比较研究

玄范植

撒拉语与朝鲜语之间既有共性又有个性。撒拉语属于阿尔泰语系的突厥语族语言。朝鲜语系属目前为止尚未确定。一般认为，朝鲜语不属于突厥语族语言，因为两者之间的同源词极少，语法方面也有所不同。但是由于朝鲜语与撒拉语一样存在阿尔泰语系的共同特征，所以不少学者把朝鲜语的系属地位划到阿尔泰语系当中。本文主要探讨撒拉语和朝鲜语两者之间的异同，第一部分讨论不同之处，第二部分讨论共同之处。

## 一、撒拉语和朝鲜语形态的不同之处

本节对于撒拉语和朝鲜语形态上的不同之处进行探讨。我们分项为名词、代词、动词、形容词、数词等方面，从而探讨有关形态方面的不同之处。

撒拉语按词汇意义可以分为十二类：名词、代词、动词、形容词、数词、量词、副词、后置词、连词、语气词、感叹词和摹拟词；而按其语法功能可分为七类：名词、代词、动词、形容词、数词、量词和不变化词。其中的不变化词与名词、代词、动词、形容词、数词、量词的语法功能不同，没有形态方面的变化。所以我们把这些无形态变化的副词、后置词、连词、语气词、感叹词和摹拟词叫做不变化词。

朝鲜语在语法上的分类与撒拉语有所不同。朝鲜语按词汇意义一般分为九类：名词、代词、动词、形容词、数词、副词、助词、冠词、感叹词；而按其语法功能可分为五类：体词、谓词、修饰词、独立词、关系词。其中的体词是名词、代词和数词；谓词则是动词和形容词；修饰词则是冠词和副词；独立词则是感叹词；关系词则是助词。

## （一）名词形态的不同之处

### 1.语法分类

撒拉语的名词有六种格：主格、领格、与格、宾格、位格、从格。在朝鲜语中，将撒拉语的领格称为属有格，把宾格称为目的格，把与格称为间接目的格。虽然撒拉语和朝鲜语在语法上的分类及名称不一样，但是语法上的作用成分是一样的。

### 2.由名词构成副词性词汇

撒拉语 –den 位于名词之后，构成副词性词汇。这种构成方式与朝鲜语有所不同。这种由名词构成副词性词汇的 -den 与朝鲜语 -gatᶜʰi（같이；像）。例如：

撒拉语：bir-den　　　　bir　　　撒拉语：gɯn-den　　　　gɯn-e

　　　　一 - 比较格　　　一　　　　　　　日 - 比较格　　　日 - 向格

朝鲜语：xana-gatᶜʰi　　　　　　朝鲜语：na(l)　　　　　　nal-i

　　　　一个 - 比较格　　　　　　　　　　日　　　　　　　日 - 副词词缀

汉　译：一个比一个。　　　　　　汉　译：一天比一天。

3. 敬语

敬语形式，是交谈者彼此表示尊敬和礼貌而使用的语言形式。[①]朝鲜语是敬语形式发达的语言。朝鲜语敬语形式有词汇形式和形态形式两种。朝鲜语的词汇中专门有表示尊敬意义的名词和动词。形态形式主要以 -g'esə（께서）和 -si（시）以及句子的结尾词缀来实现。-g'esə 位于主语之后，表示对行为主体的尊敬。-si 位于动词词干之后，表示对行为者的尊敬。朝鲜语句子的结尾词缀有 -bnida（ㅂ니다）、-bnig'a（ㅂ니까）、-bsida（ㅂ시다）等，表示说话人对听话人的尊敬。此外，朝鲜语中还有把名词变成敬语的朝鲜语形态代表有 -nim（先生）。相反，撒拉语中不存在与其相关的词汇或形态。

4. 民族性词汇

各个民族的语言都有深层次的共性，但又不尽相同，各有自己的特性。这种特性就是语言的民族性。[②]因为撒拉语和朝鲜语两者之间都有不同的生活环境与不同的生活习惯，所以两国各有不少独有的民族性词汇。比如，朝鲜语的俗语中有 ək tɕi tɕʰun xjaŋ i（억지 춘향이），其意为"没有关系的事情勉强去做"。俗语里引用韩国民族传说中主人公的名字——tɕʰun xjaŋ i（春香；춘향이）组成。如果不知道韩国民族传说的话，就不能理解这句俗语的意思。这一俗语中包含着韩国独有的民族性词汇。

我们可以从民族性词汇了解其民族的一些文化以及思想。比如，撒拉语 qoj jehle 意为拉羊、牵羊。但是，qoj jehle 可以专用"请（某人）原谅、向（某人）道歉"之意。比如，撒拉语"qoj jehle-de qo-ɣa var."这一句是赔礼道歉的意思。原意是牵羊到门去之意。如表 1 是一些撒拉语名词中独有的民族性词汇。

---

① 崔羲秀 . 韩国语基础语法 [M]. 哈尔滨：黑龙江朝鲜民族出版社，2009:176.
② 王玉 . 论语言的民族性 [J]. 文学界（理论版），2010(4):85.

表 1　撒拉语的名词中的民族性词汇

| 撒拉语 | 汉译 | 解释 |
|---|---|---|
| aɡu | 阿姑 | 撒拉族习俗，加在女名后表示对年长妇女的尊敬，对年轻妇女的爱称。[①] |
| aɣine | 朋友、阿格乃 | 撒拉族社会基层组织，即近亲家族"兄弟""当家"之意[②]。 |
| tɕʰamtɕa | 对襟长衫 | 撒拉族穿的对襟长衫。 |
| dontʰon | 长衫 | 撒拉族老人穿的长衫。 |
| fitire | 施舍金（物） | 按撒拉族习俗，人去世后，由亲属给阿訇和送葬人分发数量不等的钱或实物，表示替亡人赎罪。[③] |
| ɡaŋ | 工 | 清代在撒拉族地区出现，相当于乡级的行政区划单位。[④] |
| kʰonsin- | 宽心 | 按撒拉族习惯，人亡后诸亲友带上油香，茶叶等物前去亡者家中，以示慰问，解除愁闷。[⑤] |
| kʰumsan | 孔木散 | 撒拉族社会基层单位之一，即同一血缘的远亲组织。[⑥] |
| saxis | 撒赫斯 | 撒拉族姑娘出嫁时的哭调，相当于其他民族的出嫁歌。[⑦] |
| urux søz | 乌热赫苏孜 | 撒拉族青年男女举行婚礼时，女方长者即席致婚礼词表示祝贺，嘱托与感谢之情。[⑧] |
| jɯr | 小曲 | 撒拉族的传统小曲。 |
| ziuqo | 泥笛 | 撒拉族儿童吹奏乐器，用陶土制作，形状不一。[⑨] |

## 5. 词序

撒拉语 ax-qara 是黑白的意思。在黑色（qara）和白色（ax）拼在一起时，撒拉语的词序是"白"和"黑"之顺。相反，朝鲜语和汉语一样先说黑色后说白色，即 xɨk-bæk（흑백；黑白）。有趣的是，日语与撒拉语一样先说白色后说黑色，即 siro-kʰuro（しろくろ；白黑）。

① 韩建业，马成俊 . 撒维汉词典 [M]. 北京：民族出版社，2010:5.
② 韩建业，马成俊 . 撒维汉词典 [M]. 北京：民族出版社，2010:6.
③ 韩建业，马成俊 . 撒维汉词典 [M]. 北京：民族出版社，2010:109.
④ 韩建业，马成俊 . 撒维汉词典 [M]. 北京：民族出版社，2010:113.
⑤ 韩建业，马成俊 . 撒维汉词典 [M]. 北京：民族出版社，2010:162.
⑥ 韩建业，马成俊 . 撒维汉词典 [M]. 北京：民族出版社，2010:165.
⑦ 韩建业，马成俊 . 撒维汉词典 [M]. 北京：民族出版社，2010:249.
⑧ 韩建业，马成俊 . 撒维汉词典 [M]. 北京：民族出版社，2010:298.
⑨ 韩建业，马成俊 . 撒维汉词典 [M]. 北京：民族出版社，2010:359.

6. 主格形态

撒拉语中没有主格形态。相反，朝鲜语中有主格形态，且主格形态通常位于主语之后。但是，朝鲜语的主格形态可以省略，在语义上没有任何影响。朝鲜语的主格形态有四个：

-in( 은 )、-nin( 는 )、-i( 이 )、-ga( 가 )。朝鲜语的文章的典型如下：

名词 + -in　+ ……+ 动词 / 形容词 + -da

名词 + -nin　+ ……+ 动词 / 形容词 + -da

名词 + -i　　+ ……+ 动词 / 形容词 + -da

名词 + -ga　+ ……+ 动词 / 形容词 + -da

但是，朝鲜语主格形态可以省略，在语义上也没有任何变化。

7. 向格和宾格

撒拉语中被称为向格的形态，在朝鲜语当中大部分是宾格。撒拉语和朝鲜语之间在向格使用上有所不同。例如：

撒拉语：u　　　　　kʰafej-ɣa　　　　　gala-mas.[①]

　　　　他　　　　　咖啡 - 向格　　　　喜欢 - 否定

朝鲜语：gi-nin　　　kʰəpʰi-lil　　　tɕoaxa-tɕi-an-ninda.

　　　　他 - 主格　咖啡 - 宾格　喜欢 - 副动 - 否定 - 谓语词缀

汉　译：他不喜欢喝咖啡。

朝鲜语和日语都在及物动词之前需要宾格助词，朝鲜语宾格助词是 -il（ 을 ）、-lil（ 를 ），日语宾格助词是 -ga（ が ）、-ni（ に ）、-o（ を ）。朝鲜语宾格 -il、-lil 根据宾格前词的最后音节的开闭来交替使用。但是日语的大部分的宾格是 -o。但是有些动词带不同宾格。比如, suki-（ すきだ: 喜欢 ）、waka-（ わかる：知道 ）等的动词需要宾格是 -ga。笔者认为日语宾格 -ga 与撒拉语向格 -ɣa 应该有所关联。

---

① 马伟 . 撒拉语 366 句会话句 [M]. 北京：社会科学文献出版社，2015:25.

8. 主格和宾格的变体

"-in( 은 )、-nin( 는 )、-i( 이 )、-ga( 가 )" 朝鲜语中称为主格助词。其中的 -in ( 은 )、- nin ( 는 ) 又称为添意助词。"il( 을 )、lil( 를 )" 朝鲜语中称为宾格助词。"-in ( 은 )、-nin ( 는 )"、"-i ( 이 )、-ga ( 가 )" 和 "il ( 을 )、lil ( 를 )" 是非区别性的位置变体，只是根据词的最后音节的开闭，交替使用。① 闭音节（以辅音结尾的）后面用 -in、-i、il，开音节（以元音结尾的）后面用 -nin、-ga、-lil。相反，撒拉语中没有主格助词，而宾格助词都是 -ni，没有变体。

9. 名词后面的领属人称

撒拉语在句子中的核心名词后带领属人称。相反，朝鲜语中没有领属人称。撒拉语句子中作为中心词的名词，需要人称的区别。其领属人称如表 2 所示。

表 2　撒拉语的名词领属人称 ②

| 人称 | 附加成分 | | 例词 | | |
|---|---|---|---|---|---|
| | 名词以元音结尾 | 名词以辅音结尾 | dam | qo | em |
| | | | 墙 | 门 | 药 |
| 第一人称 | -m | im | dam-im | qo-m | im-im |
| 第二人称 | -ŋ | -iŋ | dam-iŋ | qo-ŋ | im-iŋ |
| 第三人称 | -sɨ | -i | dam-ɨ | qo-sɨ | im-i |

当撒拉语句子中名词的复数形态（-lar、-lər）、领属人称形态（-m、-im、-ŋ、-iŋ、-sɨ、-ɨ）、格形态等同时出现时，其顺序一般是：名词 + 领属人称形态 + 复数形态 + 格形态。如下例中的 iʃ-iŋ-lar-ni 中，在名词 iʃ 后，格标记形态的顺序依次为 -iŋ、-lar 和 -ni。例如：

撒拉语：et-ɣen　iʃ-iŋ-lar-ni　　　　　jumul　vax-qusi　　e-mes-dər.

做 – 形动　工作 –2 属人称 – 复数 – 宾格　轻　看 – 形动词　是 – 否定 – 现在时

① 崔羲秀 . 韩国语基础语法 [M]. 哈尔滨：黑龙江朝鲜民族出版社，2009:121.

② 马伟 . 撒拉语形态研究 [M]. 北京：中国社会科学出版社，2015:31.

汉　译：不应该轻视自己所从事的工作。

朝鲜语与撒拉语的不同之处是朝鲜语中不存在领属性人称的形态。撒拉语 iʃ-iŋ-lar-ni 以朝鲜语的语序表示如下：

朝鲜语：il（일；工作）+ -dil（들；们；复数）+ -il（을；宾格）

## （二）代词形态的不同之处

### 1. 内部屈折现象

撒拉语的有一些代词与不同格形态结合时有代词本身的变化，发生内部屈折现象。相反，朝鲜语基本上没有任何代词本身的变化。在撒拉语的代词中人称单数代词和指示代词表示格形态前的变化较多，详见表 3 和表 4，我们把这种现象叫屈折现象。比如，人称单数代词 men（我）变成 mi 或 maŋ；sen（你）变成 si 或 saŋ；u（他）变成 a 或 aŋ。

表 3　撒拉语人称代词的格形态内部屈折

| 人称单数 | 主格 | 领格 | 与格 | 宾格 | 工具格 | 等同格 |
|---|---|---|---|---|---|---|
| 第一人称 | men | mi-niɣi | maŋ-a | mi-ni | mi-le | mi-tɕo |
| 第二人称 | sen | si-niɣi | saŋ-a | si-ni | si-le | si-tɕo |
| 第三人称 | u | a-niɣi | aŋ-a | a-nə | a-la | a-tɕo |

撒拉语指示代词也有屈折现象。比如，bu（这）变成 mu 或 muŋ（详见表 4）。反而，朝鲜语指示代词没有这种代词内部的屈折现象。

表 4　撒拉语指示代词的格形态内部屈折

| 指示代词 | 主格 | 领格 | 与格 | 宾格 | 工具格 | 等同格 |
|---|---|---|---|---|---|---|
| bu（这） | bu | mu-niɣi | muŋ-a | mu-nə | mu-la | mu-tɕo |
| u（那） | u | a-niɣi | aŋ-a | a-nə | a-la | a-tɕo |

朝鲜语的格形态前面的代词都没有变化。朝鲜语 na（我）、nə（你）、gi（他）、i（这）、tɕə（那）都在格形态的前面没有任何变化（详见表 5、6）。

表 5　朝鲜语人称代词格形态的不变化

| 人称单数 | 主格 | 领格 | 与格 | 宾格 | 工具格 | 等同格 |
|---|---|---|---|---|---|---|
| 第一人称 | na-nin | na-ɰi | na-ege | na-lil | na-lo | na-tɕʰələm |
| 第二人称 | nə-nin | nə-ɰi | nə-ege | nə-lil | nə-lo | nə-tɕʰələm |
| 第三人称 | gi-nin | gi-ɰi | gi-ege | gi-lil | gi-lo | gi-tɕʰələm |

表 6　朝鲜语指示代词格形态的不变化

| 指示代词 | 主格 | 领格 | 与格 | 宾格 | 工具格 | 等同格 |
|---|---|---|---|---|---|---|
| i（这） | i-nin | i-ɰi | *i -ege11 | i-lil | i-lo | i-tɕʰələm |
| tɕə（那） | tɕə-nin | tɕə-ɰi | tɕə-ege① | tɕə-lil | tɕə-lo | tɕə-tɕʰələm |

此外，撒拉语 -dan 和人称代词 u（他）构词时，造成代词的词形有变化，u 变成 an（他）。在"代词＋形态"形式的结合中有一些撒拉语代词有屈折现象，相反，朝鲜语代词没有屈折现象。例如：

撒拉语：u（他）＋-dan＝an-dan（从他）

朝鲜语：gi（他）＋-robutʰə＝gi-robutʰə（从他）

除了位格形态 -de 和从格形态 -den 以外，主格、领格（-niɣi）、与格（-a）、宾格（-ni/-nə）、工具格（-la/-le）和等同格 -tɕə 之前的人称代词都有变化。例如：撒拉语 -lar、-lər 位于代词之后，表示复数，相当于朝鲜语 -dil（들）。例如：

撒拉语：u（他）＋-lar＝u-lar（他们）

朝鲜语：gi（他）＋-dil＝gi-dil（他们）

---

① 撒拉语 muŋ-a 相当于朝鲜语 i ɡ ət-ege。朝鲜语 i（这）和向格形态 -e ɡ e 构词时，一般需要名词性词汇。如果表示 i-e ɡ e，就意为"给（什么）人"之意。

撒拉语：bu（这）+ -lar = bu-lar（这些）

朝鲜语：i（这）+ -dɨl = i-dɨl（这些）

这些复数词缀的语法作用与"名词 + -lar、名词 +-lər"一样。但是，构词法不一样。有一些撒拉语和朝鲜语的人称代词语复数词缀构词时发生内部屈折现象。例如：

撒拉语：men（我）+ -lar = pise（r）（我们）、*menlar

朝鲜语：na（我）+ -dɨl = uridɨl（我们）、*nadɨl

撒拉语：u（他）+ -lar = ular（他们）

朝鲜语：gɨ（他）+ -dɨl =gɨdil（他们）

2. 反身代词

反身代词用以指人或事物本身，只有一个代词 iz/ez 或 itɕi"自己"，总是以领属人称形式出现。[①] 例如：

撒拉语：itɕi（自己）+ -m（一人称领属人称形式）= itɕi-m（我自己）

itɕi（自己）+ -ŋ（二人称领属人称形式）= itɕi-ŋ（你自己）

itɕi（自己）+ 零形态（三人称领属人称形式）= itɕi（他自己、她自己）

itɕi（自己）+ -m + -ler（复数形态）= itɕi-m-ler（我们自己）

itɕi（自己）+ -ŋ + -ler（复数形态）= itɕi-ŋ-ler（你们自己）

itɕi（自己）+ 零形态 + -ler（复数形态）= itɕi-ler（他们自己）

但是，朝鲜语中没出现领属人称形式。例如：

朝鲜语：tɕasin（自己）+ na（나；我）= na tɕasin（나자신；我自己）

tɕasin（自己）+ nə（너；你）= nə tɕasin（너자신；你自己）

tɕasin（自己）+ gɨ（그；他）= gɨ tɕasin（그자신；他自己）

tɕasin（自己）+ uri（我们）+ -dɨl（复数；们）= uri-dɨl tɕasin（우리들자신；我们自己）

tɕasin（自己）+ nəxi（你们）+ -dɨl（复数；们）= nəxi-dɨl tɕasin

① 米娜瓦尔·艾比布拉. 撒拉语话语材料集 [M]. 北京：中央民族大学出版社，2010:22.

（너희들자신 ; 你们自己）

tɕasin（自己）+ gɨ（他）+ -dɨl（复数 ; 们）= gɨ-dɨl tɕasin

（그들자신 ; 他们自己）

3. 由数词构成的代词

撒拉语中有位于数词之后附加 -tɕʰo 来表示代词复数意义的构词法。相反，朝鲜语中没有。例如：

撒拉语：iʃgi（二）+ -tɕʰo[①] = iʃgi-tɕʰo（我俩）

还有，撒拉语有以 " 数词 +si+ 领属性人称形式 " 来构词的代词，并且这些代词有形态变化。但是，这种构词法不存在于朝鲜语中。例如：

撒拉语：iʃgi（二）+ -si + -m（第一人称领属性人称）= iʃgi-si-m（我们俩）

iʃgi（二）+ -si + -ŋ（第二人称领属性人称）= iʃgi-si-ŋ（你们俩）

iʃgi（二）+ -si = iʃgi-si（他们俩）

## （三）动词形态的不同之处

### 1. 动词内部屈折现象

撒拉语中没有动词本身的变化。相反，朝鲜语中有动词本身的变化。朝鲜语动词的基本形是由词干和谓语词缀 -da（다）来构成的。所有的动词基本形都以 -da 结尾。朝鲜语动词和其他词汇构词时，一般将 -da 替换成相应的形态。与动词结合的形态都位于动词词干之后的原来 -da 位置上。所以，朝鲜语动词从表面上看有内部屈折现象。

### 2. 基本态的词缀标志

撒拉语和朝鲜语动词的基本态的词缀标记有所不同。撒拉语中没有动词基本态的专门词缀标记。相反，朝鲜语中有动词基本态的有专门的词缀标记，撒拉语动词的基本态没有词缀标记。相反，朝鲜语动词的基本态有

---

① 撒拉语 –tɕʰo 与藏语长期接触产生的词。笔者认为是撒拉语 –tɕʰo 由藏语 tsʰo（ཚོ; 们）替换变化的词。

专门词缀标记。撒拉语动词的基本态是零形态形式，与词干一样。朝鲜语动词的基本态形式是"词干 + -da（다）"。所以，撒拉语动词在词典上以词干来记载，朝鲜语动词在词典上以"词干 -da"形式来记载。朝鲜语动词结尾的 -da 称为"终结语末语尾（종결어말어미）"。本文在形态分析时将 -da 标为谓语词缀。

3. 特殊词汇

撒拉语动词中也有撒拉族独有的特殊词汇。如表 7 是撒拉语动词中的一些独有特殊词汇。

表 7　撒拉语动词中的特殊词汇

| 撒拉语 | 汉译 | 解释 |
|---|---|---|
| dohola- | 打发拉 | 按撒拉族婚俗，婚礼当天男方要以礼欢送女方父母谓之。[1] |
| qonax tɕamna- | 邀客、邀居 | 按撒拉族婚礼习俗，送亲者到男家后，当晚，分别请到本"阿格乃"，"孔木散"家去住宿，谓之。[2] |
| uji køtter- | 抬（送）羊背子 | 撒拉族婚俗，宴席中要给舅舅抬送羊背子。[3] |
| juz aʃdir- | 揭面仪式 | 按撒拉族婚俗，婚礼结束后，用一定仪式揭开新娘的面纱。[4] |

4. 谓语词缀

撒拉语动词的过去时形态 -tɕi 和 -miʃ 之后不需要任何附加成分。但是朝鲜语还需要谓语词缀 -da。朝鲜语的谓语词缀除了 -da 以外，还有 -ajo（아요）、-əjo（어요）、-simnida（습니다）、-tɕi（지）、-tɕjo（죠）等较多。相反，撒拉语没有谓语词缀。

5. 动词复数形态

朝鲜语动词中有复数形态 -dɨl。撒拉语动词中没有复数形态。撒拉语复数形态 -lal、-ləl 不能位于动词之后。这种特征与朝鲜语不同。朝鲜语复

① 韩建业，马成俊. 撒维汉词典 [M]. 北京：民族出版社，2010:88.
② 韩建业，马成俊. 撒维汉词典 [M]. 北京：民族出版社，2010:232.
③ 韩建业，马成俊. 撒维汉词典 [M]. 北京：民族出版社，2010:295.
④ 韩建业，马成俊. 撒维汉词典 [M]. 北京：民族出版社，2010:353.

数形态不仅仅位于名词之后，也可位于动词之后。例如：

朝鲜语：ga-tɕi-dɨl　　　ma-sejo.　　朝鲜语：mək-tɕi-dɨl　　　ma–sejo.

去 – 副动 – 复数　不 – 命令　　　吃 – 副动 – 复数　不 – 命令

汉　译：（你们）不要去了。　　　汉　译：（你们）不要吃了。

## 6. 传据范畴

撒拉语中位于动词之后的形态来表示说话人的信息来源。这种语法现象称为传据范畴（source of information）。朝鲜语中没有这种语法范畴。例如：

撒拉语：u　　　　gel-tɕi.　　　　撒拉语：u　　　　gel-miʃ.

　　　他　　　来 - 过去式　　　　　　他　　　来 - 过去式

朝鲜语：gi-ga　　　o-at-tɕi.　　　朝鲜语：gi-ga　　　o-at-tɕi.

　　他 - 主格　来 - 过去式 - 谓语词缀　　他 - 主格　来 - 过去式 - 谓语词缀

汉　译：他来了。　　　　　　　汉　译：好像他来了。

u gel-tɕi 和 u gel-miʃ 的朝鲜语翻译是一样的。但是，撒拉语 u gel-miʃ 除了"他来了"之意以外，还包括"我听说过他来了、可是我没亲眼看见"或者"不太清楚，不过好像是来了"等的信息。

撒拉语动词的传据范畴划分为两种类型："自我为中心"（直接经验）和"他者为中心"（间接经验）的动词传据范畴标记（见表 8）。[①]

表 8　撒拉语和朝鲜语动词的传据范畴

| | 撒拉语 | | 朝鲜语 |
|---|---|---|---|
| | 自我为中心 | 他者为中心 | |
| 过去时 | -tɕI、-GAn | -mIʃ、-Ar | -At（았、었） |
| 将来时 | -GUr | -GA(r) | (-i)r（ㄹ、을） |
| 进行体 | -bir | -ba(r) | -goit（고있） |
| 完成体 | -GAn var | -GAn vara | -(-i)ntɕək it-（ㄴ적 있、은적 있） |
| 判断句 | (i)dir | ira | -ida（이다） |
| 存在句 | var | vara | it-（있） |

① 马伟 . 撒拉语 366 句会话句 [M]. 北京：社会科学文献出版社，2015:7.

7. 派生动词

撒拉语 -a、-e、-la、-le 位于一些名词之后，构成新的动词，是由名词构成动词的形态。其终端成分表示与源词的意义相关的动作行为。我们在撒拉语动词中能常看到一些词缀附加在名词之后构成的派生词的。相反，朝鲜语中没发现这种现象。但是，朝鲜语中有位于名词之后，附加 -xada（하다；做）构成动词派生词的现象。例如：

撒拉语：jaʃ（岁数）+ -a = jaʃa-（活）

doʃ（声音）+ -a = doʃa-（响）

baʃ（头）+ -la = baʃla-（开始、带领）

biz（锥子）+ -le = bizle-（扎）

朝鲜语：il（工作；名词）+ -xada（做）= il-xada（工作；动词）

撒拉语 -a、-e、-la、-le 中的 -e 正在慢慢消失。[①]这种"名词 +-e"的动词派生词数量较少。朝鲜语中更没有这种派生词。朝鲜语与由名词构成动词的派生词的形态是 -xada（하다；做）。朝鲜语 -xada 也是个将有些拥有动作性的名词（毕业、称赞、工作、旅游、命令、爱、学习、研究等）[②]构成动词化的词缀形态。笔者认为朝鲜语 ele（얼레；风筝线、钓线等的缠线工具）与撒拉语 ele- 有关，由"名词 +e"构成动词的"痕迹"。因为朝鲜语 ele——缠线工具是与手（撒拉语 el）相关的。

土库曼语是撒拉语的亲属语言。土库曼语当中的这种派生词数量较多。例如：

土库曼语：bek（结实）+ -e = beke-（变结实）

diʃ[③]（牙齿）+ -e = diʃe-[④]（磨锋利）

gøwɯn[⑤]（心灵、心情）+ -e =gøwne-（同一、赞同）[⑥]

---

① 米娜瓦尔·艾比布拉. 土库曼语教程 [M]. 北京：中央民族大学出版社，2017:276.

② 在朝鲜语中，这些词汇与汉语不同，都被划到名词类。

③ 土库曼语 diʃ（牙齿）相当于撒拉语 tiʃ（牙齿）。

④ 土库曼语 diʃe（磨锋利）相当于撒拉语 tiʃ–（打通，凿通，穿通）。

⑤ 土库曼语 gøwɯn（心灵、心情）相当于撒拉语 g uunə（心、心情）。

⑥ 米娜瓦尔·艾比布拉. 土库曼语教程 [M]. 北京：中央民族大学出版社，2017:276.

8.同词异义

撒拉语 -ma 位于两个名词之间，意为"和（and）"，相当于朝鲜语 -gwa、-wa。朝鲜语 -gwa 也位于两个名词之间，与撒拉语一样，意为"和（and）"。另外，朝鲜语 -gwa、-wa 位于名词和动词之间时，意为"和（with）"。相反，撒拉语中没有这种现象。例如：

撒拉语：Pʰisər　　aba-m　　　ama-m-la　　　bərliɣa　　otar-bər.

　　　　我们　父 -1 属人称　母 -1 属人称 - 工具格　一起　　坐 - 进行体

朝鲜语：uli-nin　　ap'a　　əmma-wa　　xamg'e　　　sal-goitd'a.

　　　　我们　　父　　　母 -　　　　一起　　　生活 - 进行体

汉　译：我们和父母住在一起。

## （四）形容词的形态不同之处

### 1.基本态

撒拉语形容词的基本形态不带任何附加成分。但是朝鲜语形容词的基本态位于形容词词干之后，需要附加 -da（다）。朝鲜语形容词的基本态都以 -da 而结尾。本文把它称为谓语词缀。例如：

撒拉语：ax（白）、be（空）、dahli（甜）、er（早）

朝鲜语：xi-da（白）、bi-da（空）、dal-da（甜）、iri-da（早）

### 2.零形式形容词

撒拉语和朝鲜语的形容词修饰名词方式有两种："形容词 + 无形态 + 名词"和"形容词 + 形态 + 名词"。在撒拉语中"形容词 + 无形态 + 名词"的形式很普遍。《撒拉语形态研究》一书中将这种形式称为"零形式"①。一般撒拉语形容词是零形式，两个词类之间不需要形态成分。相反，朝鲜语形容词需要形态成分 -n（ㄴ）、-in（은）。例如：

撒拉语：jahtɕux　　　　　biqarax

① 马伟 . 撒拉语形态研究 [M]. 北京：中国社会科学出版社，2015:195.

　　　　　　　　漂亮　　　　　　衣服

朝鲜语：jep'i-n　　　　　　ot

　　　　　　　　漂亮 - 形动　　　衣服

汉　译：漂亮的衣服。

3. 词序

在黑（qara）和白（ax）拼在一起时，撒拉语先说白色后说黑色，则是 ax-qara（黑白）。相反,朝鲜语和汉语一样先说黑（xik；흑）后说白（bæk；백）。

还有,在轻（jumul）和重（aaɣir）拼在一起时,撒拉语先说重（aaɣir）后说轻（jumul）,则是 aaɣir jumul（轻的重的）。相反,朝鲜语先说轻（gjəŋ）后说重（tɕuŋ）。

4. 合成形容词

撒拉语和朝鲜语中都有合成形容词。但是，朝鲜语中的一些合成形容词与撒拉语有所不同。比如，朝鲜语中由"名词 + 形容词"形式构词合成形容词的较多。例如：

撒拉语：jarmax　　　　　　zen.

　　　　价格　　　　　　　便宜

朝鲜语：g aps-i　　　　　s'a-da.

　　　　价格 - 主格　　　便宜 - 谓语词缀

汉　译：价格便宜。

撒拉语 jarmax zen 是"主语 + 谓语"结构。撒拉语中没有主格形态。相反,朝鲜语中一般有主格形态。撒拉语 jarmax zen 没有主格形态,却是一个句子。jarmax zen 相当于朝鲜语 g aps-i s'a-da,其中有主格形态 –i,也是一个句子。但是，如果朝鲜语 g aps-i s' a-da 这一个句子中把主格形态 –i 省略的话，就不是一个句子，而是一个形容词了。 g aps s' ada 不是一个句子，而是一个合成形容词。

　　撒拉语：jarmax（价格）+ zen（便宜）= jarmax zen（价格便宜；句子）

　　朝鲜语：gap（价格）+ s'a-da（便宜）= gap s'ada（값싸다；便宜；形容词）

### 5.交代方式

撒拉语 -tɕin（人）除了在名词之后出现以外，还可以在形容词之后出现。相当于 -tɕin 的朝鲜语 -tɕæŋi 只能在名词后出现。朝鲜语形态中能在形容词的后面的是 -i（人）。例如：

撒拉语：xorɣa-（害怕）+ -tɕin = xorɣan tɕin（胆小的）

朝鲜语：jep'ɨ（美）-n + -i = jep'in -i（美人）

### 6.构词形式

撒拉语有"形容词 + -tɕin + -kiʃ"形式。相反，朝鲜语当中没有这种构词方式。朝鲜语当中只有"名词 + -tɕæŋi"形式。例如：

撒拉语：xorɣan tɕin（胆小的）+ kiʃ（人）= xorɣan tɕin kiʃ（胆小的人）

朝鲜语：gəp（害怕；名词）+ -tɕaŋi（人）= gəp tɕaŋi（胆小的人）

### 7.加强语义方法

撒拉语的形容词，当表示加强语义时不采用阿尔泰语系诸语言表示形容词加强语义的方法——截取形容词词干的开头部分加上一个唇辅音，造成一个闭音节临时性前置语素，放在该形容词的前面表示语义的加强。[①]而是在词干后面附加 -tɕʰɯx。例如：

撒拉语：uzun（长的）+ -tɕʰɯx = uzun-tɕʰɯx（长长的）

朝鲜语：gil（长）-go   gin（长的）= gil-go gin-（长长的）

## （五）数词的形态不同之处

撒拉语和朝鲜语数词的形态不同之处较多。撒拉语本民族固有的数词一般由老年人常用，而青壮年多用汉语数词。[②]撒拉语的数词与其他突厥语族语言基本相同。然而，朝鲜语的数词与撒拉语的数词有很大差异。由于朝鲜语的数词受到汉语的影响，多用汉语数词来表达。撒拉语的数词也受到汉语的影响，但是撒拉语原有的数词还在使用。

---

① 武·呼格吉勒图.阿尔泰语系诸语言表示形容词加强语义的一个共同方法 [J].民族语文，1996，(2):53.

② 米娜瓦尔·艾比布拉.撒拉语数词的特点及功能 [J].暨南学报，2010，147(4):103.

### 1.50 以上的十位数名称

有一些撒拉语数词的表达方式都很独特。尤其是 50 以上的十位数的名称，用 50 加上相应的十位数名称来表达。例如：

撒拉语：elli（五十）和 on（十）→ elli on（六十）

elli（五十）和 jiɣirmə（二十）→ elli jiɣirmə（七十）

elli（五十）和 otʰus（三十）→ elli otʰus（八十）

elli（五十）和 qirɨx（四十）→ elli qirɨx（九十）

iʃgi（二）和 elli（五十）→ iʃgi elli（一百）

### 2. 数词和代词结合的方式

撒拉语数词有与领属人称附加成分结合的形式。相反，朝鲜语数词中没有。撒拉语代词和数词组合时，数词与前面的代词表现出人称一致。撒拉语的数词 iʃgi（二）处于人称代词 men（我）、sen（你）之后，接着附加领属第三人称形式（-sɨ）和相应的领属词缀（-m、-ŋ）来构成，意为我们俩、他们俩。还有，iʃgi 位于人称代词 u（他）之后，接着附加领属第三人称形式（-sɨ）意为他们俩。me(n) 和 -m 相对一致，se(n) 和 -ŋ 相一致，u 和 -sɨ 相一致。朝鲜语中没有这种构词法，其构词方式与汉语一样。例如：

撒拉语：men　　　iʃgi-sɨ-m　　　　撒拉语：sen　　　　iʃgi-sɨ-ŋ

　　　我　　二 - 领属 3- 领属词缀　　　　你　　二 - 领属 3- 领属词缀

朝鲜语：uri　　　 dul　　　　　　　朝鲜语：nəxi　　　　 dul

　　　我们　　　二　　　　　　　　　你们　　　　　 二

汉　译：我们俩　　　　　　　　　汉　译：你们俩

撒拉语：men　　　　　　　 iʃgi-sɨ-m　　　　　 var-tɕi.

　　　我　　　　　二 -3 属人称 -1 属人称　　　去 - 过去时

朝鲜语：uri　　　　　　　　　dul-i　　　　　　ga-at-da.

　　　我们　　　　　　二 - 主格　　　去 - 过去时 - 词尾词缀

汉　译：我俩去了。

### 3. 数字 "四"

G. J. 兰司铁提道："在阿尔泰语系的数词内仅有表示'四'这个数目的词，大概才具有共同的起源，朝鲜语 turi，北部朝鲜语 nduin ~ nejin、nej，它们可能来自源语的某个 *do。"但是，笔者还没发现相当于撒拉语 døt（四）的朝鲜语。朝鲜语的有关数字 "四" 有：net（넷）、nəi（너이）、nək（넉）、sa（사）等。G. J. 兰司铁提到的北部朝鲜语 nej 相当于 nəi（너이）。但是 nduin ~ nejin 指的是什么不太清楚。目前，笔者还未发现相当于撒拉语 døt（四）的朝鲜语数字 "四"。反而，撒拉语 døt（四）与朝鲜语 dul（二）很是相似。

### 4. 量词形态

撒拉语的量词的结构方式与朝鲜语大部分相同。但是，朝鲜语在量词后可以附加 -ɰi。朝鲜语 -ɰi 相当于撒拉语 -niɣi，是 "的" 之意。附加 -ɰi 也没有意思上的变化。例如：

撒拉语：bir　　　dɰb　　　dal

　　　　 一　　　 棵　　　 树

朝鲜语：xan　　　giɰlu　　　namu

　　　　 一　　　 棵　　　 树

朝鲜语：xan　　　giɰlu -niɣi　　　namu

## （六）不变化词的不同之处

### 1. 语法分类

撒拉语助词属于不变化词。相反，朝鲜语一些助词属于变化词。在《韩国语概论》[①] 上的朝鲜语词汇的分类如下：动词、形容词、叙述格助词和一部分数词属于变化词；名词、代词、冠词、副词、感叹词、叙述格以外的助词及多数词属于不变化词。叙述格助词主要是 –ida（이다；是），表示叙述。

---

① 林从纲等 . 韩国语概论 [M]. 北京：北京大学出版社，2005:45.

撒拉语的不变化词中后置词也在内。相反,朝鲜语的不变化词中没有这种叫法——后置词。撒拉语的后置词相当于朝鲜语的"惯用型"。还有朝鲜语模拟词语法上也被认为是副词。撒拉语中的连词ma在朝鲜语中是个助词。

朝鲜语中的连词被认为是连接词、词组或句子的副词,把它称为"接续副词"或"文章副词"。文章副词修饰句子的整体,分为表示说话者态度的样态副词和连接词前后句子的连续副词。[①]

2.摹拟词的派生词

撒拉语有一些摹拟词与形态构成派生词。相反,朝鲜语中没有这种形态变化。比如,撒拉语 –la、–ra 位于摹拟词之后,构成动词,是由摹拟词构成动词的形态。例如:

撒拉语:ʃor(流水声)+ -la = ʃorla-(洒、淌)

pʰox(破裂声)+ -ra = pʰoxra-(沸腾)

# 二、撒拉语和朝鲜语形态的共同之处

撒拉语和朝鲜语都有元音和谐现象,都没有声调的区别。两者之间除了语音方面以外,还有词汇方面和语法方面的共同之处。本节对撒拉语和朝鲜语词汇方面和语法方面的共同之处进行探讨。我们分项为名词、代词、动词、形容词、数词等方面来探讨。

## (一)名词的形态共同之处

1.词汇

撒拉语和朝鲜语的有一些名词发音相似,但不一定是同源词。参见表9。

---

① 黄京洙.韩国语语言学概论 [M].沈阳:辽宁民族出版社,2009:85.

表9　撒拉语和朝鲜语的相似名词

| 汉译 | 撒拉语 | 朝鲜语 | 朝鲜语拼写 |
|---|---|---|---|
| 爸爸 | aba | ap'a | 아빠 |
| 背 | addə | diŋ | 등 |
| 大麦 | afra[①] | bori | 보리 |
| 村 | aɣil | goil | 고을 |
| 口 | aɣzi | agari | 아가리 |
| 妈妈 | ama | əmma | 엄마 |
| 果 | armut | jərmæ | 열매 |
| 朋友 | batɕa | bət | 벗 |
| 虎 | bas | bəm | 범 |
| 大脖子 | boɣas | mogatɕi | 모가지 |
| 麦 | boɣdɨ | bori | 보리 |
| 墙 | dam | dam | 담 |
| 陷阱 | duzax | dət | 덫 |
| 乳房 | emtɕʉx | tɕət | 젖（乳汁） |
| 大丈夫 | er | ərin | 어른 |
| 年龄 | jaʃ | jənse | 연세 |
| 饲料 | jem | jəmul | 여물 |
| 毛 | juŋ | juŋ | 융 |
| 容貌 | mørɣʉ | morgol | 몰골 |
| 屁股 | ondox | əŋdəŋi | 엉덩이 |
| 耳朵 | *qu-lax | gwi | 귀 |
| 尾巴 | qurux | k'ori | 꼬리 |
| 酒 | sorma | sul | 술 |
| 声音 | søz | sori | 소리 |
| 毛巾 | ʃugʉn | sugən | 수건 |
| 笊篱 | tɕolu | tɕoli | 조리 |
| 小腿 | tɕʰingirix | tɕoŋari | 종아리 |
| 潮气 | tɕʰix | tɕʰuk tɕʰuk | 축축 |
| 鸡 | tʰox | dak | 닭 |
| 毛、毛发 | tʰʉx | tʰəl | 털 |

---

① 撒拉语 afra 与日语 awa（あわ；粟）有关。"PJpn. ＊à p á millet（п р о с о）: OJpn. apa; MJpn. à f á ; Tok. á wa; Kyo. à w á ; Kag. aw á ."

还有，撒拉语 abaitɕa（家长）与朝鲜语 abətɕi（아버지；父亲）相似。

撒拉语 altun（金）与朝鲜语 don（돈；钱、黄金计量单位）相似。

撒拉语 azux（食物、营养物）与朝鲜语 zuk（죽；粥）相似。

撒拉语 bal（蜂蜜）与朝鲜语 bəl（벌；蜜蜂）相似。

撒拉语 bel（腰部）与朝鲜语 bæ（배；肚子）相似。

撒拉语 bøz（布）与朝鲜语 botɕagi（보자기；包袱）相似。

撒拉语 dal 与朝鲜语 d'æl-g'am（땔감、木材）相似。d'æl-g'am 的 g'am 是材料的意思。因此，笔者认为 d'æl-g'am 的 d'æl 就是 dal（树）的意思。

撒拉语 dodax（唇）与朝鲜语 dodak-dæda（도닥대다；嗒嗒地响）和朝鲜语象声词 d'okd'ak（嘀嗒）相似。

撒拉语 ette（明天、次日）与朝鲜语 itʰil（이틀；两天、第二天）相似。

撒拉语 getɕe（昨天）与朝鲜语 gitɕe（그제<sup>①</sup>；喘吁吁地）相似。

撒拉语 ɣaŋ（权、权力、权利、职权）与朝鲜语 gaŋ-（강하다；强、有力）相似。

撒拉语 jaɣ（油）与朝鲜语 jak（약；药）相似。

撒拉语 jaɣri（肩膀）与朝鲜语 jəpguri（옆구리；胁下）相似。

撒拉语 jahrax（叶子）与朝鲜语 ippʰuragi（잎푸라기；叶子）相似。

撒拉语 kama（标准、规格、尺寸）与朝鲜语 gamani（가마니；草包、草袋子）相似。

撒拉语 mal（牲畜）与朝鲜语 mal（말；马）相似。

撒拉语 mohgin（便所、厕所、茅厕）与朝鲜语 mokgan（목간；浴室、洗澡间）相似。

撒拉语 muz（冰）与朝鲜语 mul（물；水）相似。笔者认为撒拉语 jaɣ-mul（雨水）的 mul 与朝鲜语 mul（水）有关。

---

① 朝鲜语 gitɕe（그제；前天）是朝鲜语 gitɕəg'e（그저께；前天）的韩国方言。

撒拉语 purun（鼻子、鼻涕）与朝鲜语 gop'ul<sup>①</sup>（고뿔；感冒）相似。

撒拉语 qoŋar（铃铛）与朝鲜语 kʰoŋal（콩알；豆粒）相似。

撒拉语 sir（铁丝）与朝鲜语 sil（실；丝）相似。

撒拉语 tɕʰoɣan（碱）与朝鲜语 soɡɨm（소금；盐）相似。

撒拉语 tɕʰøp（草）与朝鲜语 tɕip（짚；稻草）相似。

撒拉语 tɕʰuɡu-lɨx（筷笼）与 tɕət ɡalak（젓가락；筷子）相似。

撒拉语 tɕʰɨrɨx（腐朽的、腐烂物）与 tɕili-n-næ<sup>②</sup>（지린내；溺臊味）的 tɕili- 相似。朝鲜语 tɕili-n-næ 的 -n 是动名词附加成分，næ 是气味（næmsæ 냄새）的意思。所以 tɕili-n-næ 是一种腐烂的气味。

### 2. 汉语借词

撒拉语和朝鲜语在历史上通过不同路径越来越汉语化了。撒拉语中汉语借词多达 20%，朝鲜语中汉语借词多达 70%。撒拉语有些汉语借词与朝鲜语发音十分相似。参见表 10。

表 10　撒拉语和朝鲜语的共同借词

| 汉译 | 撒拉语 | 朝鲜语 | 朝鲜语拼写 |
| --- | --- | --- | --- |
| 班长 | banzhaŋ | bantɕaŋ | 반장 |
| 榜 | baŋ | baŋ | 방 |
| 部 | bu | bu | 부 |
| 大将 | datɕiaŋ | dætɕaŋ | 대장 |
| 道理 | doli | doli | 도리 |
| 副馆长 | fuɡuantɕaŋ | buɡwantɕaŋ | 부관장 |
| 熨斗 | jindu | jindu | 인두 |
| 幼儿园 | ju erjuan | ju awen | 유아원 |
| 马褂 | maɡuazi | maɡotɕa | 마고자 |
| 批判 | pipan | bipʰan | 비판 |
| 砂糖 | ʃatʰaŋ | satʰaŋ | 사탕 |

---

① 笔者认为：朝鲜语 ɡ op'ul = ɡ o（고；同 kʰo；鼻子）+ p'ur（뿔；鼻涕；相当于撒拉语 purun）。

② 朝鲜语 tɕili n-næ 的 næ 是气味（næmsæ 냄새）的意思。

续表 10

| 汉译 | 撒拉语 | 朝鲜语 | 朝鲜语拼写 |
|------|--------|--------|------------|
| 毛巾 | ʃuɡun | suɡən | 수건 |
| 水路 | ʃulu | sulo | 수로 |
| 茶 | tɕʰa | tɕʰa | 차 |
| 质量 | tʂilian | tɕillian | 질량 |
| 政府 | tʂinfu | tɕəŋbu | 정부 |

### 3.名词分类

撒拉语名词和朝鲜语的名词特点大致相同。撒拉语和朝鲜语的名词与印欧语系语言名词的特征有较多不同。印欧语系的名词具有个体名词、集体名词、物质名词、抽象名词等区分。撒拉语和朝鲜语中的名词可以区分，但是与印欧语系的名词语法不同。

### 4.说法

撒拉语在口袋这个词后附加 -tɕi（人）意为小偷。朝鲜语中也有同样的说法。撒拉语 jentɕux( 口袋、衣袋 )相当于朝鲜语 tɕuməni( 주머니 ;口袋 )。撒拉语 jentɕux-tɕi（小偷、扒手、掏腰包的人）相当于朝鲜语 somæ-tɕʰiɡi（소매치기、도둑 ;掏腰包的人 )。朝鲜语 -tɕʰiɡi 一般认为 -tɕʰiɡi 是 tɕʰi-（치다 ;打）的名词派生词。但是笔者认为 -tɕʰiɡi 是一种 -tɕæŋi（쟁이 ;人）的变形。撒拉语 -tɕi 位于口袋之后意为小偷。朝鲜语相当于撒拉语 -tɕi 的 -tɕʰiɡi 位于袖子之后意为小偷。从表面上看上两者的成词方式不一样。但是我们需要了解在韩国旧时把东西放在袖子里当成口袋。小偷因把袖子里的东西偷偷地偷走，而称为 somæ-tɕʰiɡi。所以我们可以说撒拉语 jentɕux-tɕi 和朝鲜语 somæ-tɕʰiɡi 的构词方法十分相似。

### 5.向格形态

撒拉语的向格形态有 -a、-e、-ɣa、-ɣe、-qa 等。撒拉语和朝鲜语名词

的向格形态有一些相似之处。尤其是撒拉语向格 –e、–ɣe 与朝鲜语向格 –e（에）、g'e（께）的发音十分相似，而且其语法意义及句子上的运用方式也是一样的。例如：

撒拉语：silaŋ-a          var.

         西宁 - 向格        走

朝鲜语：siniŋ-e          ga-da.

         西宁 - 向格        走 - 谓语词缀

汉　译：向西宁走。


撒拉语：u      bala[1]-ni       jouərɟuen-e     uzat      jet-ər-tɕi.[2]

         她   孩子 - 宾格     幼儿园 - 向格    送     到 - 使动 - 过去时

朝鲜语：ginjə-nin    adil-il      juawen-e          bonæ-t-tɕi.

         她 - 主格   孩子 - 宾格    幼儿园 - 向格    送 - 过去词尾 - 陈述词尾

汉　译：她把孩子送到了幼儿园。

## 6. 工具格形态

撒拉语名词的工具格形态 -la 与朝鲜语的工具格形态 -lo 十分相似。例如：

撒拉语：qatɕʰi-la            bøz         qatɕʰila.

         剪刀 - 工具格        布         剪

朝鲜语：gase-lo        botɕagi-lil      tɕali-da.

         剪刀 - 工具格     包袱皮儿 - 宾格      剪

汉　译：用剪刀剪布。

工具是实施某行为的物体，或某事情发生的方式。[3] 撒拉语的工具标记用工具格来表达。[4] 而且抽象名词也可用工具格来表达。此处与朝鲜语

---

① 撒拉语 bala 与日语 warabe（儿童；わらべ）有关。

② 马伟 . 撒拉语 366 句会话句 [M]. 北京：社会科学文献出版社，2015:83.

③ 马伟 . 撒拉语形态研究 [M]. 北京：中国社会科学出版社，2015:28.

④ 撒拉语的伴随者（指和施事同时进行某种动作行为的对象）也用工具格来表达。

相同。例如：

撒拉语：ala gøz-la　　　　uʃir.

　　　　另眼 - 工具　　　　看

朝鲜语：dali-n　　　nun-(ɨ)lo　　　　bo-da.

　　　　另 - 形动　　　眼 - 工具　　　看 - 谓语词缀

汉　译：另眼看待。

7. 共同格形态

撒拉语 -tɕila 位于名词之后，表示等同格的形态成分，同 -kʰa、kʰama、-tɕa。撒拉语 -tɕila 与朝鲜语 -tɕʰələm（처럼）相似。朝鲜语 -tɕʰələm 接在名词后，用一种事物的样态或动作表现其程度，是"像……那样"之意，同撒拉语 -kʰa。例如：

朝鲜语：xjəŋ　　　doŋsæŋ-tɕʰələm　　　gak'ap-d'a.

　　　　哥哥　　　弟弟 - 比较格　　　　近 - 谓格

撒拉语：gaga　　　　　　ini-ka　　　　jaxɨn.

　　　　哥哥　　　弟弟 - 比较格　　　　近

汉　译：像兄弟一样亲近。

撒拉语 -tɕila 与朝鲜语 -tɕʰələm 的语法功能相似以外，他们的发音也相似——两者都带着共同辅音 tɕ（tɕʰ）和 l。

8. 撒拉语 -tɕin 和朝鲜语 -tɕæŋi

撒拉语 -tɕin 的语法意义与朝鲜语 -tɕæŋi 十分相似。例如：

撒拉语：dombax（故事）+-tɕin = dombax tɕin（爱讲故事的人）

朝鲜语：jijagi（故事）+-tɕæŋi = jijagi tɕæŋi（爱讲故事的人）

撒拉语：ossirax（屁）+-tɕin = ossirax tɕin（爱放屁者）

朝鲜语：baŋgwi（屁）+-tɕæŋi = baŋgwi tɕæŋi（爱放屁者）

撒拉语：jalɣan（谎言）+ -tɕin = jalɣan tɕin（骗人的）

朝鲜语：gətɕitmal（谎言）+-tɕæŋi = gətɕitmal tɕæŋi（骗人的）

9. 复数形态

朝鲜语的复数形态标记是 "-dɨl"，其功能与撒拉语中的用法十分相似。例如：

撒拉语：gølex（牛）+ -lər = gølexlər（＊牛们）

撒拉语：jumutʰa（鸡蛋）+ -lar = jumutʰa lar（＊鸡蛋们）

朝鲜语：so（牛）+ -dɨl = sodɨl（＊牛们）

朝鲜语 gjelan（鸡蛋）+ -dɨl = gjelandɨl（＊鸡蛋们）

在汉语中 "鸡蛋们" "牛们" 是不成立的，但是在朝鲜语与撒拉语中成立。此外，撒拉语和朝鲜语都可以位于抽象名词之后，使用复数。例如：

撒拉语：heme          kuʃ-lar-ni          bir          jer-e          qoʃ-.

　　　　所有　　力量 - 复数 - 宾格　　一　　地方 - 向格　　合并

朝鲜语：modɨn          xim-dɨl-il          xan          gos-e          moi-da.

　　　　所有　力量 – 复数 – 宾格　　一　　地方 – 向格　　合并 – 谓语词缀

汉　译：把所有的力量（们＊）合并到一起。

10. 构成复合名词的方式

两个名词结合后构成新词的方法称为合成法。我们把这种合成法的终端词汇叫做复合名词。复合名词的形态有两种："名词 + 名词" 和 "名词 + 形态 + 名词"。其中的 "名词 + 名词" 也可以表示为 "名词 + 无形态 + 名词"。无形态意为不附加形态成分，就是不附加任何成分。撒拉语词汇中的 "名词 + 无形态 + 名词" 形式，以两个不同名词来组成的词组形式跟朝鲜语同样较多。不使用形态，同一名词类互相直接结合而构成。例如：

撒拉语：tʰox（鸡）+ qʰanat（翅膀）= tʰox qʰanat（鸡翅）

朝鲜语：tak（鸡）+ nalgæ（翅膀）= tak nalgæ（鸡翅）

撒拉语在 tʰox（鸡）和 qʰanat（翅膀）之间可以附加领属助词 "-niɣi"。朝鲜语也一样 tak（鸡）和 nalgæ（翅膀）之间可以附加名词的领格形态 "-ɰi"。有意思的是 qʰanat（翅膀）的日语是 "羽（はね）xane"。qʰanat 会有如下语言演变过程：

qʰanat→*hanat→*xana→xane

撒拉语的名词在跟不同名词结合时的代表形态是 -niɣi。-niɣi 相当于朝鲜语的 -ɯi、汉语的"的"。-niɣi 和 -ɯi 的其语法意义和交代方式完全一样。例如：

撒拉语：abaitɕa（父母）+ -niɣi + gerdən（义务）= abaitɕa-niɣi gerdən（父母的义务）

朝鲜语：abətɕi（父）+ -ɯi + gjəld'an（决断）= abətɕi-ɯi gjəld'an（아버지의결단；父母的决断）

另外，撒拉语的"名词 +-tɕin"形式是阿尔泰语系的语言中的共同特征之一。尤其是与日语的 -tɕin（人；じん），其语法意义及交代方式与撒拉语十分相似。撒拉语 -tɕin 的终端成分大部分属于贬义词，但是日语 -tɕin 的终端成分褒贬兼有。

11. -tɕi、-tɕʰi 结尾的名词

朝鲜语当中 -tɕi、-tɕʰi 结尾的名词较多，但其起源不详也较多。G·J·兰司铁提到如题：这种词尾原初可能仅具有"使……精确"的性质，但早在其历史发展的初期就已经只有标志的作用。[①] 笔者认为以下的一些朝鲜语如此，而且与撒拉语的连贯性较强。例如：

abə-tɕi（아버지；爸爸）、gaŋa-tɕi（강아지；小狗）、soŋa-tɕi（송아지；小牛）、maŋa-tɕi（망아지；小马驹）、dwe-tɕi（돼지；猪）、gol-tɕʰi（골치；脑袋）、tɕan-tɕʰi（잔치；宴会）、gim-tɕʰi（김치；泡菜），等等。

12. 前加成分

固有撒拉语和朝鲜语中没有前加成分。维吾尔语和撒拉语一样，都是中国突厥语系语言。但是，维吾尔语有前加成分，撒拉语却没有前加成分。例如：

维吾尔语：bi- + ɛdɛp（礼貌）= bi-ɛdɛp（不礼貌）[②]

---

① G·J·兰司铁．阿尔泰语言学导论 [M]．北京：中国社会科学出版社，1981:278.

② 努尔别克．中国突厥语族语言词汇集 [M]．北京：民族出版社，1990:463.

撒拉语：edeb（礼貌）+ yox-ma-ğan（不礼貌的）

朝鲜语：jeʉi（礼貌）+ əp-nɨn = jeji əp-nɨn（예의 없는；不礼貌的）

朝鲜语中虽然有前加成分，但是都是汉语借词。固有朝鲜语中并没有前加成分。

13. 宾格形态的省略

撒拉语宾格形态 -ni 和朝鲜语宾格形态 -lɨl 在句子中都能省略，意思上没有变化。例如：

撒拉语：baʃ（头）+ -ni（宾格形态）+ silɣe-（甩）= baʃ silɣe（甩头）

朝鲜语：məli（头）+ -lɨl（宾格形态）+ xʉndʉl-（甩）= məli xʉndʉl-（甩头）


## （二）代词的形态共同之处

### 1. 词汇

撒拉语和朝鲜语中的一些名代词发音相似，但是不一定是同源词。参见表 11。

表 11　撒拉语和朝鲜语的相似代词

| 汉译 | 撒拉语 | 朝鲜语 | 朝鲜语拼写 |
| --- | --- | --- | --- |
| 那个 | tɕiuɣʉ | tɕəgə | 저거 |
| 他 | u | gɨ | 그 |

还有，撒拉语 eliɣi[①]（这么）与朝鲜语 iləgi（이러기；这样）相似。

撒拉语 u-lar（他们）与朝鲜语 uli（우리；我们）相似。

此外，撒拉语 sen（你）与朝鲜语 sənsæŋ-nim（선생님；老师）有关，sənsæŋ-nim 与日语 sensei（せんせい；老师）有关（见表 12）。朝鲜语中习惯称呼别人为 sənsæŋ-nim（선생님；先生），此时 sənsæŋ–nim 没有老师之意，只有第二人称代词之意。

---

① 撒拉语 eliɣi 多用于否定。朝鲜语中的例子：nə ilə gɨ ja!（너 이러기야!；你不要这样做啊！）

表 12　中日朝"老师"的语义分析表

| 区分 | 中国 | 朝鲜语 | 日语 |
| --- | --- | --- | --- |
| 老师之意 | ＋ | ＋ | ＋ |
| 二人称代词之意 | － | ＋ | － |

2.构词法

撒拉语和朝鲜语的代词都能出现在主语、宾语、定语、状语的位置上。撒拉语中有关代词的构词法与朝鲜语的十分相似。比如，撒拉语 –da、–de①位于指示代词、疑问代词等之后，表示场合，相当于朝鲜语 -ese（에서）。例如：

撒拉语：an（那儿）＋ da = an-da（在那里、在那儿、在那边）

朝鲜语：tɕəgi（那儿）＋ -esə = tɕəgi-esə（在那里、在那儿、在那边）

撒拉语：qa（哪儿、何处）＋ -da = qa-da（在哪儿）

朝鲜语：ədi（哪儿、何处）＋ -esə = ədi-esə（在哪儿）

撒拉语：mun-da（在这里）

朝鲜语：jəgi-ese（在这里）

3.代词与名词直接结合

撒拉语的代词与名词构词（代词＋名词）时，可以直接结合，不需要量词与助词。这类词中,从属词起指示、疑问等作用。②此点与朝鲜语相同。例如：

撒拉语：bu（这）＋ kitap（书）= bu kitap（这本书）

朝鲜语：i（这）＋ tɕʰæk（书）= i tɕʰæk（这本书）

撒拉语：naŋ（什么）＋ armut（梨）= naŋ armut（什么梨）

朝鲜语：əd'ən③（什么）＋ jəlmæ（果实）= əd'ən jəlmæ（什么果实）

---

① 撒拉语位格词缀形态 –de 的语法意义及交代的方式与日语 –de（で）十分相似。例如: doko（どこ；哪里）＋ -de（で；在）= koko-de（どこで；在哪里）。

② 韩建业 . 撒拉语词组和句子的结构方式 [J]. 青海民族研究，1990(2):60.

③ 朝鲜语 əd'ən（어떤；什么）的词类在韩国学界称为冠形词。

## 4. 代词零形态形式

撒拉语和朝鲜语的代词和名词连接时，有两种形态形式：代词 + 形态 + 名词；代词 + 零形态① + 名词。撒拉语和朝鲜语中的"代词 + 零形态 + 名词"形式较多，"代词 + 无形态 + 名词"形式也不少。例如：

撒拉语：nehtɕe（疑问代词、几）+ gun（日）= nehtɕe gun（几天）

朝鲜语：mjət（疑问代词、几）+ nal（日）= mjət nal（几天）

## 5. 内部屈折现象

复数后缀形态（撒拉语 -lar、-lər 和朝鲜语 -dɨl（들））与代词结合时发生代词内部屈折现象。例如：

撒拉语：sen（你）+ -ler = seler（你们）

朝鲜语：nə（我）+ -dɨl = nəxi-dɨl（你们）、*nədɨl

## 6. 疑问代词复数形式

撒拉语和朝鲜语的疑问代词共同能带复数形式。例如：

撒拉语：kem（谁）+ -ler = kem-ler（* 谁们）

朝鲜语：nugu（谁）+ -dɨl = nugu-dɨl（누구들；* 谁们）

撒拉语：naŋ（什么）+ -lar = naŋ-lar（* 什么们）

朝鲜语：muət（什么）+ -dɨl = muət-dɨl（무엇들；* 什么们）

撒拉语：qala（向哪儿）+ -lar = qala-lar（* 向哪儿们）

朝鲜语：ədilo（向哪儿）+ -dɨl = ədilo-dɨl（어디로들；* 向哪儿们）

撒拉语：qada（在哪儿）+ -lar = qada-lar（* 在哪儿们）

朝鲜语：ədie（在哪儿）+ -dɨl = ədie-dɨl（어디에들；* 在哪儿们）

撒拉语：qajsɨ（哪个）+ -lar = qajsɨ-lar（* 哪个们）

朝鲜语：əni-gət（哪个）+ -dɨl = əni-gət-dɨl（어느것들；* 哪个们）

---

① 零形态指的是没有专门词缀标记的形态。

撒拉语：qatɕʰaŋ①（何时）+ -lar = qatɕʰaŋ-lar（＊何时们）②

朝鲜语：əntɕe（何时）+ -dɨl = əntɕe-dɨl（언제들；＊何时们）

## 7. 指示代词复数形式

撒拉语和朝鲜语的指示代词共同能带复数形态。例如：

撒拉语：bu（这）+ –lar = bu-lar（这些、＊这些们）

朝鲜语：i（这）+ -dɨl = i-dɨl（这些、＊这些们）

## 8. 相互代词

撒拉语中有由数词重叠形式接领属词缀来构成的相互代词。朝鲜语中也有这种构词法。但是，朝鲜语中的其终端成分是副词。例如：

撒拉语：bər（一）+ bər（一）+ -ə（形态成分）= bər-bər-ə③（互相）

朝鲜语：il（一）+ il（一）+ -i（形态成分）= il-il-i（일일이；一个一个地）

## 9. 疑问代词的来源

撒拉语疑问代词 netɕʰe（多少）、neɣe（为什么）、nitɕʰʉx（怎样）、nitɕʰʉxli（怎样）、netɕʰintɕi（第几）等都与 naŋ（什么）相关。naŋ 在 11 世纪成书的《突厥语词典》，还有在古代突厥语中都为 nä，其意义为"什么"。④所以这些疑问代词应该来源于此：

netɕʰe（多少）= nä（什么）+ -tɕʰe（同等格）

neɣe（为什么）= nä（什么）+ -ɣe（向格）

nitɕʰʉx（怎样）= nä（什么）+ -tɕʰʉx（同等格）

nitɕʰʉxli（怎样）= nä（什么）+ -tɕʰʉx（同等格）+ -li（词缀）

netɕʰintɕi（第几）= netɕʰe（多少）+ -ntɕi（序数词词缀）

相反，朝鲜语疑问代词除了 mjətbəntɕe'æ（몇번째;第几）以外，əlma（얼

---

① 撒拉语中表示时间的疑问词有 qatɕʰaŋ、qahal、qajax 等。

② 当表示时间的撒拉语疑问代词附加有复数词缀时，表示提问者对时间的具体内容不清楚，而用复数形式表达一个大概的范围。朝鲜语疑问代词也如此。

③ 例子：bər–bərə baŋnaʃ.（互相帮助。）

④ 马伟. 撒拉语形态研究 [M]. 北京：中国社会科学出版社，2015:98.

마 ; 多少 )、wæ ( 왜 ; 为什么 )、əd'ətkʰe ( 어떻게 ; 怎样 ) 都与 muət ( 무엇 ; 什么 ) 不相关。但是朝鲜语人称代词 amu ( 아무 ; 谁、某 ) 与撒拉语 naŋ ( 什么 ) 一样，以相同方法来构词。例如 :

amu-lædo ( 아무래도 ; 不管怎样 ) = amu ( 什么 ) +-lædo[①]

amu-li ( 아무리 ; 怎么也 ) = amu ( 什么 ) + -li ( 词缀 )

amu-tɕ'olok ( 아무쪼록 ; 千万、尽可能 ) = amu ( 什么 ) + -tɕ'olok ( 词缀 )

amu-tʰin ( 아무튼 ; 反正、无论如何 ) = amu ( 什么 ) + -tʰin ( 词缀 )

amu-tʰintɕi ( 아무튼지 ; 什么 ) = amu ( 什么 ) + -tʰintɕi ( 词缀 )

上述例子使用的词缀来源不详，但是笔者认为一定与撒拉语或阿尔泰语系语言有关。此外，朝鲜语中的这种来源的词汇较多。例如 : amu-lən ( 아무런 ; 任何 )、名词 : amu-gæ ( 아무개 ; 某 )、amu-gət ( 아무것 ; 什么 )、amu-tɕ'ak ( 아무짝 ; 哪方面 )、副词 : amu-ləmjən ( 아무러면 ; 难道 )、amu-ljəna ( 아무려나 ; 可以 )、amu-ljəni ( 아무려니 ; 难道 )、amu-ljəmjən ( 아무려면 ; 可不、当然 )、amul-jəm ( 아무렴 ; 可不、当然 )，等等。

有趣的是，朝鲜语 amu 与青海西宁地区的方言十分相似。例如 : amə̃-tɕy ( 怎么做 )、amə̃-tɕia ( 怎么能 )、amə̃-kə[②] ( 怎么样也 )、amə̃-liɔ ( 干什么、怎么样 )、amə̃-pã[③] ( 怎么办 ) 等。[④] 这些语言现象的起源需待进一步研究。

## 10. 疑问代词的重叠

撒拉语和朝鲜语中都有疑问代词的重叠使用说法。句子中表达复数意义，其运用方法十分相似。此时，朝鲜语中的向格 –lo 能被省略。例如 :

撒拉语 : u　　naŋ　　naŋ　　　　iʃ-gen-i-nɨ　　　　sumurla-ba(r).

　　　他　什么　什么　喝 - 形动 -3 属人称 - 宾格　想 - 进行体

朝鲜语 : gɨ-nɨn　　muət　muət　masi-ət-nintɕi-lil　　sæŋgakxa-goit-da.

---

① 朝鲜语 –lædo : la g oxædo ( 라고해도 ; 把……叫也 ) 的缩略语。

② amə̃-kə 是根据国际音标来标注的，根据本论文拼写符号标注为 aməŋ- g ə。

③ amə̃-pã 是根据国际音标来标注的，根据本论文拼写符号标注为 aməŋ-ba。

④ 李荣 . 西宁方言词典 [M]. 南京 : 江苏教育出版社 .1994:52.

他 - 主格　什么　什么　　喝 - 过去时 - 形动 - 宾格 想 - 进行体 - 词尾词缀

汉　译：他在想他喝了什么（东西）。①

撒拉语：u　　　qa-la　　　　qa-la　　　var-ɣan-i-ni　　　unat-miʃ.

　　　　他　哪儿 - 向格　哪儿 - 向格　去 - 形动 -3 属人称 - 宾格　忘记 - 过去时

朝鲜语：gi-nin　ədi-lo　　　ədi-lo　　　　ga-at-ninʨi-lil　　iʨe-ət-da.

　　　　他 - 主格　哪儿 - 向格　哪儿 – 向格　　去 – 过去时 – 形动 – 宾格

忘记 – 过去时 – 词尾词缀

汉　译：他忘了去过什么地方。②

## （三）动词的形态共同之处

### 1. 词汇

撒拉语和朝鲜语的有些动词发音相似，但是不一定是同源词。参考表 13。

**表 13　撒拉语和朝鲜语的相似动词**

| 汉译 | 撒拉语 | 朝鲜语 | 朝鲜语拼写 |
| --- | --- | --- | --- |
| 看 | be-③ | bo-(da) | 보다벌다 |
| 空 | be- | bi-④(da) | 비다 |
| 折断 | buda- | bulə-d'ili(da) | 부러뜨리다 |
| 破坏 | buz- | busu-(da) | 부수다 |
| 结、缠 | dorla- | dolla-mæ(da) | 돌라매다 |
| 打 | døj | d'æli-(da) | 때리 – |
| 阴 | dum | ədup-(da)⑤ | 어둠 |
| 吹 | fur-① | bul-(da) | 불다 |

① 马伟. 撒拉语形态研究 [M]. 北京：中国社会科学出版社，2015:97.

② 马伟. 撒拉语形态研究 [M]. 北京：中国社会科学出版社，2015:97.

③ 撒拉语 "be, muni men alɣidər." 译为 "看，这是我买的。其中的 be 相当于朝鲜语 bo（看），一般说 bwa。bwa= bo（看）+ -a（命令格）。

④ 朝鲜语 bi- 与撒拉语 boʃ（空的）也有关。

⑤ 朝鲜语 ədup-(da) 名词性是 ədum（어둠；黑暗），与撒拉语 dum 更相似。

续表 13

| 汉译 | 撒拉语 | 朝鲜语 | 朝鲜语拼写 |
|---|---|---|---|
| 分开 | garla- | garli-(da) | 갈르다 |
| 反刍 | kʰoʃ | gops'ip-(da) | 곱씹다 |
| 是 | ider | ida | 이다 |
| 是 | iira | ira | 이라② |
| 搔痒 | gitɕi | gantɕiri-(da) | 간지르다 |
| 缠绕 | jørɣe | jək-(da) | 엮다 |
| 上 | ori- | ori-(da) | 오르다 |
| 读 | oxa- | ikx-(da) | 읽다 |
| 刮 | qir-③ | k'ir-(da) | 긁다 |
| 以……看待 | sam- | sam-(da) | 삼다 |
| 扫、清扫、打扫 | suɾ-④ | s'ir-(da) | 쓸다 |
| 宰，屠宰 | tɕari- | tɕari-(da) | 자르다（切） |
| 蹲 | tɕiuɣi- | tɕ'ugiri-(da) | 쭈그리다 |
| 砍、劈 | tɕʰat- | tɕ'ali-(da) | 자르다 |
| 加中 | tɕʰida- | tɕʰidat-(da) | 치닫다 |
| 吐 | tuxuɾ- | toxa-(da) | 토하다 |
| 吵闹 | zaqara- | sig'rəp-(da) | 시끄럽다 |
| 强迫 | zorla- | tɕori-(da) | 조르다 |

---

① 例子：撒拉语 ot fur（吹火）、撒拉语 jel fur（刮风）。

② 朝鲜语 ira 是朝鲜语 ida（이다；是）的古语。

③ 例子：撒拉语 juz qir（刮脸）、撒拉语 saɣal qir（刮胡子）、撒拉语 tʰurma qir（刮萝卜皮）。

④ 撒拉语 suɾ- 的名词形 suɾ-lex（垃圾）与朝鲜语 sire- gi（쓰레기；垃圾）相似。

还有，撒拉语 amurax-（喜欢）与朝鲜语 amurəxke-（아무렇게 ; 随便）相似。

撒拉语 baʃqa（别的、另外）与朝鲜语 bag'at（바깥 ; 外边、外面）相似。

撒拉语 bili-（磨）与朝鲜语 bil-（빌다 ; 祈求）相似。

撒拉语 boğla-（煮、蒸）与朝鲜语 bogɨlgəli-（보글거리다 ; 咕嘟咕嘟地响）相似。

撒拉语 budax（树枝）和 buɣu（鹿）与朝鲜语 p'udaguni（뿌다구니 ; 角）相似。

撒拉语 dam-（滴）与朝鲜语 d'am（땀 ; 汗水）相似。

撒拉语 dat-（拉、牵引）与朝鲜语 daŋgi-①（당기다 ; 拉、牵引）相似。

撒拉语 di-（说）与朝鲜语 d'ə-dɨlda（떠들다 ; 喧哗）相似。

撒拉语 dol-（满、坐满）与朝鲜语 dol-（돌다 ; 转）相似。撒拉语 dol- 还有时间、年龄满的意思。意为年龄满的撒拉语 dol- 相当于朝鲜语 dol（돌 ; 周岁）。

撒拉语 døj-（吃饱）与朝鲜语 dwæ-tɕi（돼지 ; 猪）有关。

撒拉语 ele-（筛）与朝鲜语 ele（얼레 ; 缠线工具）相似。

撒拉语 ele-bele（来回）与朝鲜语 xəlle-bəld'ək（헐레벌떡 ; 喘吁吁地）相似。

撒拉语 girdir-（使进入）与朝鲜语 girdir-（길들다 ; 习惯、熟练）相似。

撒拉语 kes-（割、切、砍）与朝鲜语 k'esu-（께수다 ; 打破）相似。

撒拉语 pat-（容纳得下）与朝鲜语 bat-（받다 ; 收到）相似。

撒拉语 piʃde（写）与朝鲜语 but（붓 : 毛笔）相似。

撒拉语 qir-（刮）与朝鲜语 g'ɨl（끌 ; 凿子）相似。

撒拉语 qola-（追、追赶）与朝鲜语 g'ɨl-（끌다 ; 赶、引起）相似。

---

① 笔者认为朝鲜语 daŋ g i- 与朝鲜语 dari- 同一个词。例如：tɕul（줄 ; 绳子）+ dari-（다리 ; 牵引）+ g i（기 ; 词缀）= tɕul dari- g i（줄다리기 ; 拔河）

撒拉语 sam①（以……看待）与朝鲜语 sam-（삼다；当作、以 …… 为 ……）相似。

撒拉语 so-（变凉、变冷）与朝鲜语 sənil（서늘；凉快）相似。

撒拉语 sun-（断、折、碎）与朝鲜语 s'əl-（썰다；切）相似。

撒拉语 tɕaŋnan-（论证）与朝鲜语 tɕaŋnan（장난；顽皮、淘气）相似。

撒拉语 tɕari- 与朝鲜语 tɕari-（자르다；切、剪、截断）相似。

撒拉语 tɕʰile-（咬）与朝鲜语 tɕ'ili-（찌르다；刺、扎）相似。

撒拉语 tɕʰɹr-（腐烂）与朝鲜语 tɕəl-（절다；刺、扎）相似。

撒拉语 tɕʰile-（咬、啃、叮）与朝鲜语 tɕʰili-（찌르다；刺、扎）相似。

此外，笔者认为撒拉语连词 di（和）与朝鲜语动词 də-xada（더하다；加）有关，撒拉语 bar-（同 var；去）与朝鲜语 bar（발；脚）有关。另外，撒拉语 gel（来）与日语 kʰur-（くる；来）相似。撒拉语 gi-（穿）与日语 kʰi-（きる；穿）相似。

## 2. 使动态构词方式

撒拉语和朝鲜语都有在动词的词干后附加有关使动态的形态来起语法作用的形式。例如：

撒拉语：-ar、-at、-der、-dər、-dɹr、-dur、-ər、-ət、-er、-ir、-t、-ter 等。

朝鲜语：-dorok、-gu、-gi、-i、-li、-tɕʰu、-u、-xi 等。

其中，朝鲜语 -dorok 和撒拉语 -der、-dər、-dɹr、-dur 的发音很相似。撒拉语使动态的构词方式与朝鲜语使动态的构词方式十分相同。

## 3. 过去时

撒拉语动词的过去时形态主要有 -tɕi 和 -miʃ；朝鲜语的过去时形态主要有 -at 和 -ət。例如：

| 撒拉语：ap | bar-tɕi | | 撒拉语：ap | gel-tɕi |
|---|---|---|---|---|
| 拿 | 走 – 过去时 | | 拿 | 来 – 过去时 |

---

① 例子：u kiʃ sam–da joxa.（他不算人。）

朝鲜语：gatɕi-go    ga-at-da    朝鲜语：gatɕi-go    o-at-da

拿 - 副动    走 - 过去时 - 谓语词缀    拿 - 副动    来 - 过去时 - 谓语词缀

汉    译：拿走了。              汉    译：拿来了。

4. 动词的状语连词

动词的状语连词是指在两个以上的不同动词的前一个动词词干之后附加一些形态成分（比如：撒拉语 -da、-me 等）起副词的作用，修饰后面的动词。例如：

撒拉语：al-（买）+ -da + var-（走）= al-da var.（买走）

动词的状语连词是撒拉语和朝鲜语的共同之处。例如：

撒拉语：øjlɯ-lɯx          iʃ-me              var-ʧi.

          午饭          吃 - 副动      去 - 过去时

朝鲜语：tɕəmsim          mek-iro          ga-t-da.

          午饭          吃 – 副动      去 – 过去时 – 谓语词缀

汉    译：吃午饭去了。

5. 合成动词

撒拉语和朝鲜语的一个句子中两个以上动词构成时通常使用形态。但是，撒拉语和朝鲜语共有两个动词以无形态而构成的合成动词。例如：

撒拉语：ap（拿）+ bar（走）= ap–bar（拿走）

朝鲜语：o（来）+ ɡada（走）= o– ɡada（来往）

## （四）形容词的形态共同之处

1. 词汇

撒拉语和朝鲜语中的一些形容词发音相似，但是不一定是同源词。撒拉语和朝鲜语中发音和意义相似的形容词如表 14 所示。

表 14　撒拉语和朝鲜语的相似形容词

| 汉译 | 撒拉语 | 朝鲜语 | 朝鲜语拼写 |
|---|---|---|---|
| 白 | ax | xi-(da) | 희다 |
| 空的 | be | bi-(da) | 비다 |
| 甜的 | dahli | dal-(da) | 달다 |
| 钝的 | dombax | tʰubakxa-(da) | 투박하다 |
| 早 | er | iri-(da) | 이르다 |
| 旧的 | esgi | jes | 옛 |
| 宽大的 | kʰon | kʰin[①] | 큰 |
| 真正的 | tɕiŋ | tɕəŋ[②] | 정 |
| 客气 | tɕʰam | tɕʰam-(xada) | 참하다 |
| 潮湿 | tɕʰix | tɕʰuk tɕʰuk-(xada) | 축축하다 |
| 小的 | uʃax | tɕak-(da) | 작다 |

此外，撒拉语 ala（化的）与朝鲜语 allokxa-(da)（알록；벌다）相似。

撒拉语 bar（富裕）与朝鲜语 bər-（벌다；赚钱）相似。

撒拉语 dombax（钝的、不锋利的）与朝鲜语 tʰubak（투박；粗）相似。

撒拉语 emes-dər（没有）和 jox（没有）与朝鲜语 əp-da（없다；没有）相似。

撒拉语 gøx（蓝色）与朝鲜语 gon-sæk（곤색；蓝色）相似。朝鲜语 gon-sæk 的 gon 一般认为是从日语的借词。gon 意为深蓝色。但是，笔者认为朝鲜语 gon 与撒拉语 gøx 有关。朝鲜语 sæk 意为颜色，所以 gon-sæk 则是蓝色，是一种蓝与黑的过渡色、深蓝色，其色素和视觉感浅于黑。

撒拉语 ɣaŋlix（有权力的）与朝鲜语 gaŋljək-（；强大）相似。

撒拉语 jaxʃ（好）与朝鲜语 jəkʃ（역시；果真）相似。

撒拉语 kʰop（多）与朝鲜语 gop-（곱하다；加倍、乘于）相似。

撒拉语 sari（黄色）与朝鲜语 sar-sæk（살색；皮肤颜色）相似。朝鲜

---

① 朝鲜语形容词 kʰin（큰；大）的基本态是 kʰi-da（크다）。

② 例子：tɕəŋ + gim（金）= tɕəŋ gim（정금；真金）、tɕəŋ + mal（话）= tɕəŋ-mal（정말；真话）。

语 sar-sæk 的 sar 意为皮肤，sæk 意为颜色。所以 sar-sæk 意为皮肤颜色。使用朝鲜语的人民大部分认为皮肤颜色是黄色。所以，笔者认为朝鲜语 sar（皮肤）与撒拉语 sari（黄色）有关。

撒拉语 six（健康的、完整的）与朝鲜语 s'ək（쎅；非常）相似。

撒拉语 ʃundun（好）与朝鲜语 sunduŋi<sup>①</sup>（순둥이；乖乖）相似。

撒拉语 tɕa（假的、伪造的）与朝鲜语 gatɕ'a（가짜；假的、伪造的）相似。撒拉语 tɕa 可能是汉语借词。

撒拉语 xarɨ（老、变老）与朝鲜语 xal abətɕi（＊老爸爸、爷爷）的 xal（할；＊老）相似。

撒拉语 xaʃux（勺子）与朝鲜语 sut g alak<sup>②</sup>（勺子）的 sut（＊숟가락；勺子）相似。

**2. 定语位置**

所有的语言的定语位置是在名词周围。有的语言（汉语）位于名词之前，有的语言（藏语）位于名词之后。撒拉语和朝鲜语的定语位于名词之前，都位于被修饰词之前。

**3. 比较级**

形容词表示比较级时，撒拉语与朝鲜语同样，由表度量、程度的副词组合而成。例如：

撒拉语：u       daɣɨ              jahtɕuxlan-ar.

　　　她       更加              变美 - 现在时

朝鲜语：gɨ（njə）-nin    dəuk<sup>③</sup>         jep'ətɕi-ət-da.

　　　　她 - 主格       更加  变美 - 现在时 - 过去时 - 谓词词缀

汉　译：她变得更加美。

---

① 朝鲜语：sundun（乖）+ -i（人）= sundun-i（乖乖；相当于好人）撒拉语：ʃundun（好）+ kiʃ（人）= ʃundun kiʃ（好人）

② 朝鲜语 sut g alak 的 g alak 表示细长的东西。

③ 朝鲜语 dəuk（더욱；更加）与撒拉语 daɣɨ（更加）相似。

## （五）数词的形态共同之处

### 1. 词汇

撒拉语和朝鲜语的数词从表面上看同源词很少。但是，笔者认为还是有相似的部分。比如，撒拉语 er（早）与朝鲜语 il（一）有关。因为 il 是数字中最"早（er）"的。还有和 bər（一）也与朝鲜语 il（一）有关。

突厥语的基本数词从以手指示数法和肢体示数法为主转为口头语言示数法为主。因此，笔者认为撒拉语 el（手）与朝鲜语 jəl（十）有关。撒拉语 beʃ（五）与朝鲜语 baksu（박수；拍手）有关。因为手（el）一共有十（jəl）根手指头，所以朝鲜语 jəl（十）相当于撒拉语 on（十）。因为突厥语的基本数词从以手指示数法和肢体示数法为主转为口头语言示数法为主。[①] 此外，撒拉语 on（十）与朝鲜语 on（온；全部）有关。撒拉语 doqus（九）与朝鲜语 gu（구；九）相似。撒拉语 doqusan（九十）与朝鲜语 gusip（구십；九十）相似。

此外，撒拉语量词 dilim（块）与朝鲜语 d'əli（떨이；甩卖）相似，在韩国庆尚方言中说：d'əlimi 与撒拉语量词 dilim 更相似。撒拉语量词 gez（次、回、趟）与朝鲜语量词 ge（개；个）相似。

### 2. 十位数中的整位数词

撒拉语和朝鲜语数词的十位数中的整位数词的构成方式相同。在个位数词词根后接缀附加 - 形态。例如：

撒拉语：bər[②]（一）iʃgi（二）ʊʃ（三）døt（四）beʃ（五）

朝鲜语：il（一）i（二）sam（三）sa（四）o（五）

撒拉语：altɨ（六）jide（七）sekʰis（八）doqus（九）on（十）

朝鲜语：juk（六）tɕʰil（七）pʰal（八）gu（九）sip（十）

撒拉语：on bər（十一）on iʃgi（十二）on ʊʃ（十三）on døt（十四）

---

① 吴安其. 阿尔泰语的数词 [J]. 语言研究，2012，32(03):104.

② 撒拉语 bər 与朝鲜语 biroso（才、始；비로소）有关。笔者认为与 bərs'ə（벌써；早就，已经）也有关。

朝鲜语：sip il（十一）sip i（十二） sip sam（十三）sip sa（十四）

撒拉语：on beʃ（十五）on altɨ（十六）on jide（十七）on sekʰis（十八）

朝鲜语：sip o（十五）sip juk（十六）sip tɕʰil（十七）sip pʰal（十八）

撒拉语：on doqus（十九）jiɣirmə（二十）

朝鲜语：sip ɡu（十九） i sip（二十）

3. 朝鲜语数词中撒拉语数词的痕迹

朝鲜语数词中的三十、四十、五十、六十、七十、八十、九十都有两种说法。第一种是使用汉语借词的说法。比如：

sam-sip（삼십；三十）、sa-sip（사십；四十）、o-sip（오십；五十）、

juk-sip（육십；六十）、tɕʰil-sip（칠십；七十）、pʰal-sip（팔십；

八十）、ɡu-sip（구십；九十）。

另一种是使用朝鲜语固有数词的说法。比如：

səlin（서른；三十）、maxɨn（마흔；四十）、swin（쉰；五十）、

jesun（예순；六十）、ilɨn（이른；七十）、jədɨn（여든；八十）、

axɨn（아흔；九十）

我们可以看到在使用朝鲜语固有数词的说法中的结尾都以 in、ɨn、un 结束。in、ɨn、un 都与撒拉语 on（十）相似。笔者认为 in、ɨn、un[①] 是撒拉语 on 的演变形式。例如：

朝鲜语 ilɨn（이른；七十）= 撒拉语 jide（七）+ 撒拉语 on（十）

笔者认为朝鲜语 ilɨn 的演变过程如下：

jide-on → jile-on → jil-on → il-in → ilɨn

4. 数词"零"

撒拉语中没有表示"零"的数词。朝鲜语"零"的数词是 jəŋ（零；영）。但是 jəŋ 是汉语借词。这种现象在满语中也不出现。笔者认为应该在原始朝鲜语中表示"零"的数词与撒拉语一样没有的。

---

① 《撒拉语结构》一书中将撒拉语的十位数"10"表为 un。

## 5.量词借词

撒拉语和朝鲜语有共同的量词,而且发音也一样,都是汉语借词。例如:

撒拉语：bər-tɕaŋ  xaxit        朝鲜语：xan tɕaŋ-ɯi        tɕoŋi

　　　　一　张　　纸　　　　　　　一　张 - 领格　　纸

此外,有一些撒拉语和朝鲜语的名词能当作量词。比如,撒拉语 arxa 本来是名词,是背、背部的意思。但是 arxa 可以作量词使用,是背架的份量、它所装的背架的数量。朝鲜语也有这种现象。例如:

撒拉语：bir  arxa  oden        朝鲜语：xan  tɕige  d'ælg'am

　　　　一　背　柴　　　　　　　　一　背夹　柴

汉　译：一背柴 *（柴驮子）   汉　译：一背夹柴 *（柴驮子）

## 6.序数词形态

撒拉语表示序数词的形态 -intɕi 与朝鲜语 -tɕ'æ 十分相似。例如:

撒拉语：uʃi（三）+ -intɕi = uʃi-intɕi（第三）

朝鲜语：se（三）+ -tɕ'æ = se-tɕ'æ（第三）

撒拉语：beʃ（五）+ -intɕi = beʃ-intɕi（第五）

朝鲜语：dasət（五）+ -tɕ'æ = dasət-tɕ'æ（第五）

## 7.词序

撒拉语的数词或量词词组与朝鲜语相同,数词位于被修饰的名词之后。此点与其他突厥语有别。例如:

撒拉语：men　　aʃ　uʃ　zanzi　　iʃ-tɕi.[①]

　　　　我　　面条　三　碗　　吃 - 过去时

朝鲜语：na　　mjən　se　gɨlit　　mək-ət-da.

　　　　我　　面条　三　碗　　吃 – 过去时 – 谓语词缀

汉　译：我吃了三碗面条。

---

① 米娜瓦尔·艾比布拉 . 撒拉语数词的特点及功能 [J]. 暨南学报 ( 哲学社会科学版 ), 2010, 147(4):105.

## （六）不变化词的共同之处

### 1. 词汇

撒拉语和朝鲜语的有一些不变化词的发音和词义十分相似，但是不一定是同源词。撒拉语和朝鲜语中发音和意思相似的形容词如表 15 所示：

表 15　撒拉语和朝鲜语的相似不变化词

| 汉译 | 撒拉语 | 朝鲜语 | 朝鲜语拼写 |
|---|---|---|---|
| 啊呀（表喜爱） | ahgu | aigu | 아이구 |
| 乒（枪声） | daŋ | t'aŋ | 땅 |
| 丁当作响声 | daraŋ daraŋ | d'arraŋ d'arraŋ | 딸랑딸랑 |
| 索索地 | dirdir | dərdər | 덜덜 |
| 多花样的 | durlux-durlux | əlluk-dəlluk | 얼룩덜룩 |
| 哎呀（表惧怕） | etɕetɕu | etɕəm | 어쩜 |
| 早早地 | ertɕʰux | irtɕ'ik | 일찍 |
| 哎呀[①] | ege | ege | 에게 |
| 哎呀 | egege | egege | 에게게 |
| 哎呀（表遗憾） | eʃ | eiʃ | 에이시 |
| 哈哈（大笑声） | ha ha | xaxa | 하하 |

---

[①] e g e 表肮脏、埋怨。例子：e g e, sen neɣe manda tɕaɣlaburi.（哎呀，你为什么在此大便。）

续表 15

| 汉译 | 撒拉语 | 朝鲜语 | 朝鲜语拼写 |
|---|---|---|---|
| 是的，好吧 | ja① | ja | 야 |
| 祈使语气 | jo② | jo | 요 |
| 低笑声 | kʰi kʰi | kʰi kʰi | 키키 |
| 给你、拿去吧 | ma③ | ma | 마 |
| 快、迅速、赶快 | mali | pʼalli | 빨리 |
| 咩（羊叫声） | me | immæ | 음매 |
| 噼哩啪拉 | pʰax-pʰax | pʰax-pʰax | 팍팍 |
| 东西落地声 | pʰox | pʰək | 퍽 |
| 流水声 | tɕororo | tɕuriri | 주르르 |
| 母鸡叫声 | qo qo | kʼo kʼo | 꼬꼬 |
| 刚才 | sii | sibaŋ | 시방 |
| 下雨声 | tɕor tɕor | tɕuriri tɕuriri | 주르르 주르르 |
| 擤鼻涕声 | xiŋ | xiŋ | 흥 |

　　还有，撒拉语象形词 baɣ-baɣ（喋喋不休顶嘴状）与朝鲜语 pʼak-pʼak（빡빡；嗷嗷地）相似。

　　撒拉语副词 dallin（单另）与朝鲜语副词 dalli（달리；另）相似。

　　撒拉语副词 ham（也）与朝鲜语副词 xamgʼe（함께；一起）相似。

　　撒拉语象形词 lem-lem（火光闪耀样子）与朝鲜语 nɨmlɨm-（늠름；凛凛）相似。

---

① 例子：ja, men var g i.（是，我去。）

② 例子：uxla jo, uxla jo.（睡吧，睡吧！）

③ 撒拉语叹词 ma 用语句首。例子：ma, bu in g niɣidər.

撒拉语副词 mali（快）与朝鲜语副词 p'alli（빨리；快）相似。

撒拉语象声词 pʰas（东西破碎声）与朝鲜语动词 paksar-næda 的 paksar（박살；打碎）相似。

撒拉语象声词 qaraŋ qaraŋ（铃铛响声）与朝鲜语 kʰaraŋkʰaraŋ（카랑카랑；声音像铁声一样晴朗的样子）相似。

撒拉语象形词 qororo①（哗啦哗啦；大水流动或某种东西滚动的声音）与朝鲜语动词 guri-（구르다；滚动）相似。

撒拉语象形词 ʃari-ʃari（落花流水）与朝鲜语象形词 sariri-sariri（사르르 사르르；冰或雪之类自然融化的样子）相似。

撒拉语象形词 ʃeleŋ-ʃeleŋ（摇摆状）与朝鲜语象形词 səlləŋ-səlləŋ（설렁설렁；稀哩哗啦、轻轻地）相似。

撒拉语象声词 ʃororo（流水声）与朝鲜语象形词 siriri（스르르；冰或者雪之类自行融化的样子）相似。

撒拉语象声词 ʃudu ʃudu（悄悄说笑声）与朝鲜语象声词 sokdak sokdak（속닥속닥；喳喳、喊喊喳喳）相似。

另外，撒拉语 vaŋvaŋ（狗，汪汪叫）与日语 waŋwaŋ（わんわん）相似。

2. 连词用法

撒拉语的连词数量较少。撒拉语连词的用法大部分与汉语接近，而与朝鲜语大不相同。朝鲜语连词一般位于动词或形容词的词干之后，起语法作用。但是有一些撒拉语连词与朝鲜语相似。例如：

撒拉语：søn         jit-gil-ɣutɕi-lər        søn ji-diɣi,         guj-quma.
        随      到 - 来 - 人 - 复数    随 吃 - 祈求        等 - 命令

朝鲜语：məntɕə      o-n-salam-dil       məntɕə      mək-gilil,      gidali-tɕi-ma.
        先      来 - 动名 - 人 - 复数    先       吃 - 祈求    等 - 副动 - 命令

汉 译：（大家）随到随吃，不用等。

---

① 例子：daʃ daɣ-dan qororo it-i gulin g il-tɕi.（石头从山上哗啦啦地滚下来。）

语连词 søn……søn……( 随 …… 随 …… ; 边 …… 边 ……) 的 søn 可能是汉语的 sien ( 先 )。因为汉语 sien 的朝鲜语发音是 søn,与撒拉语 søn 十分相似。

3. 后置词用法

撒拉语和朝鲜语的后置词共同表示谓语的时间、空间、目的、方式、范围、比较等的意义。两者的后置词和 " 格 " 的作用基本相同。只是它的抽象化程度没有 " 格 " 那么高。有些后置词有一定的词汇意义。[①]

4. 语序

撒拉语与朝鲜语的副词的词序是基本上一样的,都在谓语的前面。例如 :

撒拉语 :sexintɕi ( 再 ) + bər ( 一 ) + jʉr ( 走 )

朝鲜语 :dasi ( 再 ) + xanbən ( 一次 ) + gada ( 走 )

汉　译 :再走一遍。

5. 句子语音变体现象

撒拉语形态中频繁有语音变体现象。相反,朝鲜语中的形态本身的语音变化极少。比如 :撒拉语形态中位于名词之后,表示与该名词相关的场所、用品或事情等的形态 :-lax、-ləx、-lix、-lux、-lʉx ; 撒拉语形态中位于名词之后,表示与该名词相关的工具的形态 :-tɕʰax、-tɕʰix、-tɕʰux、-tɕʰʉx ; 撒拉语形态中位于动词后,构成名词的形态 :-tɕʰux、-tɕʰʉx、-tɕax、-tɕux、tɕʰəx ; 撒拉语形态中位于动词之后,表示使动态的形态 :-ar、-ər、-er、-ir ; 撒拉语位于名词之后,表示与该名词相关的场所、用品或事情等的形态 :-lax、-ləx、-lix、-lux、-lʉx。

---

① 马伟 . 撒拉语形态研究 [M]. 北京 :中国社会科学出版社,2015:213.

# 三、结　语

现代撒拉语是一种混合语言，"从其他几种语言结构转变而来，混合为撒拉语传承给下一代讲撒拉语的人"。① 撒拉族迁徙到中国后也主要从事农耕生活。撒拉族原本是西部突厥的一个游牧民族，是西突厥乌古斯部的撒鲁尔人。他们定居在撒马尔罕一带以前，主要以狩猎游牧为生，到撒马尔罕开始从事农业。② 这对语言演变影响很大，是撒拉语具有和其他突厥语不同特点的主要原因。

撒拉族迁徙到的中国青海地区是藏文化的腹地。约 800 年的长期生活过程中，茶马互市等经济活动，与讲藏语的藏族、讲汉语的回族通婚等不同民族之间的频繁交往活动引起了语言接触，撒拉语逐渐适应了周围语言的语音规律。撒拉语中汉语借词的数量最多。现代撒拉语在语音③、词汇方面发生了一些变异。语言接触使撒拉语发生变化，发展成一种混合语言。但是，撒拉族仍然保存着撒拉语的原型。撒拉语的词汇当中借词虽然较多，但是其语法结构几乎未被动摇。

桥本万太郎曾在《语言地理类型学》这一书中提道："农耕民型语言，由于原先并不相同的语言逐渐被文明中心地的语言同化，因此在词汇中出现了'奇妙'的现象：抽象词汇、文化词汇都能看出它们的一致性，而被认为不宜变化的亲属关系、人体名称等方面的基本词汇反倒存在差异。"④ 朝鲜语属于农耕民型语言，撒拉语属于牧畜民型语言，后来才接触农耕民型语言。使用撒拉语的撒拉族祖先不是耕种，就是行商。这就是为什么撒

---

① 杜安霓，赵其娟，马伟.撒拉语中的突厥语因素—一种具有察哈台语形式的乌古斯语?[J].青海民族研究，2003，33(3):124.

② 芈一之.撒拉族史[M].成都：四川民族出版社，2004:41.

③ 汉语的 zh、ch、sh 发音等语言转用。

④ 桥本万太郎.语言地理类型学[M].北京：世界图书出版公司，2008:10.

拉语和朝鲜语之间同源词很少的原因。

但是，撒拉语和朝鲜语共有的特点是元音和谐，还共有"主宾谓""定语在被修饰词之前"等的阿尔泰语系语言特征。最重要的是，撒拉语和朝鲜语共有用附加成分表达语法范畴的黏着性形态特征。撒拉语和朝鲜语的形态各式各样。撒拉语和朝鲜语两者的词汇和其他不同词类（名词、代词、动词、形容词、数词等）构词时，主要以形态变化手段来表达语法意义以及词汇关系。两者结构方式也一样丰富，比如，合成法、附加法、内部屈折法、重叠法等。这是阿尔泰语系的共同之处，也是撒拉语和朝鲜语的主要共同之处。

我们不能肯定撒拉语和朝鲜语是"亲属"。但是，我们在本文中发现了撒拉语和朝鲜语之间超越偶然的关系：共同词汇、汉语借词、句子语序、句子表达方式、黏着语的各种形态特征。除此以外，在语音上也有共性：不用鼻音和流音为首辅音，没有清音和浊音的区别，有送气和不送气的区别；在词的第一音节上不出现两个以上的辅音；复元音[①]极少；词汇的平均长度是两个音节等。

总而言之，笔者认为撒拉语和朝鲜语是一种阿尔泰语系语言和某一些语言混合的语言。撒拉语是一种混合语言，尤其是汉语、藏语对撒拉语持续不断的影响，撒拉语在形态方面也体现出不同于其他突厥语的一些特点。[②]朝鲜语更是混合语言，在形态方面体现出不同于其他阿尔泰语系语言的一些特点。讲撒拉语的人和讲朝鲜语的人，他们的历史不同，两者语言接触及演变过程也不同，从而导致形态上的差异。

"越是混合的语言，形态脱落得越快。"[③]撒拉语没有朝鲜语那么"复杂"。因为撒拉语没有有关敬语的词汇，没有有关敬语的形态。同样，朝鲜语没有撒拉语那么"复杂"。因为朝鲜语没有领属性人称的形态，没有传据范畴的形态。

---

① 发音时，舌位、唇形都有变化的元音被称为复元音。

② 马伟.撒拉语形态研究 [M].北京：中国社会科学出版社，2015:238.

③ 南京师范大学文学院李葆嘉教授在《中国语的历史与历史的中国语》文章（17 页）中提到。

　　词的屈折变化的形态一直是研究撒拉语的重要组成部分。对形态的研究使词的结构更加透明，使它们更易于为我们掌握。形态研究能为我们解释撒拉语词汇的结构并帮助我们解释自己的词汇。我们应该对这种形态研究给予更多的重视。

　　笔者对撒拉语和朝鲜语的形态方面进行了初步的分析研究。本文仍存在不足之处，还较为粗浅，某些方面纰漏和不当之处一定难免。笔者下一步打算以目前的研究为起点，继续进行补充和系统的研究。

# 土库曼语与撒拉语词汇比较研究

NURYAGDIYEV DOVRANBEK（多昂）

由于语言体系中词汇被认为是最开放的系统，也最容易受到其他语言的影响。本节内容将重点围绕撒拉语和土库曼语中的词汇进行比较。

通过对前人的研究可知，目前，一般情况下，学者会将撒拉语的词汇研究按照词的来源，归纳为三个大类，分别是固有词（原撒拉语、乌古斯语中就有的，在撒拉族先人东迁时带来的词语）、借词（主要指在迁至中国青海后，在当地汉、藏、蒙古等民族的影响下借来直接使用的词汇）、其他词汇（主要是其他不能找出既定来源的一类词汇）。

为了便于发现词汇中的来源特点，基于两种语言的共通性和差异性，本研究在词汇比较上，依据社会形态的不同分类，将所要研究的词汇分为：宗教用语类词汇、政治经济相关词汇、教育类词汇、民俗类词汇四个大的部分，再将四类细分为多个小类别，依据词汇的来源，对应汉语词义来分别进行阐述。

本文所研究的词汇中撒拉语词汇最初源于田野调查的内容，在记载不明确、不详细的部分，笔者查阅了《撒维汉词典》以及中国撒拉尔语文学会编制的《汉、英、土库曼语词典》《经文释义》等内容，部分土库曼语源于笔者自身母语知识，一义多词的情况，笔者翻阅了土库曼语词库以保证词汇拼写的专业性和内容的丰富性。

根据词汇本身的性质与特点，本研究在不同语言中，基本上采用了以拉丁字母形式的词汇撰写，一是方便拼读和书写，二是方便在语音上对同源词汇加以区分和对比。在本研究的拉丁语中，土库曼语和撒拉语的拉丁形式略有不同，主要区别有撒拉语中的元音 ï 以及辅音 ǧ、č、š，土库曼语中的元音 ä，ÿ 和辅音 ç。

# 一、宗教用语词汇比较

本节主要分析两个语言之间的宗教用语词汇。表 1 为两个民族的部分宗教词汇对比。

表 1　撒拉语——土库曼语宗教用语词汇对比

| 编号 | 汉语释义 | 撒拉语 | 土库曼语 |
|---|---|---|---|
| 1 | 净身、大净<br>（礼拜前盥用水洗或土净） | ǧusili | Gusul |
| 2 | 小净 | abdes | Täret |
| 3 | 清真寺 | mišit | Metjit |
| 4 | 古兰经 | Quran | Gurhan |
| 5 | 经书 | kitap | Kitap |
| 6 | 《古兰经》词句、章节，节日 | ayit | Haýyt |
| 7 | 伊斯兰教（徒） | isliam | Islam |
| 8 | 古尔邦节、牺牲品 | qurban | Gurban |

续表1

| 编号 | 汉语释义 | 撒拉语 | 土库曼语 |
|------|----------|--------|----------|
| 9 | 开斋节 | ïrdi | Oraza baýramy |
| 10 | 斋 | rozi | Oraza |
| 11 | 斋月 | ramazam | Remezan |
| 12 | 开斋、进食 | Axïs-aš | Agyz açar |
| 13 | 安拉、真主 | alla | Alla，Hudaÿ |
| 14 | 祝你平安（见面问候） | esseliamaleykum seliamaleykum | Salawmaleÿkim |
| 15 | 晨礼 | bandet | Bomdot |
| 16 | 换礼词、叫拜词 | banke | Ezan |
| 17 | 伊斯兰教教历第八个月 | Barati | Beragat |
| 18 | 幸福、吉利、福祉 | berket | Eÿgilik |
| 19 | 奉真主之命，以真主的名义 | bisminlia | Bissimilla |
| 20 | 伊斯兰教男人用的缠头布 | dasdar | Tahýa |
| 21 | 伊斯兰苦行僧、修道者 | derviš | Derwiş |
| 22 | 地狱 | dozax | Dowzah |
| 23 | 祈祷、祷告 | duva | Dile hudaÿaçokunma |
| 24 | 伊斯兰教徒应尽的义务、天职 | feriz | Parz |
| 25 | 开斋捐、施舍金 | fitire、hadi | Fitr |
| 26 | 罪孽、罪恶 | gunah | Günä，ÿazyk |
| 27 | 朝觐、朝圣 | haji | Ymam |
| 28 | 合法的、合教规的 | halial | Halal |
| 29 | 不合教规的事或行为 | haram | Haram |
| 30 | 回历、伊斯兰教历 | hijiriye | Hijr |
| 31 | 真主、神、主宰 | iillallahu | Alla |
| 32 | 信仰、信教、信仰准则 | imani | Yman |
| 33 | 各教派创始人尊称 | imam | Ymam |
| 34 | 阿訇 | axun、molla、malla、manla | Ahum, molla |
| 35 | 天堂、天国、极乐世界 | jennet | Jennet |

续表1

| 编号 | 汉语释义 | 撒拉语 | 土库曼语 |
|---|---|---|---|
| 36 | 后世、来世、引进 | axïret | Ahyret |
| 37 | 违背信仰的言行 | kufure、mekiruhe | Mekruh |
| 38 | 伊斯兰教门宦教主的坟墓 | kumbet | Gabyr |
| 39 | 口唤、应允 | kunan | Razyçylyk |
| 40 | 礼拜 | lamas | Namaz |
| 41 | 做礼拜的人、虔信者 | lamasji | Namaz okaýan adam |
| 42 | 礼拜殿前方正中讲堂 | meğerep | Şam namazy |
| 43 | 遗体、埋体 | meyit | Meýit, jeset |
| 44 | 礼拜穿的皮袜子、软皮鞋 | mesiha | Messi |
| 45 | 教派 | mezihep | Meshep |
| 46 | 伊斯兰教法说明官、解释者 | mufuti | Müfti |
| 47 | 叛教者 | munapïx | Kapyr,munapyk |
| 48 | 信徒 | Muret | Muryt |
| 49 | 教经学院的教员、老师 | mutalim | Mugallym |
| 50 | 教规、教律、教法 | qanun、šerhat | Kanun serhet |
| 51 | 先知、圣人 | peğemner | Pygamber |
| 52 | 世界末日 | qiyamet | Kyýamat |
| 53 | 宽恕、恩典 | raxmet | Rehmet |
| 54 | 教主代理人、主持人 | reyis | Yolbaşçy |
| 55 | 使者、钦差 | resul | Resul |
| 56 | 布施、施舍物 | sedeqe | Sadaka |
| 57 | 叩首礼拜 | sejide | Sejde |
| 58 | 间歇拜，斋月夜的礼拜 | taravi | Tarawa |
| 59 | 报酬、报偿 | sevap | Sogap |
| 60 | 圣训、割礼 | sunnet | Sünnet |
| 61 | 逊尼派 | sunni | Sünni |
| 62 | 殉教者 | šehit | Şehit |
| 63 | 念珠 | tesviha | Tesbih |
| 64 | 忏悔、赎罪 | tobe | Toba |

续表 1

| 编号 | 汉语释义 | 撒拉语 | 土库曼语 |
|------|---------|--------|---------|
| 65 | 斋月中的早饭（天明前进食） | toxdalux | Säherlik |
| 66 | 训诫、劝言、劝诫 | varizi | Wagyz |
| 67 | 哈里发（政教大全领袖、继承者） | xalife | Halyfa |
| 68 | 发誓 | yan'gur | Kasam |
| 69 | 埋葬非伊斯兰教死者的坟地 | zeret | Zyýarat |

通过对比上述 69 组词汇可以发现，在宗教用语的词汇上，撒拉语、土库曼语这两种语言之间存在很大的相似性，甚至有些词拼写和读法一致，如：alla，kitap 等拼写基本一致。绝大部分词语在拼写、发音上存在些许区别，主要体现在元音 u 和 ü、a 和 ä，以及辅音 ğ 和 g、n 和 b 等，总体而言读音相似、词义相同或相近，如：pegemner 和 pygamber、sunnet 和 s ü nnet 等。

这一组宗教词汇的对比能从很大程度上作为撒拉语和土库曼语中宗教语言基本上受到阿拉伯 – 波斯语的影响佐证，但无法充足地证明两个语言同属一个语支，因为其他突厥语亲属语言在宗教用语上也有很大的相似性和同源性可追溯。总体而言，这两个民族读的经书源自同一个语言，早期的阿拉伯语、波斯语等语言穿插在撒拉语和土库曼语的宗教用语中，并慢慢渗透到生产、生活等多个方面。

随着时代的变迁，《古兰经》已经被翻译成多种语言发表，在中国信仰伊斯兰教的少数民族多以汉语和自己的少数民族语言文本为研读对象，在土库曼亦是如此。新出现的词汇中很少有宗教用语中的阿拉伯 – 波斯语借词再出现，不少宗教词汇也逐渐变为宗教专用语存在于两个语言中。例如：表 1 中一个词 Barati，可以作为男名使用。有的一些词语也变为古语，昔日语言，如今不再沿用。

# 二、政治政策相关词汇比较

本节主要分析撒拉语和土库曼语在政治政策的相关领域中，词汇使用上的差异。由于最早记载中认为撒拉族先民从中国古代元朝开始经由撒马尔罕一路迁徙到中国内陆地区，来到中国的时间已经长达近八百年，在语言文化、政策熏陶等方面必定发生了巨大的改变。基于前有对民族来源、生活地区等的研究，本节有三个假设：

假设 1：现代撒拉语词汇中存在着大量的汉语词汇，汉语词汇对撒拉语丰富自身语言体系起到了重要作用，尤其体现在政局形式变迁、两次工业革命，以及工业化、现代化高速发展的今天，笔者认为语言需顺应自己语言的发展；

假设 2：近二百年中，撒拉语和土库曼语在时代的快速变迁和更迭下，政治政策相关的词汇中产生出来的非乌古斯语的借词最多且最快；

假设 3：撒拉语和土库曼语借用周边发达地区的语言词汇的可能性最大。

为了更明确词语来源，本节将所要分析的政治政策相关词汇细分为几个部分：

## （一）固有词汇

这些政治政策特点突出的词汇，具有鲜明的词源特征。土库曼语中的政治词汇来自不同的语言，是长久以来就借用并存在的。而撒拉语的词汇体系里并没有这些词。一种猜测是，由于撒拉族先人早期仅有部落的概念，撒拉族早先使用的乌古斯语中没有国家、方针等概念。在迁徙前，撒拉族先民就已经掌握了一个较为系统且同汉藏语系相对分离的语种或方言，经过长期迁徙并定居后，慢慢借入本语言中没有的词汇，形成以固有词 + 多种借词为结构的词汇体系。（参见表 2）

表 2　撒拉语——土库曼政治词汇对比——固有词汇

| 汉语示意 | 撒拉语 | | 土库曼语 | |
|---|---|---|---|---|
| | | 词汇来源 | | 词汇来源 |
| 政治、政策、方针 | | | syÿasat | 波斯语 |
| 政府 | | | döwlet, hökümet, prowlenie(r) | 波斯语、俄语 |
| 国家 | | | millet, halk, ÿurt | 波斯语、阿拉伯语、乌古斯语 |
| 人民、国民 | Xalïx(昔) | 阿拉伯语 | halk | 阿拉伯语 |

## （二）借用词汇

此部分词汇是两个语言或其他语言都存在的词，将借用词分别列在了撒拉语和土库曼语两边以作为对比。（参加表 3）

表 3　撒拉语——土库曼政治词汇对比——借词

| 借用词汉语示意 | 撒拉语 | 土库曼语 | 借用语 |
|---|---|---|---|
| 主席、总统 | zhuši | prezident | председатель（俄） |
| 总理 | zongli | premera(r) | премьер（俄） |
| 组织 | zuzhi | gurama | – |
| 组、小组 | zu | tapgyr, topar, top | |
| 公社 | gunshe | kommuted | коммуна（俄） |
| 班车、公交车、公共汽车 | banche | awtobus | автобус（俄） |
| 板凳、凳子 | bandïng | oturgyc | Скамейк запасн |
| 班房、牢房、监狱 | banfang | türme | тюрьм（俄） |
| 官司 | guansi | aklowjy | – |

　　总体而言，除了乌古斯语原本存在的语言之外，土库曼语在政治方面的词汇借用俄语占比较大，而区别其是否是借用词还是来源于乌古斯语，只需要将土库曼语词汇和其联系较多的语言进行比较即可："组织"一词，在土库曼语中为"gurama"，在乌孜别克语、阿塞拜疆语和土耳其语中分别为"tashkilot"、"təşkilat"和"organizasyon"，可以看到这三个词之间完全不同。与此类似的例子有"组、小组"，土库曼语常用词为"topar"，是土库曼语固有词，来自突厥乌古斯语支，而乌孜别克语、阿塞拜疆语和土耳其语中对应的表示"组、小组、组群"的词分别是"guruh"、"qrup"和"grup"，和这几种邻国语言完全不相似，且其他表示"小组"的词也是和"topar"同源。这几个词表明乌古斯语和其他语言之间的区别和特点。

　　在翻阅词典时，笔者发现，部分撒拉语借词只出现在汉语和撒拉语中有相同的意思，无法找到对应的俄语或土库曼语翻译，这一部分词汇非常具有时代性特点。表3中所列举的大部分借词反映的是这个时代的产物，土库曼语中的政治词汇多为俄语借词，也有一部分早期就出现在乌古斯语中的固有词，沿用至今，这些词在撒拉语中已经不再使用。

### （三）撒拉语特有的政治政策相关的借词

　　每一个国家在每个不同的阶段都会产生很多新的词汇，这些词和汉语基本一致，读音没有太大的出入。例如中国在特定的"文化大革命""大跃进"时期的常用的词汇，很符合当时中国的国情，有些词因为国外没有经历过同等时期，所以无法理解和体会，这些词在撒拉语中直接借用汉语词汇录入，非常能说明这一点。

　　此部分词汇的出现与这个民族所处的大环境和背景有关，撒拉语中对应的词土库曼语没有，这也能够进一步证明这些词并非乌古斯语原有的词汇，而是某一国家政治社会发展的阶段性产物。据了解，仅汉语借词在撒拉语词汇中所占的比例就超过30%。几百年来，杂居的民族在社会经济生活的方方面面产生了密切的往来关系，促使了借词的产生，这说明顺应当下时代背景和自身发展，能够方便、快速的记忆和传播这类词语才是采用借词的主要目的。

表 4 中的例子以音译为主，参考了汉语的词音，还有一部分词汇，以音译 + 固有词、固有词 + 音译为结构，例如：“–ji” 在撒拉语中表人称（职业）名词后缀，与土库曼语中的名词后缀 “-çi” 相同。因此，裁缝在撒拉语中音译了汉语的事物名称作 “sefun”，所以表职业的裁缝一词，“sefunji” 和土库曼语 “tikinçi” 之间，既有相似性，又有差异性，是一个典型的部分固有词 + 音译的结构。类似的结构还有动词后缀 “-et”，如倒霉 “domi et-”、忍耐 “rïnne et-” 等，这个动词词尾的特点不但与乌古斯 – 土库曼语相类似，也类同于现代克普恰克语，而 “–et” 结尾的撒拉语词汇是撒拉语中有且唯一的复合动词形态。

表 4 撒拉语政治词汇借词

| 汉语示意 | 撒拉语词汇 |
| --- | --- |
| 县官 | šen'guan |
| 公家 | gunjia |
| 派出所 | pychusuo |
| 供销社 | gonšoshï |
| 共产党 | gunchandang |
| 大队（特指生产大队） | daduy |
| 大跃进 | day ü ejin /dayojin |
| 老爷 | loye |
| 国务院 | govuyan |
| 公安局 | gunnanj ü |
| 保长（中国旧时期保甲制中每保的头目） | baozhang |
| 赤脚医生（农村非完全正规医务工作人员） | Chij ü eyishen |
| 工分 | gunfun |
| 党中央 | dongzhunyang |
| 公家 | gunja |
| 干部 | ganbu |

通过罗列具有典型形态的词汇，可以得出结论：撒拉语政治政策相关的借词中，汉语占比最大；政治政策相关的词汇最容易受到所处大环境背景的影响，且非乌古斯词汇来源的词最多；这些借词受到周边势力的影响最大。

分析原因，由于政治变迁所带来的改变是巨大的，也是快速的，尤其在 18 世纪中后期到 20 世纪 70 年代前后这 100 多年中，世界各国经历了各种规模的战争，中国和土库曼分别经历了战争、革命、独立、改革等不同的时期。由于撒拉族迁徙的历史时期相对久远，在政治归并中自元朝起就与当时的蒙古族、汉族、藏族以及回族等民族建立了联系。由于聚居在中国腹地青海，这里是一个多民族杂居区，以汉族、藏族、蒙古族、回族等居多。又因为本族人少，在语言上不得不依附于当时强大的势力而存在。

土库曼在亚洲内陆地区生存，相继经过阿拉伯、波斯文明的洗礼之后，在苏联政府的高度统一的统治下，新的词汇在工业革命前后快速迸发，受到俄语以及共有边境线最长的乌孜别克语的影响最大，借词最多。最终，俄语及俄语相关词汇成为了当下影响土库曼语最大的外来语。在时代运动的大背景下，新的词汇容易产生直接借用的效果，直至今天，俄语作为土库曼国家通用语言，新兴词汇在年轻人族群中被接受和推广。纵观每一个民族，每一个文明在发展过程中无一不是遵循这样的路径。因此，相比宗教皈依等从远古就带来的东西外，在政治政策上所受到的外来熏陶和影响相对比较大。唯一不同的一点是，当时东迁来元的撒拉族是在特定的历史需求下，为了民族人丁兴旺、家族得以繁衍生息，而自愿、自主地选择了融入周边民族的语言文化，而土库曼人更多因领土纷争、帝国专制而被动选择了学习另外的官方语言且最终潜移默化地将当时的官方语言融入生活的方方面面。

# 三、经济生活相关词汇比较

为了更明确词语来源，本节将所要分析的经济生活相关词汇细分为两个部分：

## （一）经贸领域词汇

在此类词汇的对比中出现了比较大的差别，首先是存在突厥语族的沿用，如"sat-"买卖，"altun""gumuš"等属于固有词汇，土库曼语和撒拉语在读音、拼写上具有相似、相形的同源性。（参见表5）

表5　经济领域词汇比较

| 中文释义 | 撒拉语 | 土库曼语 |
|---|---|---|
| 钱 | helï | pul |
| 费用 | jarïgusi | jarç |
| 黄金 | altun | altyn |
| 白银 | gumuš | kümüş |
| 利润、盈利 | fayda | düşewünt, nebis, utuş, bähbit, haÿyr |
| 利用（动词） | faydalan- | ulanmak, haÿyrlanmak |
| 分（中国货币单位） | fun | tenne |
| 角、毛（中国货币单位） | molux | manat |
| 元、块（指金钱单位） | dasir | manat |
| 当铺 | dangpu | bahasy |
| 定金、定钱 | dinčen | rahyna |
| 卖、出售 | sat- | satmak |
| 税 | shuy | salmak |
| 价格、价钱 | yarmah | nyrh, baha, yarmah |

但在较为复杂的经济活动用语中，土库曼语很大程度上保留了乌古斯语固有词，而撒拉语出现了更多以汉语音译词汇为主的借词。这能够说明，撒拉族绝大多数较为复杂的经济活动都是在迁入中国境内后产生且发展的，经济水平的提升也是在这个时候出现。

## （二）日常生产生活中常用的词汇

这一部分词汇的比较相对复杂，"kama"一词借用藏语，表示规格，而"norma(r)"来自印欧语系，有"一般、普遍、常规"的含义；表示"自然""门窗""压缩"等中性意思的常规词汇则具有相似的读音和形，他们来自古突厥语；而"法子""车子""产品"等词属于较为近现代新生词汇，因此撒拉语直接借用汉语表述，而土库曼语保留原有乌古斯语词源并在此基础上改进和演化。（参见表6）

表6　日常生产生活中常用的词汇比较

| 中文释义 | 撒拉语 | 土库曼语 |
|---|---|---|
| 标准、准则、规格尺寸 | kama | norma(r) |
| 时间 | vaxït | wagt, halat, mahal, möwrit, pursat |
| 自然 | tebiyi | tebigy |
| 窗 | terji | terjire |
| 缩短、缩短、压缩、紧缩 | qisqat- | gysgaltmak, kelteltmek |
| 许可、允许 | roxset | rugsat |
| 加、增加 | qoš（成双入对的） | goşmak |
| 酒、酒类 | sorma | içgi、arak |
| 办法、法子、方法 | fazi | ebeteý, çemeleşmek, golaýlamak |
| 车子 | chezï | maşina |
| 汽车 / 轿车 | čichï | maşyn |
| 锅 | qazan | gazan |
| 产量 | chanliong | çäç |
| 产品 | chanpin | harytlar |

# 四、教育类词汇比较

教育是一种提高人的综合素质的实践活动，通过教育类词汇的比较，可以更多了解词汇在知识演化过程中的衍变。

与教育相关的词同样存在固有词和借词，土库曼语的体系中，多了很多原先并不存在于土库曼语中的概念，如"导师"，借用了俄语的借词"instruktor(r)"，而撒拉语固有词中没有的抽象词"文化""大学"等，也直接借用了汉语词汇。（参见表 7）

表 7　教育类词汇比较

| 汉语示意 | 撒拉语 | 土库曼语 |
|---|---|---|
| 知识 | bilim | bilim，ylym |
| 学校、学堂、学院 | mextabus、šüeyüen | mekdep, uçilişşe(r) |
| 学、学习 | örğen- | öwrenmek, kabinet(r), okamak |
| 笔 | qelem | galam |
| 智慧、理智、头脑、注意 | aqïl | akyl |
| 书 | kitap | kitap |
| 大学 | dašüe | uniwersitet |
| 导师、大师 | ustadi | instruktor(r),mugallym, halypa, okudyjy |
| 努力、勤奋 | tïngnan- | hysyrdama, çynalaşmak |
| 文化 | vunhua | medeni, medeniÿet, medeniÿetli, medeniÿeti |

# 五、民俗、客观规律和日常生活类词汇比较

民俗、客观规律和日常生活类词汇最能反映一个民族的语言来源和发展方向，因为这些词最为常用，最具传播性也最容易被修改。本节内容中，笔者将所要研究的词汇分为表称谓和职位、表生理、表动植物、表数量和周期、表饮食等不同的类别分别加以对比和阐述。

## （一）表称谓、职位的词汇比较

这一部分称谓和职位词语具有很明显的特性，首先，这些词大部分属于撒拉语根源土尔克语，所以他们大部分是撒拉语中的固有词汇，与同源语土库曼语非常相近，虽然有部分清浊辅音之间的混淆，但是读起来相似，词义一致。仅有部分词汇完全不一样，如"寡妇""女婿""舅舅"等，撒拉语没有遵循固有词，而是借助了汉藏语系中的词汇，如"舅舅"这个词，借用了藏语。

部分职位词汇如"宇航员""会计"等比较新的词汇，土库曼语采用了俄语借词，而撒拉语则是混合使用。其他词汇，如"男性""丈夫"等一类指代意思相近的词语之间，会有混淆和通用的情况。土库曼语中将"女婿"称为"giew"，读音和撒拉语中的"丈夫"一词很接近，同源语之间的词汇会出现这种情况。还有一个比较特殊的情况，撒拉语与其同源的其他突厥语近似语言之间有差异："ana"这个词在其他突厥语中最直接的意思为母亲，而撒拉语里，"ana"更倾向于指代年轻的姑娘，这种差异性比较突出。（参见表8）

表8　称谓、职位词汇比较

| 汉语示意 | 撒拉语形式 | 土库曼语形式 |
|---|---|---|
| 孩子 | bala | bala, çaga |
| 女孩 | ana,qïz | gyz |
| 寡妇 | goho | dulaÿal |
| 舅舅 | arang | daÿy, däde, dÿadÿa(r) |
| 丈夫、爱人、男人 | guy | är |
| 婴儿、婴孩 | ingïbala | bala, bäbek |
| 男、男性 | er | erkek |
| 弟弟 | ini | ini |
| 农民、农夫 | yerekguçi | daÿhan |
| 女婿 | gufuaa | giew |
| 宇航员、宇宙飞行员 | alenji | komonawt(r) |
| 会计 | kuyji | hasapçy |
| 教师 | örğetguji | mugallym, halypa, okudyjy |
| 经理、主任 | mudiri | müdir, beÿemçi |

## （二）表生理的词汇比较

同称谓词汇一样，此部分词汇基本上属于乌古斯语支的固有词汇，具有沿用性，两个语言词语之间不论在拼写还是读音上基本一致，只有少部分清浊辅音之间的差别。可以确定的是，所有音性相同或相似的固有词汇都能够作为两种语言同属于乌古斯语的有力佐证。尤其是"嘴唇"这一词汇，中国其他使用突厥语的亲属语言与之完全不相同，维吾尔语为"kalpuk"，哈萨克语为"erin"，而同为乌古斯语支的撒拉语和土库曼语为"dodax""dodak"。（参见表9）

表9　称生理的词汇比较

| 汉语示意 | 撒拉语形式 | 土库曼语形式 |
|---|---|---|
| 头、头部、脑袋 | baš | baş |
| 心脏 | yürek | ÿürek |
| 腋窝 | xoldux | goltuk |
| 手 | el | el, gol, eltmek |
| 胳膊 | qol | gol |
| 脚 | ayax | aÿak |
| 眼、眼睛 | göz | göz |
| 膝盖 | düz | dyz, tirsek |
| 嘴，口 | ağzi | agyz |
| 唇、嘴唇 | dodax | dodak |
| 鼻子 | purun | burun |
| 牙齿 | tiš | tiş |
| 耳 | qulax | gulak |
| 舌、舌头 | dil | dil |
| 乳房、奶嘴 | emjüx | emjek |
| 头发 | saš | saç |
| 眉毛 | kürlüx | gaş |

## （三）部分数词和时间用语比较

在这一组对比中可以看出：数字词汇上以沿用突厥语系各亲属语言之间的关系为主，没有太大的变化，但是星期、月份、年份等时间词汇上也有波斯——阿拉伯语以及宗教用语的影子，这与周期性宗教活动渗入人们的生活离不开，如：用"jumma"一词表示周五，亦有周五礼拜的含义。（参见表10）

表 10　数词、时间用语比较

| | 汉语示例 | 撒拉语形式 | 土库曼语形式 |
|---|---|---|---|
| 数词 | 一 | bir | bir |
| | 二 | išgi | iki，goşa |
| | 三 | üš | üç，üçlük |
| | 四 | döt | dört |
| | 五 | beš | bäş |
| | 六 | altï | alty |
| | 七 | ўetï | ўedi |
| | 八 | sekkis | sekiz |
| | 九 | doqus | dokuz |
| | 十 | on | on |
| | 二十 | yigirmi | ўigrimi |
| | 三十 | ottus | otuz |
| | 四十 | qirq | kyrk |
| | 五十 | elli | elli |
| | 六十 | altmiš | altmyş |
| | 七十 | yetmiš | ўetmiş |
| | 八十 | sekkisen | segsen |
| | 九十 | doqusan | togsan |
| | 一百 | ўüz | ўüzlük |
| 表时间、日期等词汇 | 星期一 | dušenbe | duşenbe |
| | 星期二 | sešenbe | sişenbe |
| | 星期三 | caršenbe | çarşenbe |
| | 星期四 | pešenbe | penşenbe |
| | 星期五 | Juma gun | anna，jumma |
| | 星期六 | šembe | şembe |
| | 星期日 | yekšenbe | ўekşenbe |
| | 今天 | büğün | bugun |
| | 明天、次日 | ette | ertir |
| | 明年 | ettisağün | Indikiyil |

## （四）表示动物的词汇比较

动物部分的词汇有一定的相同和相似度，但区别也被逐渐拉开。前半部分到"乌鸦"这个词，土库曼语和撒拉语都存在语音、词形拼写上的联系，后半部分中，撒拉语的词汇来源较为复杂。有突厥语变形，如"bas-"虎，还有汉语借词及变形，如"losa""shïzï"等，还有一些词，词语来源尚不明确，如"bad""biijin"等，需要后续进一步研究。

动物称谓词中，一词多义和一意多词表现得比较明显。形如"羊羔"这样的词汇在撒拉语中同汉语一样不分雌雄性，但是土库曼语里不同名词有不同的说法，比较容易在表述对象的成熟与否、雌雄性等上存在混淆。

"bas"一词多义，也表示"压倒、控制、笼罩（v.）"，词形一致，但词义、词性都发生了变化，而 bas 一词的动词示意也是来自突厥语。"qarǧa"一词同理，在其他突厥语分支中也有表示"乌鸦"的意思，但没有"诅咒"这一层含义，这种引申的含义可能是在文化习俗中，由于乌鸦本身所具有的宗教、民俗色彩而引发出来的。（参见表 11）

表 11　动物词汇比较

| 汉语示例 | 撒拉语形式 | 土库曼语形式 |
|---|---|---|
| 牛犊 | buzi | botlamak ,göle, |
| 狼 | buuri | böri, möjek, gurt |
| 山鹰、雕 | bürǧüt | bürgüt |
| 獾 | borsux | torsuk |
| 鹿 | buǧu | buwu, sugun |
| 熊 | atïx | aÿy |
| 鹅 | qaz | gaz |
| 鱼 | balux | balyk |

续表 11

| 猪 | dongus | donuz |
|---|---|---|
| 兔子 | došan | towşan |
| 骆驼 | döyi | düÿe, maÿa, |
| 鸟 | quš | guş |
| 羊羔 | qozi | guzy, tokly, owlak |
| 驴子、毛驴 | ešex | eşek |
| 山羊 | ešgu | geçi、dowar |
| 虫 | qut | gurt, gurçuk |
| 狐狸 | tülüğü | tilki |
| 蛇 | yilen | ÿylan |
| 乌鸦 | qarğa | garga, zag |
| 乌龟 | para | pyşbaga, pyşdyl |
| 鸽子 | gürğünčüx | kepderi |
| 奶牛 | inix | sygyr |
| 公牛、种牛 | dana | öküz |
| 骡子 | losa | gatyr |
| 鼠 | geme | alaka |
| 猴子 | biijin | maÿmyn |
| 鸭子 | bad | ördek |
| 牛 | gölix | mal |
| 老虎 | bas | gapla- |
| 狮子 | shïzï | arslan, ÿolbars |

### （五）表植物、食物的词汇比较

在这一组词汇中，"蘑菇、桦树、大米、牛奶、蜂蜜"等一系列词汇中能够找到两种语言的相似性和乌古斯语词源。土库曼语中，"berÿoza(r)"来自俄语"берёзовый"，主要是因为地理原因使得中亚地区桦树较为少见，而白桦树在俄罗斯分布最广，尤其是在西伯利亚一带集中出现。

表达"花"的词汇，两种语言之间大体一致，但是撒拉语表现出和中国其他突厥语民族的词汇不同，维吾尔语、哈萨克语中作"gül"，且仅有这一种表达，撒拉语也一般只有"jijex"一种表达，而土库曼语兼具这两种表达形式。"粮食"一词，从撒拉语可以看出与西突厥语的共性，而土库曼语表示"粮食"的词则截然不同。（参见表 12）

表 12 植物、食物类词汇比较

| 汉语示例 | 撒拉语形式 | 土库曼语形式 |
| --- | --- | --- |
| 庄稼、作物 | ixin | ekin, peteke |
| 蘑菇 | mantar、mogu | kömelek |
| 桦树 | qayin | berÿoza(r) |
| 大米、水稻 | tudurğan | tüw, bürünç |
| 花 | jijex | jyjek, gül |
| 粮食 | aslïx | digir, galla, däne |
| 牛奶 | süt | süÿt, sagmak |
| 包子 | bozi | ÿagly |
| 大蒜 | samsax | sarymsyk |
| 奶酪 | iiren | peÿnir |
| 西瓜 | šigua | garpyz |
| 蜂蜜 | bal | bal |
| 盐 | duz | duz |
| 醋 | lasu | sirke |
| 辣椒 | lazi | burç |

## （六）表颜色、程度、方位、形状等的形容词和副词

参见表 13。

表 13　表颜色、程度、方位、形状等的形容词和副词比较

| 汉语示例 | 撒拉语形式 | 土库曼语形式 |
| --- | --- | --- |
| 白 | ax | ak |
| 黑 | qara | gara |
| 红 | qizil | gyzyl |
| 黄 | sarï | sary, mele |
| 蓝、青 | göx | gok |
| 圆的、圆形的 | gülüx | aÿlawly, gulilük, tegelek, öwre, tapgyr |
| 上、上面 | išdi | üst |
| 内、内部、内在的 | iši | içeri |
| 正确的 | ira | dürs |
| 小、弱小的 | kiji | kiçi |
| 多、众多的 | köp | köp |
| 少、寡 | az | az |
| 窄的 | dar | dar |
| 巨大的、成年的 | dadax | mähnet, ägirt, mähnet, äpet |
| 坚硬的 | xaddï | gaty, ÿowuz |
| 伟大的、宏伟的 | ulu | uly |
| 害怕、恐惧 | xorǧa | horgekmak |
| 硬 | xiti | gaty |

## （七）自然界存在的事物、自然现象词汇比较

比较自然现象和客观存在的事物，可以发现，土库曼语和撒拉语词汇的相似性很强，区别非常细微。表方位的词表述有所不同，撒拉语或借用蒙古语、藏语词汇。（参见表14）

表14　表客观事物和自然现象的词汇比较

| 汉语示例 | 撒拉语形式 | 土库曼语形式 |
|---|---|---|
| 月、月亮 | ay | ay |
| 星星 | yultuz，yüldüz | ÿyldyz,，ÿagtylgyç |
| 日、太阳、阳光 | gün | gun |
| 春 | yaz | yaz |
| 秋、秋天 | guz | guyz |
| 云、云彩 | bulut | bulut |
| 雪 | qar | gar |
| 冰 | muz | buz，muz |
| 雾、雾气 | tuman | duman |
| 树 | dal | agac |
| 山 | dağ | dag |
| 河、江 | mören | derya |
| 湖 | göl | gol |
| 海 | dengiz | deniz |
| 风、气 | yel | shemal |
| 大风、暴风、狂风 | duman | tupan |
| 闪电 | čaxmax | cakmak |
| 石头 | daš | dash |
| 宇宙、世界 | alen | alem |
| 世界、天下、人间 | dunya | dunya |
| 白天、白昼 | gündüz | gundiz |
| 晚上、晚间 | geš | gije |
| 南 | jenubi | günorta |

## （八）词汇比较

有一部分撒拉语词汇，有两种读音和拼写方式，但在日常生活中，这两种方式都是常用方式，一种是固有词汇，一种是在后期借用来的词汇。（参见表 15）

表 15　固有词汇与后期借用来的词汇比较

| 汉语示意 | 撒拉语形式 | 土库曼语形式 |
| --- | --- | --- |
| 藏族 | Zangzu、Tüyit | tibet |
| 祖宗、先辈、祖先 | ata-bove,zuzung | ata-baba |
| 中国 | Suyni | Khitay |

一部分表示民族、人种的词汇，有不一样的表达。（参见表 16）

表 16　表民族、人种的词汇比较

| 维吾尔人 | Vuyver | uygur |
| --- | --- | --- |
| 乌孜别克人 | Vuzibek | ozbek |
| 哈萨克人 | Xasa | kazak |
| 塔吉克族 | Tajik | tajik |
| 达斡尔族 | Dağur | ermeni |
| 土族 | Tuzu | - |
| 畲族 | Shïzu | - |
| 傈僳族 | Lisuzu | - |
| 拉祜族 | Lahuzu | - |

通过对民族、人种词汇的对比可以看出，撒拉语对民族分类有一个认识先后的顺序，不同于土库曼语，撒拉人在来到中国定居之前所认识的民族，基本上都有一个固有的名字，虽然都是音译，但少了"zu"作为名词组成部分，加上这些不带"zu"翻译的民族，在境外仍有部分族群或部落存在，并在长期的生产生活中与撒拉族有一定往来。而带有"zu"翻译的民族更多是在撒拉人东迁之后慢慢认识，是在学习汉语的过程中认识到的民族组成。有一个值得区别的民族"藏族"，它既可以用"Zangzu"也可以用"Tüyit"两个词语，且两个词语的使用频率相当，这是因为藏族特殊的名称，虽然撒拉人是在来到中国青海后才逐渐认识并融入藏族人的生活中，但藏族本身在国际上就有一个通用的名字"Tibet"，因而大部分地区语言对它的翻译均为此，撒拉语也受到了影响，因此两种情况皆可，且他们之间通用。从这一个特点中也能看到，汉语借词对撒拉语的影响程度，已经潜移默化地延伸到了一些官方的称呼当中。这个在中国突厥语族中并不常见。

一词多义的形式，例如在田野调查中，笔者发现有些词有两种截然不同的意思，如："guy"一词，原指"丈夫、爱人、男人"，也指"等待、等候"，但由于汉文化的融入，在原有撒拉语系中没有的直接表达的词义，直接借用汉语来表达，"guy"就引申出了一个带有第三层含义的音译词："贵、昂贵"，类似的词在撒拉语中很多。（参见表17）

表17　受汉文化影响而发生词义改变的撒拉语词

| 词形 | 撒拉语原意 | 汉语音译 |
|---|---|---|
| jaban | 农具、农器具 | 加班、夹板 |
| deyin | 艾、艾蒿 | 电影 |
| to | 标志、标记、符号、界碑 | 桃（植） |

这些读音原先在撒拉语中已经被使用，但汉语词汇被借入之后，产生了多音词。这种现象在很多语言中均存在。

通过本文的分析，笔者认为撒拉语和乌古斯语有极大可能存在发生学关系，而土库曼语作为目前保留较为完整、纯正的乌古斯语言，同撒拉语在很多领域的词中都有发音、词形和释义上的相同性和相似性。但同时，笔者在田野调查中发现有些情况下相似的发音或词形也有可能是假的同源词或者外来词，而非同根词。有的时候需借助语法和句法来进行区分。而撒拉语没有文字的特点使得我们无法更详尽地研究其语法和句法与土库曼语之间的更进一步联系。

基本词汇是一个研究的切入点，通过宗教词汇、数词和称谓词，与早期认知上就创造出来并延续使用的一部分词汇相比较，他们是同源词的可能性较高。系统地对比这些特征，寻找发音变化的常规模式以及语言之间的联系，将能够更好地确认土库曼语同撒拉族语之间的深层次关系，追溯他们的发展过程。

虽然词形、词义上的相似点出现在笔者所分的各个领域中，但另一个层面上，笔者发现他们之间在演化过程中已经产生了很大的差别。假设以乌古斯语作为两个语言的根源进行讨论，相比较而言，撒拉语词汇的借词非常多，已经在很大程度上发生了变化，而土库曼语则保留了一套比较完整的乌古斯语词汇体系。

# 六、词汇差异的原因分析

## （一）宗教文化

宗教作为社会文化的一个重要组成部分，与整个民族的心态息息相关，而这种相关性又会不自觉地在这个民族的语言中留下它的痕迹。伊斯兰教源于阿拉伯半岛，在萨珊波斯王朝的推动下，迅速在中亚游牧地区扩大势力，土库曼斯坦因为特殊的地理位置，自然而然和地波斯、土耳其等其他中亚国家，在宗教信仰、生活习惯乃至语言词汇上都有共通性。而通过和中国其他属于突厥语的语言维吾尔语、哈萨克语、柯尔克孜语等语言相比，迁入的撒拉语中的阿拉伯－波斯语借词大多集中在宗教用语中。其他突厥语族使用者的书面语从 12 世纪开始就随着宗教的传入和传播而大量影响着除了宗教本身以外的经济生活的方方面面。

## （二）民族迁徙背景等历史原因

1225 年撒拉族先民东迁至元。为了适应当时的大环境，撒拉族先民通过与周围居民通商、通婚等各种形式，逐步壮大自己的民族。发展至明初期，撒拉族开始逐渐融合到汉人的生活环境中，甚至有了汉族姓氏，这不仅仅是当时政治背景的影响结果，更是为了生存而与周围居民增进交流的人为选择结果。从无明确姓氏观念到使用父姓加以区分，再到沿用汉语姓氏的这一行为成了撒拉族发展历史上的一个里程碑事件。这不但标志着撒拉族姓氏的形成，更说明了中华文明对撒拉族的影响。

撒拉族东迁到中国境内之后，由于接触环境的改变，为了能更方便地开展贸易，促进生产，撒拉人用汉语替换了本民族大部分原有的土尔克文，汉语也逐渐成为撒拉族的书面语，阿拉伯－波斯语的影响就更多地停留在了宗教用语当中。这种语言形式非常具有特点。

## （三）非母语教育的普及

随着九年义务教育的普及，撒拉族适龄儿童升学率接近 100%，加大了汉语的普及程度和学习机会。在这样的教育环境背景下，孩子们的语言中从小就夹杂着汉语，在青海有一小部分在涉藏地区生活，上藏语学校的撒拉族孩子在沟通过程中夹杂着藏语，所以撒拉语中有诸多借词就变得不足为奇。

### （四）与其他民族的融合

撒拉语中汉语借词多达 30% 以上，撒拉语中的藏语、蒙古语借词也有很多。有些藏文的核心词，如"身体""舅舅"等也融入撒拉语中。由此可见，其他民族，尤其是周边民族的语言文化的大量融入，让撒拉语变得更为复杂。

# 七、结　语

总体来看，撒拉语和土库曼语在语音、语义、语言结构有许多相似处，两种语言之间存在很大程度的共性。但通过对比其他突厥语族的语言后可以发现，这种相似之处不仅仅局限在撒拉语和土库曼语之中，整体上撒拉语和乌古斯语有可能发生联系，但也有差异。撒拉语同土库曼语之间首先存在高于突厥语族中其他语言的关联程度。经过词汇对比研究可以发现，撒拉语和土库曼语之间的词汇相似程度也比其他乌古斯语（如土耳其语、阿塞拜疆语或嘎嘎乌孜语）多，但这种一致性并不是绝对的。撒拉语中缺乏这些土库曼语式的特点包括阻塞浊音化和某些词汇。

根据史料和民间记载，撒拉族先人是在 13 世纪前后迁到中国境内，而土库曼民族是在 15 世纪前后，完全信仰伊斯兰教之后，正式沿用"土库曼"这个名字。语言的影响现在已经无法明确地说出当时的撒拉族先人东迁中国西域的具体原因，但能够根据时代背景推演，中国在当时的突厥人眼中是一个值得举家迁徙的避难所和繁荣之地。由于频繁的沟通，汉语就同突厥语、波斯语、阿拉伯语之间产生了由商品名称开始衍生的多个领域的相互借用和交融。

由于地理环境和族际关系的特殊性，撒拉语的词汇产生了不同于中国其他突厥语的特征。撒拉族词汇有三成左右依然保留有突厥语特征，也有随着宗教的传入而被沿用的部分阿拉伯语、波斯语借词，在撒拉语后期的发展中，迁徙、定居、通商、通婚使得不少汉语、藏语、蒙古语族语言(以及少部分保安族语、东乡族语和土族语)借词丰富了撒拉语词汇体系。由于汉语等区域主导语言的借入，撒拉语中原有的部分乌古斯语词汇已经被取代，成为了昔日用语和用词，现代撒拉语中不再出现，乃至慢慢消逝，如"人民、国民"这类词，现在直接使用汉语借词，而"Xalïx"这个从古突厥语中衍变而来的词汇更多时候只能在词典、书籍中看到。可以说为了交流方便，撒拉族人在语言衍变过程中主动放弃了一类词汇。撒拉语对抽象和后来产生的词汇，选择直接借用外来语的比例很高，有些抽象的固有词，也随着对周围语言的频繁使用而被放弃，变为古词。

土库曼语虽然也有不少借词，但在语言构造、句法词法上更多地保留了突厥语的特点。外来借词也占有一定的比例，但更多的情况下是借词和固有词同时存在，同时使用。

土库曼语本身受到俄语的影响程度并不十分明显。语言，尤其是词汇是自成体系且完善的，这是因为土库曼语在乌古斯语最初形成的阶段没有受到俄语的影响的缘故。俄语更多地作为外来语言，在进入现代、后现代生活后，在新出现的事物中以及在苏联时代下产生了大量的时代词汇作为产物，这一点和撒拉语很相似。但相比而言，撒拉语较早脱离了突厥语地理环境，虽然仍然保留着很大比例的突厥语语法习惯、词汇和日常用语，但在不断迁徙和民族融合中留下了多种多样的融合印记。

# 乌兹别克语与撒拉语词汇比较研究

NOMOZOV DILSHOD （诺德利）

乌兹别克语与撒拉语同属阿尔泰语系突厥语族，两种语言属于亲属语言，分属不同的国家，不同的地域，经过漫长的历史形成了各自独特的风格特征。两种语言有很多的相似之处，与此同时也具有自己的语言特征，尤其体现在词汇方面。乌兹别克语与撒拉语的词汇中所蕴含的文化内涵既有共同特征，也有显著区别。笔者所研究的是乌兹别克语和撒拉语，两者分别受到了不同语言和文化影响。本文通过比较乌兹别克语和撒拉语这两种语言的词汇，进而分析词汇所展现的文化差异。

## 一、亲属称谓词汇比较

虽然乌兹别克斯坦的乌兹别克民族和中国的撒拉族距离上相隔比较远，再加上历史和时间原因分隔比较久，但是他们语言中的亲属称谓词差别不太大。主要不同点在于撒拉语由于受到汉语的影响，撒拉语的部分亲属称谓词借用了汉语词汇。经过比较研究，我们可以将撒拉语和乌兹别克语中的亲属称谓词分成三种类型：同音同源型、异音同源型和异音不同源型。

## （一）同音同源型

乌兹别克语和撒拉语中的同音同源型亲属称谓词主要是指两种语言的亲属称谓词在发音上相同或相近，在意义和指称上相同。（参见表 1）

表 1　同音同源型亲属称谓词

| 序号 | 汉语 | 撒拉语 | 乌兹别克语 |
|------|------|--------|-----------|
| 1 | 爷爷 | papa | bɒbɒ |
| 2 | 爸爸 | tata | dada（ada） |
| 3 | 父母 | atʰa-ana | ɒta-ɒna |
| 4 | 男孩儿 | oɣul | ɒʁil |
| 5 | 女孩儿 | qiz | qiz |
| 6 | 妹妹 | siŋni | siŋil |
| 7 | 公公 | qajnapa | qajnɒta |
| 8 | 婆婆 | qajnama | qajnɒna |

从上表可以看出：爷爷 - papa（撒拉语）-bɒbɒ（乌兹别克语）古突厥语的 baba[①]，是"爷爷"的意思。随着时间的推移，baba 中的 [b] 这个不送气辅音在撒拉语中变成了 [p]，成为送气音。还有乌兹别克语中 [a] 元音变为 [ɒ] 音位。虽然发音中有变化，但这两个词的意思一样。例如：爸爸 - tata（撒拉语）- dada（ada）（乌兹别克语）。乌兹别克语的 dada 本来是古突厥语词，就是"爸爸"的意思。一般乌兹别克斯坦首都人会说 (d)ada，这个方言词跟撒拉语的 tata 的发音完全一样，意思也同样。

① Севортян Э. В. Этимологический Словарь Тюркских языков II. 1978:12.

## （二）异音同源型

异音同源型亲属称谓词主要是指两种语言的亲属称谓词虽然发音不同，但属于同源词。撒拉语中来源于古突厥语的亲属称谓词，虽然在乌兹别克语中不是普遍使用，但在乌兹别克斯坦的零星地区还在使用。（参见表2）

表2　异音同源型亲属称谓

| 序号 | 汉语 | 撒拉语 | 乌兹别克语 |
|---|---|---|---|
| 1 | 婴儿 | ajpala | tʃaqalɒq |
| 2 | 弟弟 | ini | uka |
| 3 | 嫂子 | jaŋku | kelinɒji |
| 4 | 亲家 | uruxqaʃ | quda |
| 5 | 老婆 | kʰin(e) | xɒtin |

撒拉语中的一部分亲属称谓词，虽然和今天的乌兹别克语亲属称谓词不同，但这部分亲属称谓词同乌兹别克语方言词一致。例如：婴儿 – ajpala（撒拉语）- tʃaqalɒq（乌兹别克语）。撒拉语的 ajpala 词是古代突厥语的 aj 和 bala 的结合。在突厥语大词典中，aj[1] 的本义是"月亮"，bala 是"小鸟"，后来 bala 慢慢变成"孩子"的意思[2]。合起来看，即"像月亮一样的孩子"，也就是"可爱的孩子"的意思。乌兹别克语的 tʃaqalɒq 是从古代乌兹别克语的 tʃaqa 衍化出来的，也是"小孩儿"的意思，然后 -lɒq 是名词后缀[3]。

一般乌兹别克人不说 ajpala，但是在乌兹别克斯坦的农村里，人们说 tojbola 和 ojbola，这个词一般会在溺爱小孩子的时候使用。按道理说这三个词发音也很近，用法也一样。所以可以说撒拉语的 ajpala 和乌兹别克语的 tojbola 和 ojbola 是同义词。

---

① Севортян Э. В. Этимологический Словарь Тюркских языков I. 1974:98.

② Qoshg'ariy M. Turkiy so'zlar devoni(Devoni lug'otit turk) III. 1963:250.

③ Rahmatullayev Sh. O'zbek tilining etimologik lug'ati. 2000:417.

弟弟 - inɨ（撒拉语）- uka（乌兹别克语）。撒拉语的 inɨ 是非常古老的突厥语词，今天很多讲突厥语的民族还在使用 inɨ 词①。乌兹别克语的 uka 也是古突厥词，uka 原来发音是 øke，后来 øke 前后的两个元音变了：ø > u，e > a。古突厥语的 øke 是"幼子"的意思②。

uka 和 inɨ 是意思一样的词。乌兹别克人一般使用 uka，但乌兹别克斯坦的西南方还有花剌子模省的花剌子模人经常用的 inɨ，与撒拉语相同。因为花剌子模那边的语言基本是乌兹别克语的乌古斯方言，所以那边人多用古代突厥语词。虽然官方语言没有类似撒拉语的 inɨ，但乌兹别克语方言中还存在这个用法。

嫂子 - jaŋku（撒拉语）- kelinŋjɨ（乌兹别克语）。撒拉语的 jaŋku 的本义是从古突厥语衍变过来的③。乌兹别克语 kelinŋjɨ 的 kelin 是古突厥语词，kel 是来的意思，-in 是派生名词的后缀④，然后 ŋjɨ 是乌兹别克语中"妈妈"意思。结合起来看，古突厥语中 kelin 是"从某地到别处"的意思，就是结婚的姑娘从自家向别人家过去，然后 ŋjɨ 给 kelin 补充了尊重的意义。现在乌兹别克语中 kelin 是"新娘"的意思，kelinŋjɨ 是"嫂子"的意思。一般乌兹别克人说 kelinŋjɨ，但是只有在乌兹别克斯坦的西部和南部的乌兹别克人说 jaŋga，基本上在农村的人会说 jaŋga。因此，撒拉语的 jaŋku 和乌兹别克语的 kelinŋjɨ 是同义词。

亲家 - uruxqaʃ（撒拉语）- quda（乌兹别克语）。撒拉语的 uruxqaʃ 的 urux 是古突厥语词。古突厥语的 urux 本义是"造"的意思⑤，但是现在 urux 被大多讲突厥语的人使用为两个意思："植物的种子"和"亲戚"。乌兹别克语的 quda 是从古代维吾尔语的 adaʃ - qudaʃ 借用过来的⑥，是"亲

① 中国社会科学院民族研究所. 中国突厥语族语言词汇集 [M]. 北京：民族出版社 .1989:90.

② Севортян Э. В. Этимологический Словарь Тюркских языков I. 1974:519.

③ Севортян Э. В. Этимологический Словарь Тюркских языков IV. 1989:189.

④ Rahmatullayev Sh. O'zbek tilining etimologik lug'ati. 2000:201.

⑤ Qoshg'ariy M. Turkiy so'zlar devoni(Devoni lug'otit turk) I. 1963:95.

⑥ Sodiqov Q. Turkiy til tarixi. 2009:322.

兄弟 " 的意思 [①]。按照词汇基础,可以说撒拉语的 uruxqaʃ 和乌兹别克语的 quda 两个词都是 " 关系很近的 " 的意思,是同义词。

现代乌兹别克语没有 uruxqaʃ,但是有发音较相同的词:uruɣdoʃ。乌兹别克语的 uruɣdoʃ 的意思是 " 亲戚 "。uruxqaʃ 和 uruɣdoʃ 词也表示 " 亲戚 " 的意思。

老婆 - kʰin(e)(撒拉语)- xɒtin(乌兹别克语)。撒拉语 kʰin(e) 发音像之前提到过的乌兹别克语 kelin,kʰin(e) 和 kelin 的区别只是没有 [l] 这个辅音。而乌兹别克语的 kelin 还有 " 老婆 " 的意思。但是乌兹别克人基本上用 xɒtin 词,xɒtin 词从古突厥语音译过来的,本来是 qatun、xatun [②]。撒拉语中还有 qadin khiʃ,这个词指 " 妇女 "。撒拉语的 qadin 和乌兹别克语的 xɒtin 是同源同义词。

### (三)异音不同源型

异音不同源型亲属称谓词主要是指两种语言的亲属称谓词发音不同,来源也不同,也就是说这是撒拉语和乌兹别克语词汇的主要差异。(参见表 3)

表 3　异音不同源型亲属称谓词

| 序号 | 汉语 | 撒拉语 | 乌兹别克语 |
|---|---|---|---|
| 1 | 奶奶 | hatʃe | buwɨ |
| 2 | 妈妈 | etʃe | ɒna |
| 3 | 哥哥 | kaka | aka |
| 4 | 姐姐 | azi | ɒpa |
| 5 | 叔叔 | tate | amakɨ |
| 6 | 姑姑 | aku | amma |
| 7 | 舅舅 | atʃɣ | tɒʁa |
| 8 | 姐夫 | tʃiefu | pɒtʃtʃa |

① Sodiqov Q. Turkiy til tarixi. 2009:143.

② Rahmatullayev Sh. O'zbek tilining etimologik lug'ati. 2000:402.

上述表格里的撒拉语词在乌兹别克语中不存在。依照上面的亲属称谓词汇表可以看出撒拉语中除了保留古代突厥语亲属称谓词外，还会借用汉语称谓词。如：哥哥 kaka，姑姑 aku，舅舅 aʧy，姐夫 ʧiefu。

哥哥 - kaka（撒拉语）- aka（乌兹别克语）。kaka 是撒拉语受汉语影响后出现的词，因为 kaka 的发音跟汉语的"哥哥"相似。而乌兹别克人说的 aka 是古突厥语词。并且在乌兹别克斯坦花剌子模省居住的花剌子模人把哥哥称为 ɒʁa。乌兹别克语中的 aka[1] 和 ɒʁa[2] 两个都是古突厥语词，在古突厥语中，aka[3] 和 ɒʁa[4] 本来的发音是 aq，是"老大"的意思。

此外，乌兹别克语还有从古突厥语的 aq（老大）加 ini[5]（弟弟）出现的 ɒʁajnɨ[6]。ɒʁajnɨ 本来在古突厥语中的发音是 aʁaini，是"兄弟"的意思。ɒʁajni 是社会组织名词，它也存在于撒拉语中，并且组合方式与乌兹别克语相同，也是 aq（老大）加 ini[7]（弟弟）成为 aɣaini。撒拉语的 aɣaini 和乌兹别克语的 ɒʁajnɨ 两个意思都一样，即"兄弟"。

总的来说，撒拉语受汉语影响，所以现在撒拉语和乌兹别克语在说"哥哥"时不一样。撒拉语的"哥哥"的发音更像汉语，而乌兹别克语的 ɒʁa 和 aka 是从古突厥语发展而来，没有受外来语影响。但是撒拉语的 aɣaini 和乌兹别克语的 ɒʁajnɨ 两个都来自古突厥语，并在两个语言中保留着 "aq" 这个来自古突厥语的词根。

此外，乌兹别克语亲属称谓也受了波斯语和阿拉伯语言的影响。例如：amakɨ（叔叔）受了波斯语影响，amma（姑姑）受了阿拉伯语影响。

撒拉语和乌兹别克语接受了别的语言影响以后，如上表的那些词本来

---

① Севортян Э. В. Этимологический Словарь Тюркских языков I. 1974:122.

② Севортян Э. В. Этимологический Словарь Тюркских языков I. 1974:264.

③ Севортян Э. В. Этимологический Словарь Тюркских языков I. 1974:122.

④ Севортян Э. В. Этимологический Словарь Тюркских языков I. 1974:264.

⑤ 中国社会科学院民族研究所 . 中国突厥语族语言词汇集 [M]. 北京：民族出版社 ,1989:90.

⑥ Rahmatullayev Sh. O'zbek tilining etimologik lug'ati. 2000:26.

⑦ 中国社会科学院民族研究所 . 中国突厥语族语言词汇集 [M]. 北京：民族出版社 ,1989:90.

的词根完全没有了。乌兹别克语和撒拉语的部分亲属称谓不同了，这两个民族借用了别的语言的词汇。

撒拉语没有姨表和侄儿之类的亲属称谓词。撒拉人如果要称呼这些亲戚会直接叫他们的名字或者按他们的年龄区分，用哥哥、弟弟、姐姐、妹妹相称。这是撒拉语亲属称谓词汇的特征。（参见表4）

表4　亲属称谓词汇差异

| 序号 | 汉语 | 撒拉语 | 乌兹别克语 |
|------|------|--------|------------|
| 1 | 姨表 | （用名字叫） | bøla |
| 2 | 侄儿 | ini（弟弟） | dʒijan |
| 3 | 大伯子 | kaka | qajnɒʁa |
| 4 | 大叔子 | ini | qajni |
| 5 | 大姑子 | azɨ | qajnɒpa |
| 6 | 小姑子 | siŋni | qajnsingil |
| 7 | 大姨子 | azɨ | qajnɒpa |
| 8 | 小姨子 | siŋni | qajnsingil |
| 9 | 大舅子 | kaka | qajnɒʁa |

依照上面的亲属称谓词汇表可以发现，撒拉语和乌兹别克语亲属称谓词汇是大体相同的，但是由于历史发展和跨文化的影响，这两个语言的词汇出现了差别。

# 二、宗教文化词汇比较

乌兹别克语和撒拉语里存在有大量的宗教文化词汇，经过比较分析，我们将这两种语言的宗教文化词汇分为两种类型：同音同源型和异音同源型。

## （一）同音同源型

同音同源型是指乌兹别克语和撒拉语中的宗教文化词汇都来源于阿拉伯语，意义相同，发音相同或相近。（参见表5）

表5　同音同源型宗教文化词汇

| 序号 | 汉语 | 撒拉语 | 乌兹别克语 |
|---|---|---|---|
| 1 | 伊斯兰教 | isliam | islɒm |
| 2 | 大净 | ɣusil(i) | ʁusul |
| 3 | 古兰经 | quran | qurʔɒn |
| 4 | 真主，安拉 | alla | allɒh |
| 5 | 使者 | resul | rasul |
| 6 | 先知 | pʰejɣemper | pajʁambar |
| 7 | 圣训 | sunnetʰ | sunnat |
| 8 | 天职责 | ferz | ɸarz |
| 9 | 晨礼 | pantetʰ | bɒmdɒd |
| 10 | 晌礼 | pʰeʃin | peʃin |
| 11 | 昏礼 | ʃam | ʃɒm |
| 12 | 宵礼 | xuftʰan | xuɸtɒn |
| 13 | 礼拜 | namaz | namɒz |
| 14 | 清真寺 | miʃitʰ | matʃit |
| 15 | 斋月 | ramazam | ramazɒn |
| 16 | 祈祷 | tuva | duɒ |
| 17 | 诚信 | ijmani | ijmɒn |
| 18 | 清真 | haljal | halɒl |
| 19 | 非法的 | haram | harɒm |
| 20 | 罪恶 | kunah | gunɒh |
| 21 | 地狱 | tøzax | døzax |
| 22 | 天堂 | tʃennetʰ | dʒannat |
| 23 | 后世 | axiretʰ | ɒhirat |
| 24 | 后世之事 | qijametʰ | qijɒmat |

从以上的词汇表可以看出，乌兹别克语和撒拉语中的宗教词除了一些语音改变几乎没有别的差异。如：礼拜 - namaz（撒拉语）- namɒz（乌兹别克语）；撒拉语的 namaz 和乌兹别克语 namɒz 词都是阿拉伯语借词，两个语言中这些词的元音有差别。namaz 和 namɒz 词的第二个 [a] 和 [ɒ] 元音不一样的，但是意思完全一样。

还有从辅音方面分析的话，例如：晨礼 - panteth（撒拉语）- bɒmdɒd（乌兹别克语）。撒拉语的 panteth 和乌兹别克语 bɒmdɒd 词都是波斯语借词。从 panteth 和 bɒmdɒd 词中可以看出 [p] 和 [b] 双唇音，还有 [t,th] 和 [d] 舌尖中音的差别，但是因为发音部位一样，所以发音也很接近，意思也一样。

## （二）异音同源型

异音同源型是指乌兹别克语和撒拉语中的宗教文化词汇都源于阿拉伯语或波斯语，意义相同或相近，语音表现不同。（参见表6）

表6　异音同源型宗教文化词汇

| 序号 | 汉语 | 撒拉语 | 乌兹别克语 |
|---|---|---|---|
| 1 | 见面问候 | seljamu | assalɒmu alajkum |
| 2 | 小净 | aptasth | tahɒrat |
| 3 | 开斋 | aɣiz aʃ | iɸtɒrlik |
| 4 | 开斋节 | røza ajit | ijd ramazɒn |
| 5 | 古尔班节 | qurpan | qurbɒn hajit |
| 6 | 施舍（物） | suateqe | xudɒji |
| 7 | 葬礼 | ʧinaz | dʒanɒza, maraka |
| 8 | 阿訇 | ahun | eʃɒn |

见面问候 – seljamu（撒拉语）– assalɒmu alajkum（乌兹别克语）。撒拉语的 seljamu 和乌兹别克语的 assalɒmu alajkum 是源于阿拉伯语词。撒拉语丢失了乌兹别克语 assalɒmu alajkum 中的前缀 -as 和后面的 alajkum：assalɒmu alajkum > seljamu。这两个词的意思一样，但是发音有区别。

开斋节 - røza ajit（撒拉语）- ijd ramazɒn（乌兹别克语）。撒拉语中 røza ajit 是波斯语和阿拉伯语组合起来的词，还有乌兹别克语的 ijd ramazɒn 是阿拉伯语的借词。这两个语言的 ajit 和 ijd 有相同点，例如：ajit 和 ijd 的 [j] 元音一样；还有后面的 [d] 和 [t] 舌尖中音相似；还有乌兹别克语的 ijd ramazɒn 和撒拉语的 røza ajit 表示同一个意义。

小净 - aptastʰ（撒拉语）- tahɒrat（乌兹别克语）。撒拉语的 aptastʰ 是波斯语借词。

乌兹别克人说的 tahɒrat 是阿拉伯语词[1]。还有乌兹别克语中也有撒拉语的 aptastʰ 一词，乌兹别克人说的 ɒbdasta 是"汤瓶"的意思，穆斯林一般小净的时候用汤瓶。按照这个例子可以看出来撒拉语的 aptastʰ 和乌兹别克语的 ɒbdasta 密切关联，以及 aptastʰ 和 tahɒrat 为同义词[2]。

开斋 - aɣiz aʃ（撒拉语）- iɸtɒrlik（乌兹别克语）。乌兹别克语的 iɸtɒrlik 的原义是阿拉伯语的 iɸtɒr[3]。还有 lik 是乌兹别克语中的名词后缀。撒拉族人说的 aɣiz aʃ 是"把嘴打开"的意思，"那开斋吃饭的时候肯定要把嘴打开吗？嘴巴张开是吃的意思吗？"这应该是最早期的一种突厥人的思维方法。

在乌兹别克斯坦农村，人们一般说 ɒʁiz ɒtʃar，这个词跟撒拉语的 aɣiz aʃ 有相同的意思。通过分析 aɣiz aʃ 和 iɸtɒrlik 两个词，可以说它们是同义词。乌兹别克人更多用的是阿拉伯的 iɸtɒrlik 词，但有时候也说撒拉语的 aɣiz aʃ 词。

---

① Ma'rufov A. O'zbek tilining izohli lug'ati II. 1981:149.

② Ma'rufov A. O'zbek tilining izohli lug'ati I. 1981:515.

③ Ma'rufov A. O'zbek tilining izohli lug'ati I. 1981:340.

施舍（物）- suateqe（撒拉语）- xudɒji（乌兹别克语）。撒拉语的 suateqe 词是阿拉伯语音译词[1]。还有乌兹别克人说的 xudɒji 是波斯语的借词[2]。

乌兹别克人把撒拉语的 suateqe 说成 sadaqa。乌兹别克语中的 sadaqa 有两个意思：第一个是"施舍物"的意思；第二个有宗教含义，原先是一家人请穷人吃饭，有施舍的含义，现在逐渐演变为指一家人请阿訇和一些邻居来家里做客，阿訇和大家一起先念古兰经、祈祷，然后一起吃饭。乌兹别克人一般在表达"施舍物"意思一般用 sadaqa 词，为了施舍使用 xudɒji。通过这些例子可以说撒拉语的 suateqe 和乌兹别克语的 xudɒji 这两个词的意思非常相近。

此外，乌兹别克语和撒拉语中都存在有不同程度的阿拉伯语和波斯语借词，但是同一个词汇却用不同的阿拉伯语和波斯语借词。例如：

邦克 - pankʰe（撒拉语）- azɒn（乌兹别克语）。"邦克"的真意为宣告，表示礼拜的时间到了。撒拉族人用的 pankʰe 词是波斯语"boŋ"的借词，是"锣"的意思，据说以前有些地方用锣叫唤过人们，所以"邦克"词也可以表达"呼唤人们做礼拜"的意思。乌兹别克人说的 azɒn 是阿拉伯语词。撒拉语的 pankʰe 在乌兹别克语中未见到。

晡礼 – tikr（撒拉语）– asr（乌兹别克语）。撒拉族人用的五番拜时间表是按波斯语组成的，乌兹别克人用的也是波斯语的，但表示晡礼时的称呼有区别。撒拉族人用的 tikr 是古代波斯语（digar）的借词，但是作为晡礼时乌兹别克人用阿拉伯语（asr）借词[3]，这是两个语宗教文化方面的词汇差异。

宗教文化是生活的重要组成部分，是人类和社会文化的基础。若人们遗忘自己的宗教文化，必然会疏远自己的民族。乌兹别克族和撒拉族的宗

---

[1] Ma'rufov A. O' zbek tilining izohli lug' ati II. 1981:9.

[2] Ma'rufov A. O' zbek tilining izohli lug' ati II. 1981:336.

[3] Ma'rufov A. O' zbek tilining izohli lug' ati I. 198:59.

教文化历史悠久，虽然受到了时间和其他文化的影响，但这两个民族依旧保留着自己的宗教文化。如果对这两个民族的宗教生活进行分析，就会发现其语言有微小的区别，差异较少。

# 三、民俗文化词汇比较

民俗是一个特定群体所共有的文化表现体。民俗文化包括口头传统、民族故事、谚语和笑话。民俗文化还包括习俗传说、婚礼、节日、民间舞蹈和入会仪式等庆祝活动的形式和仪式。

乌兹别克族和撒拉族也有像其他的民族一样丰富的民俗文化。这两个民族的民俗文化也反映着他们的生活方式、社会习俗、文化和信仰。按照循化撒拉族自治县收集的材料可以说明这两个亲属民族的文化传统相似，比如节日、婚礼，生活习俗等都有很大的相似性。经过比较研究，将民俗文化词汇分为两种类型：同源型和非同源型。

## （一）同源型

同源型是指两个民族语中的民俗文化词汇来源相同，发音上相同或相近。（参见表 7）

表 7　同源型民俗文化词

| 序号 | 汉语 | 撒拉语 | 乌兹别克语 |
| --- | --- | --- | --- |
| 1 | 诺鲁孜节 | nouruz | nawruz |
| 2 | 礼 | tʰøj | tøj |
| 3 | 婚礼 | nikʰah | nikɒh tøj |
| 4 | 媒人 | sovtʃi | sɒwtʃi |
| 5 | 割包皮 | sunatʰ al | sunnat tøj |

诺鲁孜 – nouruz（撒拉语）– nawruz（乌兹别克语）。乌兹别克和撒拉族语音中的诺鲁孜词属于波斯语借词，是"新天"的意思[①]。诺鲁孜节是从公元前时代开始过的节日，就像中国春节一样的节日。乌兹别克人说的 nawruz 和撒拉族人说的 nouruz 词中几乎没有差异，意思没改变，只能看到两个语音的变化：nawruz – nouruz。

礼 - tʰøj（撒拉语）- tøj（乌兹别克语）。因为撒拉语和乌兹别克族语原本是建立在古突厥语基础上，所以两个语的 tøj 和 tʰøj 的发音和意思还是一样的。tøj 词古突厥语中的意思是"吃饱"[②]。

媒人 - sovʧɨ（撒拉语）- sɒwtʃi（乌兹别克语）。sovʧɨ 和 sɒwtʃi 两个都是古突厥语词[③]。媒人是指男方家给女方家说亲的人。乌兹别克语的 sɒwtʃi 和撒拉语中的 sovʧɨ 的发音很接近，意思也没改变。

割包皮 - sunatʰ al（撒拉语）- sunnat tøj（乌兹别克语）。乌兹别克语的 sunnat tøj 和撒拉语的 sunatʰ al 是阿拉伯语借词。割包皮是伊斯兰教文化当中的传统。sunatʰ al 和 sunnat tøj 的意思和发音都相同。

## （二）非同源型

非同源型是指两个民族语中的民俗文化词汇来源不同，发音也不同。（参见表 8）

表 8　非同源型民俗文化词

| 序号 | 汉语 | 撒拉语 | 乌兹别克语 |
|---|---|---|---|
| 1 | 故事 | tømpaɣ | hikɒja |
| 2 | 彩礼 | mal | qalin |
| 3 | 满月酒 | ajpale vaxmakʰ | ɸarzand tøj |
| 4 | 暖房（新房贺喜） | jaŋ øj tʰøjne varʧe | hɒwli tøj |

---

[①] Ma'rufov A. O'zbek tilining izohli lug'ati I. 1981:492.

[②] Qoshg'ariy M. Turkiy so'zlar devoni(Devoni lug'otit turk) III. 1963:262.

[③] Qoshg'ariy M. Turkiy so'zlar devoni(Devoni lug'otit turk) III. 1963:445.

故事 - tømpaɣ（撒拉语）- hikɒja（乌兹别克语）。虽然乌兹别克语中也有 tømpaɣ，但不是指"故事"，是"胖胖的"的意思，而在撒拉语中，tømpaɣ 是"故事"的意思。乌兹别克语中的"故事"是 hikɒja 一词，源于阿拉伯语[①]。值得一提的是，乌兹别克语还有一个词：dʒumbɒq。在发音上，乌兹别克语的 dʒumbɒq 的最后四个音位跟撒拉语的 tømpaɣ 的最后四个音位很接近：tømpaɣ - dʒumbɒq，而且 dʒumbɒq 是"谜语"的意思，似乎和"故事"这个含义有关联。所以可以猜测撒拉语的 tømpaɣ 和乌兹别克语的 dʒumbɒq 也应该有关系，但是现在撒拉语的 tømpaɣ 的同义词是乌兹别克语的 hikɒja。

彩礼 - mal（撒拉语）- qalɨn（乌兹别克语）。撒拉语的 mal 词是从阿拉伯语借过来的词[②]。乌兹别克语的 qalɨn 词是古突厥语词，意思从来没改变，还是"彩礼"的意思。古突厥语中 qalɨn 词的词根是 qalə[③]，古突厥语的 qaldə 词还有"提高"的意思，这个意思在土库曼语中还保留着，土库曼人说 galdər，是"提起来"的意思[④]。

乌兹别克语中也有撒拉语的 mal 词，在这两个语言中意思是一样的。撒拉语和乌兹别克语中 mal 词有两个意思：第一个是前面说的"财力"；还有第二个意思是指牛、羊之类的有价值用于交换的动物。传统上，彩礼是给女孩子家的身价钱。一般交彩礼的时候，除了钱以外还给牛和羊。虽然撒拉族人用的 mal 是波斯民族文化词，但意思跟乌兹别克语的 qalɨn 词是完全一样的。

满月酒 - ajpale vaxmakʰ（撒拉语）- ɸarzand tøj（乌兹别克语）。上述撒拉语的 ajpale（婴儿）是从古突厥语中的 aj 和 bala 两个词组合而成。撒拉语的 vaxmakʰ 词是"看"的意思，是古突厥语词[⑤]。撒拉语 vaxmakʰ 词跟

---

① Ma'rufov A. O'zbek tilining izohli lug'ati II. 1981:697.

② Ma'rufov A. O'zbek tilining izohli lug'ati I. 1981:470.

③ Qoshg'ariy M. Turkiy so'zlar devoni(Devoni lug'otit turk) III. 1963:382.

④ Rahmatullayev Sh. O'zbek tilining etimologik lug'ati. 2000:517.

⑤ Qoshg'ariy M. Turkiy so'zlar devoni(Devoni lug'otit turk) II. 1963:23.

乌兹别克语的 bɒqmɒq 词发音非常相近，意思也一样，现在乌兹别克人使用的 bɒqmɒq 一般用在诗里面。还有乌兹别克语的 ɸarzand（孩子）是阿拉伯语借词。

撒拉族和乌兹别克人家里的孩子出生之后，所有亲戚去他们家看小宝贝，给那个幸福家庭送个礼物祝贺。撒拉人把这个习俗称为 ajpale vaxmakʰ，就是"去看刚出生孩子"的意思。而乌兹别克人用"ɸarzand tøj"表示"给刚出生的孩子庆生而举办活动"的意思。可见，乌兹别克语的 ɸarzand tøj 和撒拉语的 ajpale vaxmakʰ 的意思相近，文化含义也互相交融。

暖房（新房贺喜）- jaŋ øj tʰøjne varʧe（撒拉语）- hɒwlɨ tøj（乌兹别克语）。撒拉族人说的 jaŋ øj tʰøjne varʧe 这四个词都是古突厥语词①，是"去新房贺喜"的意思。一般某人买或建新房之后，亲戚会去他家祝贺，这是乌兹别克和撒拉族传统上的一个小活动，这两个亲属民族过这个习俗时也是一样的。乌兹别克人也把撒拉人的 jaŋ øj tʰøjne varʧe 说为 jaŋɨ uj tøjga borish，这两个词发音很接近，意思也是一样的。

乌兹别克和撒拉族民俗文化也是按照宗教约定俗成的，所以在这个方面基本上很近似。但在研究过程中发现，乌兹别克语中没有撒拉语 tiŋʧʰa（订婚）这一词。

订婚 - tiŋʧʰa（撒拉语，）- ɸɒtiha（乌兹别克语）。乌兹别克人说的 ɸɒtiha 是阿拉伯语借词，撒拉族人使用的 tiŋʧʰa 是汉语订婚词，所以撒拉族语的 tiŋʧʰa 跟乌兹别克语的 ɸɒtiha 不同。

根据笔者分析的这两个民族的民俗词汇差异，可以说乌兹别克族和撒拉族的民俗文化有共同的特色，因此汇集了很多的近义词，但是其中也有不同的词。

---

① Rahmatullayev Sh. O' zbek tilining etimologik lug' ati. 2000.

# 四、饮食文化词汇比较

乌兹别克族和撒拉族族都是好客民族，有着相同的饮食文化，这也表现在两种语言中有着大量相同或相近的饮食文化词汇。但由于历史的变迁、环境和气候的影响，两个民族的饮食文化习俗也表现出了地域特色。经过比较研究，我们将饮食文化词汇分为两种类型：同源型和非同源型。

## （一）同源型

同源型是指乌兹别克语和撒拉语中的饮食文化词汇来源相同，发音相同或相近。（参见表9）

表 9　同源型饮食文化词汇

| 序号 | 汉语 | 撒拉语 | 乌兹别克语 |
|------|------|--------|------------|
| 1 | 茶 | ʧʰaj | tʃɒj |
| 2 | 葡萄（干） | øzum | uzum, majiz |
| 3 | 杏儿 | ørix | ørik |
| 4 | 苹果 | alma（alima） | ɒlma |
| 5 | 奶油 | qajmax | qajmɒq |
| 6 | 麦子 | jerme | jɒrma |
| 7 | 麦仁 | køʧe | gødʒa |
| 8 | 油 | jaɣ | jɒʁ |

茶 - ʧʰaj（撒拉语）- tʃɒj（乌兹别克语）。在乌兹别克语与撒拉语中，ʧʰaj 和 tʃɒj 两个词都是汉语借词[①]。茶是古代丝绸之路上，从中国古代输出的最有名的贸易物品之一。因而这个词属于汉文化语词，都是源

---

① Ma'rufov A. O'zbek tilining izohli lug'ati II. 1981:376.

自汉语，所以撒拉语的 ʧʰaj 和乌兹别克语的 tʃɒj 在发音和意思上是一样的。

葡萄（干）- øzum（撒拉语）- uzum, majiz（乌兹别克语）。撒拉语中的 øzum 有两个意思：葡萄和葡萄干。而乌兹别克语中 uzum 只有"葡萄"的意思，majiz 是"葡萄干"的意思。虽然撒拉语 øzum 和乌兹别克语 uzum 两者在词义方面有较小区别，但是两者发音完全一样。

## （二）非同源型

非同源型是指乌兹别克语和撒拉语中的饮食文化词汇来源不同。（参见表 10）

表 10　非同源型饮食文化词汇

| 序号 | 汉语 | 撒拉语 | 乌兹别克语 |
|---|---|---|---|
| 1 | 肉 | etʰ | gøʃt |
| 2 | 杏干儿 | ørix qatʰqan | turʃak, ʁølin |
| 3 | 馕 | emix | nɒn |
| 4 | 油馕 | jaɣ emix | tʃøzma nɒn |

肉 - etʰ（撒拉语）- gøʃt（乌兹别克语）。撒拉语的 etʰ 是古突厥语词[①]。乌兹别克人说的 gøʃt 是塔吉克语借词[②]。乌兹别克语也有 etʰ，但表示的是人体或者动物皮肤的意思。按上面的例子，可以说乌兹别克语接受塔吉克语的 gøʃt 以后，本来的 etʰ 一词的意思从"肉"变成的和肉相关的"皮肤"的意思。

馕 - emix（撒拉语）- nɒn（乌兹别克语）。撒拉语的 emix 是古突厥语

---

① Qoshg'ariy M. Turkiy so'zlar devoni(Devoni lug'otit turk) I. 1963:70.

② Ma' rufov A. O' zbek tilining izohli lug' ati I. 1981:202.

中的 jem，指"某个吃的食物"①。乌兹别克人说的 nɒn 是塔吉克语借词 ②。乌兹别克语当中也能找到 jemak 或 jemiʃ，但是是"饲料"的意思，跟撒拉语的 emix 不一样，但跟食物方面有词义关联，发音也相似。

杏干儿 - ørix qatʰqan（撒拉语）- turʃak, ʁølin（乌兹别克语）。撒拉语的 ørix qatʰqan 的基础 ørix 是古突厥语词③，然后 qatʰqan 是"干"的意思。

乌兹别克语的 turʃak 是塔吉克语借词④，一般在乌兹别克斯坦的东北话中有 turʃak。乌兹别克语还有 ʁølin 是古突厥语词，一般在乌兹别克斯坦的南方地区使用 ʁølin。乌兹别克斯坦的乌兹别克人跟中国乌孜别克族人说的"杏干儿"词不一样。中国乌兹别克人说 gyle⑤，但是发音上，gyle 和 ʁølin 的发音相似。

乌兹别克语当中也有跟撒拉语 ørix 一样的 ørik，这两个词意思完全一样，是"杏儿"的意思。还有撒拉语的 ørix qatʰqan 是"干的杏儿"的意思，乌兹别克人也把这个词说成 qɒtgan ørik。按照分析可以看出两种语言的发音、意思都一样。此外，撒拉语的 ørix qatʰqan 和乌兹别克语的 turʃak、ʁølin 都是同义词。

此外，由于汉语的影响，撒拉语饮食文化词汇有的是汉语借词，这些汉语借过来的撒拉语饮食文化词汇在乌兹别克语中是不存在的。（参见表 11）

下例的两个撒拉语词是撒拉语加汉语混合而成的词。

韭菜盒子 – kortij pozi　　　　　　kortij（撒拉语）+ pozi（包子译音）；

南瓜包子 - naŋkua emix　　　　　naŋkua（南瓜译音）+ emix（撒拉语）。

---

① Севортян Э. В. Этимологический Словарь Тюркских языков I. 1974:335.

② Ma'rufov A. O'zbek tilining izohli lug'ati I. 1981:510.

③ 中国社会科学院民族研究所 . 中国突厥语族语言词汇集 [M]. 北京 : 民族出版社 .1989:456.

④ Ma'rufov A. O'zbek tilining izohli lug'ati II. 1981:230.

⑤ 中国社会科学院民族研究所 . 中国突厥语族语言词汇集 [M]. 北京 : 民族出版社 .1989:80.

表 11　饮食文化词汇差异

| 序号 | 汉语 | 撒拉语 | 乌兹别克语 |
|---|---|---|---|
| 1 | 豆子 | pʰiʧʰax | nøxat |
| 2 | 核桃 | xus | jɒnʁɒq |
| 3 | 梨子 | armutʰ（ruaru） | nɒk |
| 4 | 包子 | pilmax | bøʁirsɒq |
| 5 | 肉米羊筋 | tamer | qøj gøʃli ɒwqat |
| 6 | 烤羊腿 | inʧʰiɣ | qɒwrulgan qøj ɒjɒʁɨ |
| 7 | 火锅 | luŋku | qajnatma taɒm |
| 8 | 韭菜盒子 | kortij pozi | ʧʃubarak |
| 9 | 南瓜包子 | naŋkua emix | qɒwɒqqli nɒn |
| 10 | 搅团 | kʰøten | xamirli ɒwqat |
| 11 | 油搅团 | pilmeh | atala |
| 12 | 杂粮焖 | ʃiaŋ | xɒlwɒtar |

豆子 – pʰiʧʰax（撒拉语）– nøxat（乌兹别克语）；核桃 – xus（撒拉语）– jɒnʁɒq（乌兹别克语）；梨子 – armutʰ（ruaru）（撒拉语）– nɒk（乌兹别克语）。

按照调查时收集的材料，可以说撒拉语的 pʰiʧʰax、xus 是古突厥语词，armutʰ 是波斯语借词。还有按照撒拉族人说，一般把梨子（armutʰ）放很久之后就会变成软软的果子，所以有时候撒拉族人叫这个东西 ruaru。

此外，在现代土库曼语中有 xus 和 armutʰ，意思跟撒拉语一样。乌兹别克人用的 nøxat 和 nɒk 是塔吉克语借词[1]。

根据这些饮食文化词汇的比较可以得出乌兹别克族和撒拉族的饮食文化词汇存在很大的相似性，这两个民族从古代到现在一直保留着古代突厥人的饮食文化，但因地域文化的影响，这两个民族的饮食文化词汇也表现出了各自的地域文化特色。

---

[1]　Ma'rufov A. O'zbek tilining izohli lug'ati I. 1981:507.

# 五、农业畜牧词汇比较

中亚地区气候温暖、生长季节长、水源很丰富。乌兹别克族从古代即开始生产各种各样的产品，包括大麦、大米、玉米、葡萄、杏子、苹果、甜瓜、芝麻等。历史上畜牧业也是中亚农业的重要组成部分，牛、羊和家禽是农业中的主要动物种类。在中国，撒拉族种植小麦、藏大麦、荞麦和土豆等农作物。他们从事畜牧业、伐木业、制盐业和羊毛纺织业等副业。经过比较将这两种语言中的农业畜牧词分为两种类型：同音同义型和异音同义型。

## （一）同音同义型

同音同义型是指乌兹别克语和撒拉语中的农业畜牧词汇来源和发音相同，意思都完全一样的。（参见表12）

表12　同音同义型农业畜牧词汇

| 序号 | 汉语 | 撒拉语 | 乌兹别克语 |
|---|---|---|---|
| 1 | 羊 | qøj | qøj |
| 2 | 母牛 | inix | sigir, inak |
| 3 | 小公牛 | tana | tana |
| 4 | 驴子 | eʃex | eʃak |
| 5 | 马 | atʰ | ɒt |
| 6 | 饲料，草料 | jem | jem, jemiʃ |
| 7 | 木头 | aɣaʃ | jɒʀɒtʃ |
| 8 | 小劈柴 | øtin | øtin |
| 9 | 煤炭 | kømir | kømir |

续表 12

| 序号 | 汉语 | 撒拉语 | 乌兹别克语 |
|------|------|--------|------------|
| 10 | 小麦 | puɣta | buʁdɒj |
| 11 | 青稞 | arfa | arpa |
| 12 | 虫子 | kʰytʰ | qurt |
| 13 | 肥料 | tezix | tezak |
| 14 | 砖 | kʰiʃ | ʁiʃt |
| 15 | 楔子 | qazux | qɒziq |
| 16 | 鞍子 | eŋer | egar |

通过对比这两个民族农业生活的词汇，可以看出这些词的意思没改变，基本上都一样的，只能在元音和辅音方面看出来差异。例如：马 - atʰ（撒拉语）- ɒt（乌兹别克语）。撒拉族人说的 atʰ 是古突厥语词，原来的发音是 aːt。古突厥语的 aːt 有多种意思：名字、马、扔①。本来 aːt 的前元音是 [a]，但后来乌兹别克语中 [a] 变成 [ɒ] 音位，但撒拉语的 atʰ 和乌兹别克语的 ɒt 意思还是一样的。

鞍子 - eŋer（撒拉语）- egar（乌兹别克语）。乌兹别克人和撒拉族人使用的 eŋer 和 egar 两个词都是古突厥语词，这个词在古突厥语中发过 eg 的音，是"弯折"的意思②。乌兹别克语的 egar 和撒拉语的 eŋer 词语音相近，词义也没改变。

## （二）异音同义型

异音同义型是指乌兹别克语和撒拉语的农业畜牧词汇来源和语音不同，但是意思一样的。（参见表 13）

---

① Rahmatullayev Sh. Oʼzbek tilining etimologik lugʼati. 2000:258.

② Qoshgʼariy M. Turkiy soʼzlar devoni(Devoni lugʼotit turk) I. 1963:180.

表 13　异音同义型农业畜牧词

| 序号 | 汉语 | 撒拉语 | 乌兹别克语 |
|------|------|--------|-----------|
| 1 | 羊圈 | kʰaraŋ | mɒlxɒna（ɒʁɨlxɒna） |
| 2 | 农村 | aɣil | qiʃlɒq |
| 3 | 田 | astʰ | dala |
| 4 | 扫帚 | sysi | supurgi |
| 5 | 梯子 | uzuŋku | narwɒn |
| 6 | 仓库 | qaznax | ɒmbɒr |
| 7 | 钉子 | qatix | mix |
| 8 | 铲子 | tʰureh | belkurak |

　　羊圈 - kʰaraŋ（撒拉语）- mɒlxɒna（ɒʁɨlxɒna）（乌兹别克语）。撒拉族人说的 kʰaraŋ 是古代突厥语词。古突厥语中本发音是 qara，是"看、照顾"的意思①。如果在家里有动物的话，肯定要照顾它。所以按道理可以说撒拉语的 kʰaraŋ 词还保留本义。乌兹别克语中的 mɒlxɒna 词是阿拉伯语（mɒl）和波斯语（xɒna）的借词②。若直接翻译的话，"牛"加"房子"也就是"羊圈"的意思。

　　乌兹别克语没有撒拉语的 kʰaraŋ 词，但是有发音和词义较相同的两个词：qøtan 和 qøra 词。乌兹别克语中 qøtan 表示"上面有饲料仓库的冬天的羊圈"，qøra 则是"在牧场上的夏天的羊圈"，乌兹别克语的 qøtan 和 qøra 这两个词在乌兹别克斯坦的农村和南方用得多。撒拉语的 kʰaraŋ 和乌兹别克语的 qøtan 和 qøra 发音和词义都非常相近。乌兹别克语的 mɒlxɒna，ɒʁɨlxɒna 和撒拉语的 kʰaraŋ 是同义词。

　　此外，乌兹别克语 ɒʁɨlxɒna 的词根是 ɒʁɨl，属于古突厥语词。古突厥

---

① Rahmatullayev Sh. O'zbek tilining etimologik lug'ati. 2000:528.

② Ma'rufov A. O'zbek tilining izohli lug'ati II. 1981.471.

语的 ɒʁɨl 是 "深度" 的意思[①]。后面的 -xona 是波斯语后缀。

　　撒拉语和乌兹别克语都有古突厥语的 ɒʁɨl。两个发音都一样，但是词义方面有差异。撒拉语的 aɣɨl 是 "农村" 的意思，乌兹别克人说的 ɒʁɨl 是 "羊圈"。我们一般每个农村家里能找到羊圈，按这个道理可以说撒拉语的 aɣɨl（农村）与乌兹别克语的 ɒʁɨlxɒna（羊圈）有密切关联。

　　田 - astʰ（撒拉语）- dala（乌兹别克语）。撒拉语的 astʰ 是古突厥语词，本义是 "地下" 的意思[②]。乌兹别克人说的 dala 应该是塔吉克语借词。乌兹别克语中也有跟撒拉语 astʰ 发音相同的 ost，也是 "下" 的意思，可能两个词都暗示着种子要种在 "地下"。

　　扫帚 - sysi（撒拉语）- supurgɨ（乌兹别克语）。乌兹别克语的 supurgɨ 跟古突厥语的 subur 都是 "打扫" 的意思[③]，supurgɨ 根本意思还是一样的。乌兹别克语中没有撒拉语的 sysi，但是在乌兹别克斯坦的东北人把扫帚说成 supse，拉语的 sysi 和乌兹别克斯坦东北人的 supse 是同一个词，但是后来东北话 supse 的 [p] 音在撒拉语中丢失了。

　　梯子 - uzuŋku（撒拉语）- narwɒn（乌兹别克语）。撒拉语的 uzuŋku 来自于古突厥语的 uza 一词，它在古代突厥语中的本义是 "提升" 的意思[④]，这一词根还存在于 uzuŋku 中。乌兹别克语的 narwɒn 则是塔吉克语借词[⑤]。

　　乌兹别克语还有撒拉语的 uzuŋku。乌兹别克人把 "马镫" 说成 øzaŋɨ。发音中可以发现 uzuŋku 和 øzaŋɨ 的语音是一样的。因为骑马的时候用马镫，还有上屋顶的时候用梯子，两个都是 "上去某地" 的意思，所以撒拉语的 uzuŋku 跟乌兹别克语的 øzaŋɨ 有词义关系。

---

① Qoshg'ariy M. Turkiy so'zlar devoni(Devoni lug'otit turk) I. 1963:103.

② Севортян Э. В. Этимологический Словарь Тюркских языков I.1974:195.

③ Qoshg'ariy M. Turkiy so'zlar devoni(Devoni lug'otit turk) I. 1963:452b.

④ 　Севортян Э. В. Этимологический Словарь Тюркских языков I.1974:624.

⑤ Ma' rufov A. O' zbek tilining izohli lug' ati I. 1981:495.

乌兹别克人把"马镫"说 øzaŋgi，但时至今日，乌兹别克人把乌兹别克语和塔吉克语混着说，例如乌兹别克的撒马尔罕和布哈拉人会把"马镫"说成 naxal。所以可以发现这个词可能部分源于塔吉克借词。

笔者在调查时发现撒拉语中的一些农业畜牧词汇在乌兹别克语中完全不存在。（参见表14）

表 14　农业畜牧词汇差异

| 序号 | 汉语 | 撒拉语 | 乌兹别克语 |
|---|---|---|---|
| 1 | 农业 | ʧoŋkil iʃ | qiʃlɒq xødʒaligi |
| 2 | 农民 | ʧoŋkelʧi | dehqɒn |
| 3 | 牦牛 | hajnax | buqa |
| 4 | 饲槽 | sulɣu | ɒxir |
| 5 | 牛 | kylix | mɒl |
| 6 | 饲料仓库 | øxlax | jemiʃxɒna |
| 7 | 稀 | savan | ɒmɒtʃ |
| 8 | 骡 | losa | xatʃir |

牤牛 - sixir, umiʂ（撒拉语）- høkiz（乌兹别克语）。乌兹别克人一般称母牛为 sigir（sixir - 撒拉语），但是有时候也不分牛的性别直接说 sigir 或者 høkiz。

通过这部分词汇的比较分析，可以了解这两个民族的农业畜牧生活。此外，也可以知道这两个民族的农业生活词汇中很大的相似性，同时也存在着不同点。

# 六、乌兹别克族和撒拉族的文化差异

文化差异指两个民族的信仰、行为、语言、习俗和表达方式的不同点。笔者在调查中发现乌兹别克族和撒拉族在文化方面也存在着一些差异。

## （一）亲属称谓的命名文化差异

我们在调查中发现乌兹别克和撒拉族在亲属称谓的命名方式上有所不同。乌兹别克族的亲属称谓命名方式有点特殊，会将几代人的亲属称谓全部在名字中体现。乌兹别克民族家庭最多有七代的亲属称谓延续系统。（参见表15）

表15　乌兹别克族人的七代亲属称谓

| 序号 | 汉语 | 乌兹别克语 |
|---|---|---|
| 1 | 孩子 | ɸarzand |
| 2 | 孙子 | newara |
| 3 | 曾孙 | ewara |
| 4 | 玄孙 | tʃewara |
| 5 | 无 | duwara |
| 6 | 无 | ɒwɒra |
| 7 | 无 | begɒna |

乌兹别克民族的这种命名方式表示七代的亲属系统，每个人应该知道自己的前七个祖先。比如以我为例，我的祖先是这么梳理的，Khalil 是我的祖先的名字，Khalil 的孩子（ɸarzand）是 Taha，Khalil 的孙子

（newara）是 Qaid，Khalil 的曾孙（ewara）是 Mohammed 等，最后的
第七个后裔是我（begɒna）。从第七个人开始属于 begɒna，最后第七的
begɒna 词是 "陌生" 的意思。从我开始的后裔对 Khalil 祖先属于陌生人。
（参见表 16）

表 16 "我的七个祖先"

| Khalil | | |
|---|---|---|
| 1 | Taha | ɸarzand |
| 2 | Qaid | newara |
| 3 | Mohammed | ewara |
| 4 | Haydar | tʃewara |
| 5 | Nomoz | duwara |
| 6 | Murod | ɒwɒra |
| 7 | Dilshod | begɒna |

据考证乌兹别克族人用的七代亲属称谓词受塔吉克语影响，源自塔吉
克语，所以这种七代的亲属称谓命名方式在撒拉族家庭中是没有的。撒拉
族的命名方式受汉语影响，直接起汉语的名字。

## （二）宗教文化差异

乌兹别克族和撒拉族虽然大都信仰伊斯兰教，但所遵守的伊斯兰的规
定在细节上还是有所不同。例如按伊斯兰教规定开始做礼拜的时候，抬手
入拜念词前要祈祷。一般乌兹别克族和撒拉族祈祷的时候用母语或者阿拉
伯语（如果会说阿拉伯语的话），但是有时候乌兹别克族人会用波斯语祈祷，
撒拉族人会用撒拉语或者汉语祈祷。

## （三）民俗文化差异

乌兹别克族和撒拉族都有很丰富的民俗文化，且二者有一些共同之处。并且这两个民族间还有民俗文化的差异。乌兹别克族和撒拉族民间的故事比较多。撒拉族民间流传着关于撒拉族来源的口头传说《骆驼泉》，撒拉语为《tøye jyl》，这个故事中反映撒拉族先民从中亚的撒马尔罕迁到循化的历史。还有撒拉族民间流传着《aku qaratʃi》《ana jynxunʧi》之类的很多故事。虽然这些故事在乌兹别克族民俗文化中是完全没有的，但是乌兹别克族民俗文化中有着各种各样的故事，例如《alpɒmiʃ》《kuntuʁmiʃ》《gørɒʁli》。这些乌兹别克语口头文学故事在撒拉语中是不存在的。

此外，乌兹别克族民俗学中有摇篮曲。乌兹别克族人把摇篮曲说成 alla。alla 是一首由母亲在哄婴儿入睡时唱给婴儿听的歌，它的歌词表达母亲此时的心情和状态，是即兴创作的。母亲用语言和音乐的方式与不懂任何单词的婴儿进行交流，并试图通过表达她的梦想和期望来安抚婴儿。摇篮曲是一种沟通的方式，可以连接母亲和婴儿。

乌兹别克族的摇篮曲（alla）

| | |
|---|---|
| kørar køzɨm, allajɒ. | 你是我的眼睛，阿拉约 ①。 |
| sujar søzɨm, allajɒ, | 我可爱的话阿拉约， |
| alla bɒlam allajɒ. | 阿拉，我的孩子，阿拉哟。 |
| shirin dʒɒnim, allajɒ, | 我可爱的灵魂阿拉约。 |
| | |
| kitʃkinasan, lɒlasan, | 你是我的小郁金香 |
| alla bɒlam alla. | 阿拉，我的孩子，阿拉哟。 |
| qatʃɒn katta bɒlasan | 你什么时候长大？ |
| alla bɒlam alla. | 阿拉，我的孩子，阿拉哟。 |

---

① 乌兹别克民族摇篮曲中的"阿拉"跟表示真主的"安拉"之间没有联系。

qøzitʃɒʁim, alla.　　　　　　　　　阿拉，我的羔羊，阿拉

aqlliɡim allajɒ alla　　　　　　　　我聪明的孩子，阿拉哟

kɒkɨllari tillɒdanaj, alla.　　　　　　我金色卷发的女孩，阿拉

asal bɒlam allajɒ alla.　　　　　　我蜂蜜孩子，阿拉哟，阿拉

　　乌兹别克族的这种摇篮曲在撒拉族中是存在的，但由于受汉语和汉文化的影响，撒拉族的摇篮曲慢慢由母语转化为汉语。虽然说撒拉族和乌兹别克族的摇篮曲在曲调是不一样的，但歌曲内容基本相同。撒拉族人把摇篮曲说成 jojilaɣuʃɨ。

### 撒拉族的摇篮曲（jojilaɣuʃɨ）

jo jo jo jo jo　　　　　　　　　　哟 哟 哟 哟 哟

amaniɣɨ anani, amaniɣɨ ʧe ʧex anani jo　阿妈的花儿般的阿娜

oxla jo, oxla jo　　　　　　　　　睡吧 睡吧

ʃe miniɣɨ mamux kutu tir　　　　　　阿妈的棉花骨朵

amaniɣɨ tʂintʂu malu jo　　　　　　你是阿妈的珍珠玛瑙

jirexniɣɨ tʰaɣɨ oxla ʧi jo jo jo　　　　心肝宝贝睡了 哟 哟


jo jo jo jo jo　　　　　　　　　　哟 哟 哟 哟 哟

amaniɣɨ altʰun avunɨ　　　　　　　妈妈的金子娃

kumuʃh avunɨ jirex jaɣɨ jo　　　　　妈妈的银子娃 心肝宝贝哟

xanʃank avunɨ jo jo　　　　　　　皇上阿吾 哟哟

oxlatuɣu jo, oxlatuɣu jo　　　　　　睡吧 睡吧


　　在节日方面，由于受地域文化的影响，乌兹别克族受苏联时期的影响，乌兹别克人也过生日、新年等。而在我们调查中发现撒拉族人中只有年轻

人过生日。

此外这两个民族最重要的节日是宗教节日和诺鲁兹节。宗教节日包括伊斯兰教的开斋节和古尔邦节。这两个民族都会过这两个节，撒拉族比较看重宗教节日，诺鲁兹节只在少部分人中流行。

在婚俗方面，乌兹别克族和撒拉族的婚俗文化很相似，但有些方面也不一样。比如乌兹别克族和撒拉族的传统婚礼中，需要有家里的男性把新娘背过去。但是乌兹别克族在背新娘进门的时候，新郎要背着新娘转三圈门口的火圈，才能说将新娘娶进门了，乌兹别克人称这个传统说为"plɒvdan ajlaniʃ"，意思是"转火圈"。这个传统源于琐罗亚斯德教，是古代波斯文化的传统，然后慢慢演变成乌兹别克族祖先的传统。其实从伊斯兰教法来说，这种传统穆斯林是不能做的，但是乌兹别克族人已经习惯并延续了这个传统，尤其是乌兹别克斯坦的东南部地区和西南部地区。但是由于近年来乌兹别克斯坦的伊斯兰教的快速发展，所以有大部分人已经舍弃或者不认可这种其他宗教影响下的传统。相比乌兹别克族，撒拉族受波斯文化影响较小，因此撒拉族人的婚俗中并没有背新娘绕着火圈转的这种现象。

## （四）饮食文化差异

原本撒拉族和乌兹别克族在饮食文化方面是很相似的，但由于受别的文化的影响，两个民族在饮食文化方面的不同变得更多了。笔者在循化撒拉族自治县调研时，感受到了这两个民族间的饮食文化差异。例如火锅 – luŋku（图1）和搅团 – kʰøten（图2）。本来撒拉族的传统上没有这两种饭，通过调研明白这是汉文化的传统菜。还有乌兹别克族饮食文化中也不存在火锅 – luŋku、搅团 – kʰøten 和烤羊腿 – inʃʰiɣ 之类的菜。

图 1　火锅 - luŋku①　　　　　　　图 2　搅团 - kʰøten②

再比如中国文化中的茶，在撒拉语中是 ʧʰaj，乌兹别克语中是 ʧɒj。听起来会发现两个民族都吸收了汉语借词。茶这个词在乌兹别克语和撒拉语里没有区别，但是有茶文化的差异。乌兹别克族的茶文化很有意思，比如乌兹别克族中有一句话，"水要来回倒七次才是干净的"，所以一般乌兹别克人泡茶以后不会直接倒给客人，而是一定要把茶倒出来 3 次，然后倒进去 6 次，第 7 次才可以倒水。但是第 7 次倒的水不能给客人，而是给自己。然后他要拿另外一个杯子倒茶给客人。倒茶给客人的时候应该倒得适量。如果倒满了，就表示对客人的不尊重。撒拉族的茶文化中没有这些习惯，而且有一个方面跟乌兹别克族完全相反：倒茶的时候，如果没倒满的话，就表示对客人不尊重。

在图 3、图 4 两个传统菜的词中，虽然乌兹别克语与撒拉语表达的词汇不一样，但在乌兹别克族中能找到这些美食，因而两个民族在文化饮食上也会有相似性。

杂粮焖 - ʃiaŋ（撒拉语）- xɒlwɒtar（乌兹别克语）。可以说是两个民族的甜食之一。按照研究撒拉语饮食文化的理解，撒拉族人说的 ʃiaŋ 词应该是蒙古文化的传统菜，而乌兹别克族、撒拉族和蒙古族都是讲阿尔泰语的民族部落。还有这两个菜形式和味道也很相似的，从这方面来看应该是这两个菜之间有密切的联系。

---

① 2019 年 12 月笔者在循化撒拉族自治县调研过程当中所拍。

② 2019 年 12 月笔者在循化撒拉族自治县调研过程当中所拍。

图3　ʃiaŋ（撒拉语）① 　　　　　图4　xɒlwɒtar（乌兹别克语）

　　油搅团 – pilmeh（撒拉语）– atala（乌兹别克语）。一般乌兹别克和撒拉族家里某个妇女生孩子了，那就会做一顿油搅团饭。这是表示吉庆和好的运气，可见，乌兹别克和撒拉族在饮食文化这块儿很相似。

　　此外，笔者在导师的指导下，在中国循化撒拉族自治县，还有在乌兹别克斯坦调研中查到了一些关于撒拉族概况的材料，这些材料可以进一步了解乌兹别克族和撒拉族的现状。虽然在乌兹别克斯坦见不到撒拉族人，但找到了以本民族命名的农村、街道、火车站名。（参见图5、图6）

图5　"Salor 和 Salar" 街道②

---

① 2019 年 12 月笔者在循化撒拉族自治县调研过程当中所拍
② 2019 年 12 月笔者在乌兹别克斯坦调研过程当中所拍。

图 6 "Salar" 火车站①

通过对比乌兹别克族和撒拉族语言背后的文化，我们发现了这两个民族之间存在的文化差异。在"一带一路"的背景下，促进两个民族的语言文化交流，延续古丝绸之路的传统具有重要的意义。

# 七、结　语

笔者通过比较分析撒拉语和乌兹别克语的大量词汇，发现这两种语言存在大量的同源词，但同时也存在着不同的词汇。虽然撒拉语和乌兹别克语属于亲属语言，但因历史文化的变迁、地域的影响，两种曾经同源的亲属语言分道扬镳了。乌兹别克语受到了俄语的影响，而撒拉语受到了汉语的影响。在语言接触中，两种语言发生着变异，各具特色。

此外，我们通过分析发现乌兹别克族和撒拉族在文化方面既有共性也

---

① 2019 年 12 月笔者在乌兹别克斯坦调研过程当中所拍。

有差异型。同属突厥民族的撒拉族和乌兹别克族都保留有相同的文化习惯，但同时两个民族的文化也各有特色。在"一带一路"倡议下，两个民族的交流会越来越密切。希望本文能起到抛砖引玉的作用，能够为两个民族语言文化的研究贡献一份微薄的力量。

# 蒙古语和土族语动物名称比较研究

AMARSANAA MUNKHDUL （小龙）

## 一、蒙古族和土族概况

### （一）蒙古族和蒙古语

1. 蒙古族

蒙古国，面积为 1564116 平方公里，有 300 万人口，其蒙古族主要由喀尔喀人组成，占人口的绝大多数。根据 2010 年中国第六次全国人口普查的数据，中国的蒙古族人口约为 650 万，主要分布在内蒙古、新疆、河北、青海、河南、四川、贵州、北京和云南等地。

2. 蒙古语

蒙古语属于阿尔泰语系，阿尔泰语系包括突厥语族、蒙古语族、满 - 通古斯语族。蒙古语族包括现代蒙古语、达斡尔语、东乡语、土族语、保安语、东部裕固语、卡尔梅克语、布里亚特语和莫戈勒语。蒙古国和中国的蒙古族现在使用蒙古语。关于"蒙古"一词的含义曾有各种互不相同的解释：有人认为来自 mongo（银）或 monxǝ（永恒），有人认为来自山水名等。蒙古国使用的文字是西里尔字母，官方语言是蒙古语。除了官方语言外，另有 15% 的人说其他蒙古方言，而少数民族则使用突厥语。最大的少数民族是哈萨克族，其中大多数是克烈族和乃蛮部。蒙古人民共和国时期，由于苏联的影响废除了传统的蒙古文字，主要使用西里尔字母，现在恢复了传统的蒙古文字，但使用数量较少。中国内蒙古是用传统的蒙古文字母书写的，并与简体中文一起使用。

蒙古语有 35 个字母，主要元音有 7 个：单元音分短元音、长元音、双元音三类。短元音有 7 个 a、e、i、o、u、ö、ü；长元音有 7 个 ã、ē、ì、ō、ū、ö、ü；双元音有 5 个 ae、oe、ui、üi、ua。主要辅音有 b、b'、p、p'、m、m'、d、d'、t、t'、n、n'、l、r、r'、dz、dž、ts、tš、j、g、g'、x、x'、ŋ、k、f、w。

该语言是黏着语，其主要特征有：主宾谓语序，有元音和谐定律，没有相当于汉语中"有"一词的动词，并且单词不能以流音开头（如 r、l）等。

## （二）土族和土族语

### 1. 土族历史与文化

土族人称自己为"蒙古勒"（Mongghul），当他们与蒙古人分开时，他们称自己为"察罕蒙古勒"（qighan mongghul），称蒙古人是"哈拉蒙古勒"(hara mongghul)，而"哈拉"和"察罕"等限定词可能来自黑鞑靼和白鞑靼，没有赞美之意。宋金人根据鞑靼受汉文化影响的深浅把靠近农业区的翁吉剌惕、阴山鞑靼称白鞑靼，而将草原蒙古称作黑鞑靼[①]。一些学者认为，黑、白是指毡房的颜色，蒙古族的毡房是黑色的，土族的毡房是白色的，裕固族的毡房是黄色的。互助土族自治县伏兰纳拉（红崖子沟）的土族和同仁县的部分土族也自称克尔伦 (karlong) 人[②]，藏族称土族为"霍

---

① 李克郁. 蒙古尔（土族）是历史上不同时期来到河湟域的蒙古人 [J]. 青海民族研究,1991（2）.
② 清格尔泰. 土族语和蒙古语 [M]. 呼和浩特：内蒙古人民出版社,1988.

尔"(hor)<sup>①</sup>,汉族曾称土族为"土人""土达""达子"<sup>②</sup>。中华人民共和国成立后,中国在识别民族成分时统一使用"土族"一名。

土族主要分布在青海省海东市互助土族自治县、民和回族土族自治县、大通回族土族自治县、乐都区、黄南藏族自治州同仁市、海北藏族自治州门源回族自治县,以及甘肃省西部地区的天祝藏族自治县、永登县等地。根据 2010 年全国第六次人口普查,土族的总人口是 289565 人,其中青海省的人数是 204412,甘肃省的人数是 30781,其余的散居在全国其他地方。土族人口主要集中于:互助土族自治县有 63680 人,占全县人口总数的 18%,大通回族土族自治县有 4433 人,占全县总人口的 10%,民和回族土族自治县有 42243 人,占全县总人口的 12%,同仁县有 9737 人,占全县总人口的 11%。从 2000 年到 2010 年间,中国土族人口从 191624 人增加到 289565 人,增长速度较快。土族主要从事农业,兼少量畜牧业,根据 2010 年第六次人口普查,全国大约 70% 的土族从事农业<sup>③</sup>。

2. 土族语

土族语属于阿尔泰语系蒙古语族,主要分布在青海省海东市互助土族自治县和民和回族土族自治县。土族语与蒙古语、达斡尔语、东乡语、保安语、东部裕固语(裕固族的一种语言)之间存在明显的对应关系,有许多常见的语法类别和语法形式,例如单词的重音落在最后一个音节上,保留了一些古老的声音和单词,汉语的借词使用较多等。

土族语在民族形成的过程中主要与吐谷浑、蒙古诸族有渊源关系。土族语将词分为十种类型,它们分别是:名词、代词、形容词、数字、动词、副词、后置词、助词、连词和感叹词。名词中主要是人称代词和其他代词,动词主要有祈使式、陈述式、形动词、副动词等语法形式,副词没有统

---

① 李克郁. 霍尔, 杂谈 [J]. 青海民族研究 .1998(3).

② 民和回族土族自治县概况 [M]. 西宁 : 青海人民族出版社 ,1986.

③ 数字引自青海省 2010 年第六次人口普查资料。

一的语法标志。最后四类则属于虚词,它们与实词结合以表达其语法含义。土族语的顺序是主语或宾语、谓语,定语和副词都位于修饰词之前。土族语有三种方言:互助方言、民和方言和同仁方言。土族最初没有自己的书面语言,1979 年在调查研究的基础上,根据土族人的意愿,相关研究人员创制了以拉丁文为基础的文字。字母的书写方式与汉语拼音字母相同。土族语的单元音分为短元音、长元音、复元音三类:短元音有 5 个 a、e、i、o、u;长元音也有 5 个 a:、e:、i:、o:、u:;复元音有 10 个 ai、au、iu、ia、iau、ui、ua、uai、ui、ua。辅音有单辅音和复辅音:单辅音有 b、p、m、f、u、dz、ts、s、d、t、n、l、r、dʐ、tʂ、ʂ、dʑ、tɕ、ɕ、k、j、x、ŋ、ɢ;复辅音有 sb、sdz、sm、sn、sɢ、ɕm、ɕn、ʂd、ɕdʑ、ʂg、ɕɢ、xg、xɢ、nd、nt、ndʑ、ntɕ、ŋg、mb、nts、ntʂ、ndz、np、ŋɢ、ŋk、rb、rm、rd、rg、rɢ、rdz、rdʑ。基础方言是互助方言,并以互助方言中的东沟注音为标准语言参考点。语法方面,各种格的附加成分形式简单,没有变体、动词和形容词作谓语时要加判断语气助词,副动词的附加成分种类较多。词汇方面,保留着一些古词、汉语借词和藏语借词,派生法是主要的构词方式。根据 14000 个词的比较,土族语约有 85% 以上的词与现代蒙古语相同。

# 二、蒙古语动物名称

蒙古语的动物名称与蒙古人的文化、观念、风俗、思维特点等密切相关。蒙古人自古以来是游牧民族,崇拜大自然,他们生活在大自然中时在自己的观念名称中加了一些动物名称。有些动物名称不存在蒙古语当中,这与蒙古国的地理分布有关,所以他们的有些动物的名称是直接从其他语言中借过来的。但是在蒙古语中,他们传统的生活习俗中有关的畜牧的名称要比其他语言丰富,名称分类也很细。每个民族都有自己的思维特点,所以他们就用自己的语言和思维方式来称呼事物。

## (一)蒙古语动物名称类型

### 1.畜牧动物名称

蒙古族自古以来是游牧民族,所以畜牧名称比其他语言中的丰富,名称分类也很细。例如:"mori"指的是"马",在蒙古语关于马的词很多,一岁到种马的名称都是不一样,都有专门的名称(表1)。

表1 蒙古语中关于畜牧动物的名称

| unaga | 马驹子 | uxer | 牛 |
|---|---|---|---|
| daaga | 两岁的马 | tugal | 牛犊 |
| šudleŋ | 三岁的马 | byruu | 两岁的牛 |
| soyooloŋ | 四岁的马 | guna/gunj | 三岁的牛 |
| xyazaalaŋ | 五岁的马 | dono | 四岁的牛 |
| azarga | 儿马 | unee | 乳牛 |
| guu | 骒马 | šar | 种牛 |
| aduu | 马群 | bux | 犍牛 |
| temee | 骆驼 | botgo | 小骆驼 |
| torom | 两岁的骆驼 | buur | 公骆驼 |
| at | 种骆驼 | enge | 母骆驼 |
| xœn | 绵羊 | xurga | 绵羊羔 |
| tolog | 两岁的羊 | shudlen xœn | 三岁的羊 |
| soyoolon xœn | 四岁的羊 | xyazaalan xœn | 五岁的羊 |
| xuts | 公绵羊 | yamaa | 山羊 |
| išig | 山羊羔 | borlon | 两岁的山羊 |
| shudlen yamaa | 三岁的山羊 | soyoolon yamaa | 四岁的山羊 |

续表1

| xyazaalan yamaa | 五岁的山羊 | uhna | 公山羊 |
|---|---|---|---|
| serx | 种山羊 | sarlag | 牦牛 |
| tooroi | 牦牛犊 | — | — |

### 2. 野生动物名称

这里只写了蒙古族的野生动物名称（表2）。

表2　蒙古语中关于野生动物的名称

| tšono | 狼 | hyars | 牡蛎 |
|---|---|---|---|
| baavgai | 熊 | tsooxor irves | 雪豹 |
| uneg | 狐狸 | uyen | 一种动物 |
| šiluus | 一种动物 | solongo | 一种动物 |
| manuul | 一种动物 | — | — |

### 3. 哺乳动物名称

哺乳动物被认为是最发达的动物，它们之所以被称为哺乳动物，是因为它们中的雌性能够用自己奶水哺育下一代。下面所列举的是蒙古族中的哺乳动物（表3）。

表3　蒙古语中关于哺乳动物的名称

| xandgai | 驼鹿 | buga | 鹿 |
|---|---|---|---|
| bor goroos | 羚羊 | tsagaan zeer | 瞪羚 |
| yangir | 野山羊 | argal | 野绵羊 |
| xavtgai | 野骆驼 | boxon | 羚羊的一类 |
| bulga | 水貂 | zaraa | 刺猬 |

续表3

| | | | |
|---|---|---|---|
| dorgo | 獾 | minj | 海狸 |
| xaliu | 一种动物 | zerleg gaxai | 野猪 |
| alag daaga | 一种动物 | tarvaga | 旱獭 |
| xuder | 一种动物 | suusar | 一种动物 |
| tuulai | 兔子 | xerem | 松鼠 |
| zuram | 一种动物 | noxoi | 狗 |
| muu | 猫 | — | — |

## 4. 翅膀动物名称

表4所列举的是蒙古族的鸟类。

### 表4　蒙古语中关于翅膀动物的名称

| | | | |
|---|---|---|---|
| tas | 一种鸟类 | xur | 一种鸟类 |
| burged | 鹰 | tagtaa | 鸽子 |
| elee | 一种鸟类 | togoruu | 一种鸟类 |
| xeree | 乌鸦 | boljmor | 一种鸟类 |
| šonxor | 猎鹰 | uil | 一种鸟类 |
| xoilog | 一种鸟类 | xoxoo | 杜鹃鸟 |
| toodog | toodog | tsaxlai | 鸥 |
| soir | 一种鸟类 | xaraatsai | 燕子 |
| šaazgai | 喜鹊 | yatuu | 一种鸟类 |
| šar šuvuu | 猫头鹰 | yol | 一种鸟类 |

## （二）蒙古语动物名称与蒙古文化

蒙古语中的动物名称不仅保留了重要的语言特征，还包括了蒙古族的季节性名称、部落和人的名称、土地名称、宗教、谚语、赞美、节日游戏和谚语等，这些都与蒙古文化的各种语境相关联，丰富了蒙古文化的内容。用动物的名称来丰富蒙古文化这与他们理解环境实质的方式有关，古代蒙古国领土辽阔，有森林、河流、山脉和峡谷，还有许多食草动物和野兽，这为美丽的蒙古"森林猎人"和"草原牧民"与大自然和野生动物的融洽相处，以及与游牧生活方式有关的节日游戏提供了条件。

蒙古文化中动物代表的文化意义分为以下几类：1）文化意义。在蒙古语中有些动物的名称是用比喻的方法来称呼的，例如 "temēn xiarūl( 鸵鸟 )" 的名称与骆驼进行了比较，意思是 " 大 "，"morin šorgōldž ( 马蚂蚁 )" 的名称与马进了比较，也是 " 大 " 的意思。2）描述意义。蒙古语中动物的名称在任何形式上都是模仿动物的性格，它描绘了动物的颜色、声音、外观等，例如视觉刺激、唤醒和神经刺激。但是，只要一个人的精神活动试图唤醒这种形象化，他们就可以找到自己真正的想法，例如从自然的意义上讲，他们尽可能地使歌曲的自然声音与语言和附近的环境协调一致，以使蒙古语的声音不仅可以表达自然声音，还可以表达其发音，例如 "āldz ( 蜘蛛 )""damjuur xorxœ( 蠕虫 )" 就概括了这些动物的特征，但是对于那些不熟悉蒙古语的人来说，这些动物的名称无助于识别，也无助于他们描述该动物的特征。3）思维意义。这是表达人们对语言中一种实质性物质的意思，它与人们对文化的思考直接相关。

蒙古的农历与狩猎、放牧生活、历史地理和社会发展的过程相关，并且以四个季节中的重大事件、动物和宗教周期为基础。例如牲畜词（如公牛和公羊）中的鹿、上颚、食草动物、麋鹿等，它们直接与蒙古族的狩猎和牲畜生产（例如动物的育种、交配、产犊、毛发转化等）相关。在蒙古的时间计数系统中，每个月都用一种动物来命名，这些动物有绵羊、猴子、鸡、狗、猪，这种命名方式主要同这些动物的生活习惯紧密相关，并且蒙古人对此都很了解。此外，每一年也都用一种动物来命名，例如，在"蒙古秘史"中，有"老鼠年（193 年）""牛年（198 年）""老虎年（202 年）""兔年（257 年）"等记载。很久以前，蒙古人就是依靠季节性日历或单独的年份来标记和延续他们的历史。

蒙古人的祖先自古以来就崇拜太阳、月亮、鹿、蛇、猪、龙、马、狗和老虎等，所以在很早以前就开始把十二个月以动物的名称来命名，这是古代蒙古族的季节性标记。以前，游牧蒙古人对太阳和月球周期做了许多研究，例如根据对风、风暴、雪、雨、闪电等的观察，他们将一年分为四个季节，然后将四个季节分为十二月，把每个月都命名为动物的名字，例如：

"一月"被称"bar sar（老虎月）"，因为在一月，老虎的头部会发出声音。

"二月"被称为"tuulai sar（兔子月）"，因为二月兔子都会奔跑，并且这个月是仲春，冬眠的动物会醒来，候鸟会飞回来。

"三月"被称为"luu sar（龙月），因为这个月会有上天的歌唱和龙的安慰。

"四月"被称为"mogoi sar（蛇月）"，因为这个月毒蛇会交配和孵蛋。另外，这个月是夏天的第一个月，所有的青蛙和乌鸦也被称为"布谷鸟月亮"。

"五月"被称为"mori sar（马月）"，这是因为这个月是马授精的关键季节。同时又是仲夏，是花朵授粉并结出果实的时刻。因此，五月的星座运势说"宇宙的绽放，小麦的绽放，阳光的祝福，夏至，以及许多动物享有和平的时间"。

"六月"被称为"xoni sar（羊月）"，因为这个月是夏季的结束，是剪羊毛的季节。另外，这个月也被称为"种子"，因为哺乳动物开始进入了哺乳期。

其他的月份依此类推。

# 三、土族语动物名称

## （一）土族语动物名称类型

长期以来，土族语受到其他语言的影响，因为他们靠近其他民族或与相邻的民族融合在一起，他们会将某些名词直接翻译成自己民族的，还有些动物名称在土族语当中是没有的，这与他们的生活环境等有关系。

一个语言的丰富、发展的途径不外乎两个：一个是在原有语言材料的基础上不断发展、丰富；一个是适当吸收、消化其他民族语言的成分。关于吸收、消化其他民族语言的成分，在词汇的组成部分里有了一些叙述。关于在原有语言材料基础上不断发展、丰富的问题，是构词法所要涉及的问题，给原有词汇以新的内容，以表达新的事物，某个词的形式可以不变，用词义的扩展、词义的引申等办法表达新的事物，这样就形成了词汇中的多义词。本文研究了土族语的词汇，找出了几个例词，由名词派生名词：ɕira-ɕirami:（黄—黄鼠）、xaldan- xaldan dʐɑɢɑsə（金—金鱼），这说明土族人命名某些动物时直接就用动物的颜色或外形，当然，这种方法在其他民族语言中也是存在的。

我们把土族语的动物名称分为下几种：

1.畜牧动物名称

土族语当中畜牧动物名称比其他动物名称要多，如表5。

表5　土族语中的畜物动物名称

| morə | 马 | buru | 两岁的牛 |
| daxaŋ | 马驹子 | toxol | 牛犊 |
| ɑdzirɢa | 儿马 | fugor | 种牛 |
| ɢu | 骒马 | təme:n | 骆驼 |

续表5

| ka:rdɑ | 马群 | xunə | 绵羊 |
|---|---|---|---|
| fugor | 牛 | xurga | 绵羊羔 |
| une | 乳牛 | xudzɑ | 公绵羊 |
| buxɑ | 犍牛 | imaŋ | 山羊 |
| nəguŋ | 山羊羔 | xaimaɢ | 牦牛 |
| xɢai | 猪 | — | — |

### 2.野生动物名称

土族语当中的野生动物名称不多，这与他们的地理分布有关，例如："bas"（虎）、"dʑildʑiɢɑ"（虎崽）、"tɕunɑ"（狼）、"sənɡə"（狮子）、"noxui"（狗）、"buɢu"（鹿）、"laŋwutɕe:"（象）、"radaɢ"（野兽）、"tarbuɢɑ"（旱獭）。

### 3.翅膀动物名称（表6）

表6　土族语中的翅膀动物名称

| surosə buldiu | 蝙蝠 | xara ɢa:ɢalau | 鸬鹚 |
|---|---|---|---|
| ɢa:lau | 鹅 | cau | 鸟 |
| ngusge | 鸽子 | ɢoŋ | 天鹅 |
| tuɢuraŋ | 鹤 | kere | 乌鸦 |
| taɢau | 鸡 | ʃadʑiɢai | 喜鹊 |
| mɑ:qur | 孔雀 | ɢurɢul | 野鸡 |
| tɕar | 鹰 | — | — |

## （二）土族语动物名称与土族文化

语言和文化是密切相关的，语言是一种文化固有的特殊形式，文化是语言的基础，并且语言从其文化起源的开始就已经成为其出现的一种形式。土族语中动物的名称大部分跟蒙古语是一样的，这说明两个民族对动物文化意义的理解有相同点，我们可以把土族文化中动物代表的文化意义分为两种：1）文化意义。这与本民族的文化有密切关系，例如农耕文明占据了土族文化中的很大一部分，他们视牛为忠诚的劳动伙伴，在过去，土族不吃耕牛的肉。土族是一个包容且善于学习的民族，他们的文化中有汉文化成分和藏文化成分。2）描述意义。土族语中动物的名称也是在任何形式上都模仿动物的性格，它描绘了动物的颜色、声音、外观等，例如视觉刺激、唤醒和神经刺激，例如 ɕira-ɕirami:（黄—黄鼠）、xaldan- xaldan dzaɢasə（金—金鱼）、xara ɢɑ:ɢalau（鸬鹚），这些名称都是直接用他们的颜色来命名的。

虽然土族现为农业民族，但他们很久之前就在大自然中放牧生活，所以与畜牧有关的名称比较多，但有些畜牧的名称是其他语言中的借词，这方面土族语跟蒙古语是相似的。同时在土族文化中畜牧是很重要的，因为土族人是早期游牧民族，并且大部分关于畜牧的名称跟古代蒙古语语音是一致的。土族自古以来就崇拜大自然，崇拜"马"，土族语中关于"马"的词都是褒义的，所以关于畜牧的名称就多一些，例如："maltɕin"指的是"放牧人"，"mal"是牲畜的意思，后加"tɕin"就是放牧人。"mori"指的是"马"。

土族语中"daaǧa"指的是两岁的马，土族语当中马驹子叫"daxaŋ"；"adzarga"指的是"儿马"，土族语叫"ɑdzirɢa"；"guu"指的是"骒马"，土族语叫"gu"；"aduu"指的是"马群"，土族叫"kɑ:rdɑ"；"uxer"指的是"牛"，土族语叫"fgor"；"tugul"指的是"牛犊"，土族语叫"toxol"；"unee"指的是"乳牛"，土族语叫"une"；"bux"指的是"犍牛"，土族语叫"buxɑ"；"byruu"指的是"两岁牛"，土族语叫"buru"；"temee"指的是"骆驼"，土族语叫"təme:n"；"xœn"指的是绵羊，土族语叫"xunə"；"yamaa"指的是"山羊"，土族语叫"imaŋ"。土族语中的畜牧名称非常丰富，分类也很细。对游牧民族来说牧业方面的词很重要，是要在生活当中每天都使用的，但是与蒙古语名称相比比较少，比如关于骆驼的词只有一个。草原游牧民族的生活方式跟大自然、资源、生物有密切关系，所以土族比其他民族中的畜牧名称多，这也是游牧民族文化中的一部分。

# 四、蒙古语和土族语动物名称的异同

## （一）从动物名称看民族文化共性

这段主要介绍蒙古语和土族语中畜牧的名称，比较他们语言词汇的异同。蒙古族是游牧民族，游牧民族的生活与大自然的资源有密切关系，所以其语言中牧业方面的词汇很丰富，分类也很细。土族语中的一些词跟蒙古语中的意思和语音一样或相近。

蒙古人过去曾以畜牧业为主，现在也有畜牧业领域，因此与畜牧业有关的词特别丰富，具有鲜明的民族特色，例如：牲畜种类的名称非常精确，每种动物的名称会根据动物的性别和年龄的不同而不同。蒙古语的"tavan xošuu mal"，指的是马、牛、骆驼、山羊、绵羊。土族也曾经是游牧民族，土族语的牧业词也很多，但是不像蒙古语分类的那样细致，有些词跟蒙古语的意思和语音一样，畜牧名称的大部分在语音上是完全一致的，如表6。

表6　蒙古语和土族语中关于畜牧的名称

| 蒙古语 | 土族语 | 汉语 |
| --- | --- | --- |
| matšin | mɑltɕi | 放牧人 |
| mori | morə | 马 |
| daağa | daxaŋ | 两岁的马 |
| adzarğa | ɑdzirɑ | 儿马 |
| guu | gu | 骒马 |
| unee | unə | 乳牛 |
| bux | buxa | 犍牛 |
| byruu | buru | 两岁的牛 |
| xœn | xunə | 绵羊 |
| xuts | xudza | 公绵羊 |

　　每个民族都有自己的生活、环境，在人类社会早期，人们对自然界的许多神秘现象都会产生恐惧，这一时期各民族的信仰基本相同，但随着社会的发展、人们意识的不断提高，到了后期，各民族的信仰和风俗习惯便有了差异，例如蒙古族和土族的文化有着密切的关系，蒙古族和土族人对萨满教有着长期的信仰，但是随着历史的变迁，特别是受藏传佛教格鲁派的影响，这两个民族对萨满教的信仰发生了很大变化。蒙古族和土族自古以来就有尊重自然的传统美德，他们在大自然的怀抱中养育五畜，在放牧的过程中崇拜大自然，形成了一种良好的习俗，这一习俗的具体体现和崇尚习俗在这两个民族的语言中得到了充分的展现。人类之所以会产生崇拜自然的意识，是因为他们在极度萧条的时期对客观世界和自身的认识不够充足。蒙古族和土族自古以来就十分崇拜自然万物，认为万物皆有神灵，从最初的原始信仰中我们可以看到人类尊重自然的意识。偶像崇拜是人类文化史上的普遍现象，笔者找到的土族语动物的名称大部分是跟蒙古语相同的，有些名称从语音和记音上可以看出是完全一致的，如表7。

表7　蒙古语和土族语中相同的动物名称（1）

| 蒙古语 | 土族语 | 汉语 |
|---|---|---|
| gū | gu: | 骒马 |
| gurgūl | ɢurɢul | 野鸡 |
| sādzgæ | ʃadʒiɢɑi | 喜鹊 |
| noxœ | noxui | 够 |
| temee | təmeːn | 骆驼 |
| xurga | xurɢɑ | 绵羊羔 |

有些词虽然记音有些不同，但实际上是一致的。记音的不同是由于音位系统的细小差异引起的，如表8。

表8　蒙古语和土族语中相同的动物名称（2）

| 蒙古语 | 土族语 | 汉语 |
| --- | --- | --- |
| adzraga | ɑdzirɢa | 儿马 |
| bar | bas | 老虎 |
| yamā | iman | 山羊 |
| dzagas | dʐɑɢasə | 鱼 |
| xuts | xudʐa | 公绵羊 |
| taxia | taɢau | 鸡 |
| tšono | tɕuna | 狼 |
| lū | liu | 龙 |
| gaxæ | xɢai | 猪 |

"龙"一词在蒙古语中叫做"lū"，土族语叫做"liu"，很明显，这两个词都是汉语的借词，因为在两个民族的文化当中"龙"是没有意义的。

蒙古族和土族文化中都有马崇拜现象，自古以来他们就崇尚马匹，以其命名乐器。蒙古人在征服世界的整个时期，没有马是难以想象的。马对游牧民族的生活有着重要的影响，特别是牧民日常走马。此外，赛马是搏克比赛中最重要的。蒙古族中有许多关于马的传说、舞蹈、歌曲等作品。自13世纪以来，因为蒙古人崇拜马，所以不吃马肉。土族人也忌讳圆蹄牲畜肉，里面包括马，直到现在他们还是不吃马肉。

马的文化意义在蒙古语和土族语当中都是褒义，这两种语言当中关于马的词汇、成语也都是褒义。土族文化中，尤其是对白马，有崇敬之意。古代蒙古语马叫"𐌰𐌹"，蒙古语叫"mori"，土族语叫"morə"，现代蒙古语和古代蒙古语中马的写法、读音都不一样，但是土族语中马的读音和古代蒙古语一样。研究起来土族语中的大部分词的读音跟古代蒙古语一样。在蒙古语中关于马的词有很多，一岁到种马的名称都是不一样的，有专门的名称，土族语也是，但有些词没有，比如"unaga"指的是"马驹子"，"daaga"指两岁的马，土族语当中马驹子叫"daxaŋ"，"adzarga"指的是"儿马"，土族语叫"ɑdzirɑ""guu"，指的是"骟马"，土族语当中也是一样"gu"，这些词的读音差不多一样。这样看来这两个民族的马文化是一样的，并且关于马的词的写法、读音也很相似。

蒙古人长期以来一直禁止杀死狗，在《蒙古近典》《喀尔喀法典》等古代法典中也有关于禁止杀狗的规定。蒙古人认为狗是具有一种老虎一样的力量、狮子般的威力、龙一样的猛烈的动物，所以与"狗"有关的词都是有褒义的。狗被蒙古人用来饲养牲畜、狩猎和陪伴他们远足。在蒙古古老的习俗中，如果养狗就要从它小的时候开始选养，需要给它哈达，给它马肉等食物后带走。蒙古人会给狗起一个有意义的名字。蒙古人不会给狗吃生肉，因为生肉尝起来又辣又血腥。土族人也认为狗是个好的动物，在土族文化中狗象征正直、忠诚、有责任心、重友谊，家里来客人或者是来了陌生人要喊叫以告诉主人。可以看出蒙古族和土族当中狗的文化意义是相同的。"狗"一词蒙古语叫"noxœ"，土族语叫"noxui"，"狗"在两个语言中的语音也是一致的。

土族人视牛为忠诚的劳动伙伴，在过去，土族不吃耕牛的肉。蒙古人除了能吃牛肉，在其他方面跟土族也是一样的。蒙古人自古以来用牛来做家务事、搬东西、游牧，让牛干活儿等。"牛"一词蒙古语叫做"úxer"，土族语叫做"fugor"。

"乌鸦"一词蒙古语叫做"xerē"，土族语叫做"kere"，语音和记音上是一致的，文化意义也是相同的，两个民族的人都认为"乌鸦"是不好的动物,是贬义的,听到乌鸦叫会说将会有不好的事发生,代表有死亡的气息。

"猫头鹰"一词蒙古语叫做"šar šuvuu"，土族语叫做"ɕira cau"，读音是差不多的，文化意义也是相同的，在两个民族的文化中猫头鹰带有不好的意义，猫头鹰的叫声代表不吉利，因此他们不愿意听到其叫声。

"喜鹊"一词蒙古语叫做"sādzgæ"，土族语叫做"ʃadʑiɡai"，语音上是一致的。两个民族文化当中"喜鹊"是褒义的，代表吉利，蒙古人看到了喜鹊或听到了喜鹊的叫声，会认为是好的意义，将会有好的事情发生。

从以上的举例中我们可以看到蒙古族和土族中有些动物的文化意义是相同的，动物名称的语音也是一致的。

## （二）从动物名称看民族文化个性

虽然蒙古族和土族在文化、历史、语言方面有很多相同的地方，但是也有很多不同的地方，因为他们生活环境的不同、周围其他民族的影响等导致了他们不同的生活方式、文化和信仰等，例如：

蒙古人崇拜狼，认为狼是有气性的动物。游牧的蒙古祖先喜欢将自己比作草原上的蓝狼，好让他们得以幸存。《蒙古秘史》这本书中有这样的开头，成吉思汗的贵族 Burte-chino 是天堂的天堂，他的妻子 Gua-Maral 越过大海定居在 Onon 河的母亲山上，并生了一个儿子 Batzagaan。今天我们说和写的"狼"字，古代蒙古语叫"tšĭnua（ᠴᠢᠨᠣᠠ）"，现代蒙古语叫"tšŏno（Чоно）"。关于这个字的起源，蒙古国的作者和研究员 L.Tudev 写道：曾经有一段时间，阿欣族的部落从亚速海一直到康加山脉，直到公元 6 世纪为止，征服了三分之二个世纪。那时，部落的名字变得非常强大，他们的名字叫"a + shin"或"圣狼"。"Shina"是指狼，在古代蒙古语中"tšĭnua（ᠴᠢᠨᠣᠠ）"这样保留着。一直以来狼对蒙古族来说是很重要的动物，关于狼的词和成语都是褒义的，也有尊称的。蒙古族忌讳狼的公开名称，称之为 "teŋgerīŋ noxœ" "bōxœ" "xērīŋ bōxœ" "dzūxaldag" "xar amt" 等。土族不崇拜狼，狼反而在土族文化中的意义都是表示贬义的，土族中有个词叫 "狼心"，形容一个人非常凶残，这是受汉族文化影响。虽然在土族文化中狼是贬义的，但写法和读音跟古代蒙古语相近，狼一词土族语叫 "tɕuna"，古代蒙古语叫 "tšĭnua"。土族语中的大部分词汇跟古代蒙古语是相近的。

蒙古人把有影响力的人或家庭中的知名人士称作"熊"，在古代部落中，熊崇拜的习俗很普遍，在节日上，熊的头被绑在了 "古代坑" 的四根柱子上，以此来接受崇拜。蒙古人把熊作为他们的远古祖先来崇拜。在土族文化中"熊"只具有阳刚之气的象征意义，是力量的象征，没有别的意义。"熊"一词蒙古语叫 "baavgai"，土族语跟汉语一样叫 "熊"。

蒙古人称蛇为"长虫"，有许多童话故事将蛇描述为"王"，人们认为蛇是长寿的动物，如果杀死蛇，那么那个人很快就会死。在春天，人遇到蛇就不会再说话。在土族文化当中"蛇"是贬义的，代表邪恶、狡诈、冷血。从以上分析我们可以看出"蛇"在两个民族文化中有着不同的现象和意义。"蛇"一词蒙古语叫 "mogœ"，土族语叫 "moɢui"，在语音上是一致的。

虽然在蒙古语和土族语中大部分词是相同的，但是也会有不同的词，例如"狮子"这种动物不存在于两个民族中，所以表示的词也不同，蒙古语叫做 "arslan"，土族语叫做 "sənɡə"，因此在蒙古族和土族的文化中没有相同的含义。"孔雀"也是在蒙古族和土族当中没有的，所以表示的词在语音上有差别，蒙古语叫做 "togos"，土族语叫做 "mɑːqur"。"象"也不存在于两个民族的文化当中，所以表示的词在语音上也有差别，蒙古语叫做 "zaan"，土族语叫做 "laŋwutɕeː"。

# 五、结　语

　　本文研究了蒙古语和土族语中动物的名称。蒙古语中动物的名称是蒙古语词汇研究的重要组成部分，同时对蒙古民族的思维特点、概念、风俗习惯以及其他方面的研究也具有重要意义。蒙古语中的动物名称与古代蒙古人的文化、自然、思想、梦想等密切相关，因此，蒙古语中的动物名称经常被用于各种语言学风格，例如标点符号、拼写、赞美和谚语等方面，并已成为语言特征的组成部分。比较和分析蒙古人和土族人所崇拜的史前动物的名称、文化时，很显然，两族人在习俗、文化、宗教和语言学上有着千丝万缕的联系。土族语当中的动物名称不多，有些动物名称本就没有或者是从别的语言中借过来的，这是因为受到了其他民族语言和文化的影响。土族语当中与畜牧有关的名称跟蒙古语是一样，都是比较丰富的，但是有些畜牧的名称也是没有的，或者是其他语言的借词，这表示土族语跟蒙古语有密切的关系。在对土族的动物名称进行研究和比较时，可以看到其与蒙古族在语言上存在许多相似之处，但也有许多不同之处，例如在崇拜、文化等方面存在差异，还有很多其他名称。大部分关于畜牧的名称跟古代蒙古语语音是一致的。蒙古语中的动物名称已经成为词汇中的重要组成部分，不仅保留了该语言的特征，而且还与蒙古文化的多种语境联系在一起，丰富了蒙古文化的内容，这与蒙古族的环保主义者在生活中对现象的思考和理解方式直接相关，因此，蒙古人将他们所知道的动物名称命名为时间、部落、人、水、植物、称号和节日游戏等，所以，这些名词从本质上讲是蒙古语的一种认知过程，被认为是创建蒙古语动物名称的基础，是文化的结晶。

# 土族语和蒙古语亲属称谓比较研究

Tseden-ish Ariunzaya（赞娅）

亲属称谓作为基本词汇，在语言体系中相对稳定，反映了一个民族的社会生活，文化传统，民族心理等特征。亲属称谓制度和当地婚后的居住模式、继嗣制度、家庭组织有密切联系，这也是亲属称谓在语言文化研究中的重要性。比较蒙古语与土族语亲属称谓词，是深入探讨和研究蒙古族与土族族际关系的重要切入点，也是我力图填补这种理论研究空白的一种尝试和努力。

通过对蒙古族和土族的亲属称谓的比较研究，可以加深对蒙古族和土族的社会文化的了解，更好地了解蒙古族和土族之间的文化异同点，这将有助于两个民族相互了解和融合。通过搜集资料发现，学者对蒙古语和土族语两种语言的亲属称谓作对比的研究并不多，因此希望通过笔者的努力可以弥补这一领域的不足，并为将来的研究提供参考。

# 一、土族亲属称谓

亲属关系是人类关系中最基本和最普遍的关系，它建立在血缘关系、婚姻关系的基础之上，是社会制度最重要的组成部分之一。这一社会制度将个人和群体联系在一起，并在他们之间建立了一种关系。人类关系亲属体系非常复杂，例如："我"的上一级是父母、祖父、祖母、曾祖父、曾祖母等，"我"的下一级是儿子、女儿、孙子、侄子等。亲戚是人与人之间具有固定身份的社会关系总称。大多数社会科学家都认为亲属关系基于两个广泛领域：出生和婚姻以及其他关系。还有人说，涉及第三类血缘关系。所有社会都以血缘关系为基础来建立社会团体和对人群进行分类。但世界的亲属关系规则和模式存在很大的变性。为了了解大多数社会中的社会互动、态度和动机，必须了解其亲属关系系统是如何运作的，这是亲属称谓的最重要的原则。但需要注意的是，在许多社会中，亲属称谓常常与组织、性别混在一起。

有关土族亲属称谓的资料较少，在《格萨尔》中关于土族亲属称谓则值得借鉴。《格萨尔》是在西藏和中亚流行的著名史诗。目前，在藏族、蒙古族和土族中有 140 位歌手演唱了这部史诗。格萨尔王的传记存在了1000 多年，《格萨尔》也是世界上最长的史诗著作。它讲述了岭国国王格萨尔（Gesar）的故事，对藏传佛教产生了极大的影响。

在用土族语讲格萨尔的故事时，故事中出现了很多土族亲属称谓，根据亲属的关系，本人将称谓大致分为两类：有血缘关系的亲属称谓，包括祖父母辈、父母辈、同辈、儿女辈、孙子辈；非血缘关系的亲属称谓，包括对自己配偶的亲属称谓和其他称谓。①

---

① 王国明. 土族格萨尔中的亲属称谓 [J]. 西北民族学院学报，1997（4）.

### （一）有血缘关系的亲属称谓

土族语中有血缘关系的亲属称谓包括祖父及以上、父母辈、平辈、儿女和孙女辈称谓，在这四代亲属中有一个共同特征：在众多的兄弟姐妹、长辈及小辈的区分上可以根据年龄和关系程度判断。

*1. 祖父母及以上的亲属称谓*

祖父母及以上的称谓主要有男性 –[ade]、女性 –[ane] 或 [nene]。[ane] 和 [nene] 的区别是祖父和外祖父的姐姐、妹妹使用 [nene]，祖母和外祖母的姐妹使用 [ane]。如果比自己的祖父母岁数小或者大的话这些词的前面加"小的 –[mula]、大的 -[ʂɡə]"，表示第二大和第三大的加 [gaga]。祖母之姐妹可加或单独使用 [atɕi]，蒙古的有些方言中也用 [atɕa]。祖父和外祖父姐妹可加 [agu]。外祖父及其兄弟、外祖母及其姐妹和外祖母之兄弟称谓可以加 [veje]，外祖母之兄弟可加 [adiu]。从土族的亲属称谓中可以看出，对祖父之父母的称谓加 [tsə tsaŋ] 意为"祖宗"，与汉语中的"祖宗"同义同音，是从汉语中借过来的。

*2. 父母辈的亲属称谓*

亲属称谓中父母和亲戚都使用 [aba] 一词。如果需要区分父亲的兄弟，就在前面加上 [ʂɡə] 或 [mula]。父亲的兄弟称为 [aga]，母亲的兄弟则称为 [ama]，但母亲的姐妹却使用了其他不同的词。这似乎表明，在土族家庭中，父亲一方的亲戚在称谓方面含糊其辞，而母亲一方的亲戚在称谓方面则更为严格。

*3. 外祖父母辈的亲属称谓*

称呼祖父的兄弟和祖母的姊妹要加 [vii]，意思是"外"，或者加 [vii jɛ] 意思是"外爷"，这是一种汉语借词。祖父和祖父的兄弟的称谓有很大的变化、但是祖母的姐妹和姐妹的名称完全一样。

4. 同辈的亲属称谓

在土族语言中，同辈称谓也有其独特的习俗。据资料显示，在同辈人中，他们叫 "aa tɕa" [aa tɕii]，意思是 " 哥哥 "。

5. 儿女辈的亲属称谓

土族语中没有专门的儿童称谓语，通常采用两个解释性称谓或直接称呼。

[khəuu] 意为 " 儿子 "，其他意义是 " 男性 "，蒙古语中的 [khuu]，意为 " 儿子 "，两种语言中对儿子的称谓基本相同。

[ɕgɕuən] 意为 " 女儿 "，其他意义是 " 女性 "，其后加 [pəlɛ] 意思便成了 " 孩子 "。但儿子的儿子称谓是 [tʂe]，意为 " 侄子 "。蒙古语中的 "zee" 也是同样的发音和意思，但蒙古语中就只有女儿之子女 [zee]。

6. 孙子、孙女及以下的亲属称谓

在孙子辈称谓中 [suən tsə] 意为 " 孙子 "，跟汉语发音相同。如果要说 " 孙子女儿 " 的话可以组合成 "suən tsə ɕgɕuən"。孙子、孙女和下一代有四种情况：

[suən tsə] 意为 " 孙子 "；

[vɛ suən tsə] 意为 " 外孙子 "（女儿之子女）；

[tʂhaŋ suən] 意为 " 重孙 "（孙子之子）；

[kuaa taa] 意为 " 孙子之孙子女 "。

然而，这种称谓并不常用。只有在有必要解释他们的亲属关系并把他们介绍给别人时，才能使用。

## （二）无血缘关系的亲属称谓

无血缘关系的亲属称谓分为四个层次：婚姻关系的亲属称谓；由于继、干、养关系而建立的亲属称谓；自己配偶的亲属称谓；其他。[①]

---

① 吴宏伟 . 土族亲属称谓 [J]. 民族语文，1997（1）.

1.有婚姻关系的亲属称谓

长辈：父亲的兄之妻 [ʂka aa ma]、弟之妻 [aa jii]、姐之夫 [ʂka kuii jɛ] [kuii jɛ]、妹之夫 [mə laa kuii jɛ] [kuii jɛ]。母亲的兄之妻 [ʂka tɕəuu mə] [tɕəuu mə]、弟之妻 [mə laa tɕəuu mə] [tɕəuu mə]、姐之夫 [ʂka zə fə] [zə fə]、妹之夫 [mə laa zə fə] [zə fə]。

平辈：兄之妻 [ɕə nə tɕii]、姐之夫 [ʂka tsɛ wu] [tsɛ wu]、弟之妻 [təuu jɛ rə]、妹之夫 [mə laa tsɛ wu] [tsɛ wu]。兄弟姐妹有不同的称呼，可以在其丈夫和妻子之前加上 [ʂka]、[ɕka] 或 [mə laa]。

小辈：女（侄女）婿 [tse wu]、外甥女婿 [tse wu]、儿媳 [khəuu jɛ rə]。

2.由于继、干、养关系而建立的亲属称谓

土族语在继养、干亲的亲属称谓中通常使用 [aapa]，意为"父亲"，[aama] 意为"母亲"。

3.对自己配偶的亲属称谓

自己配偶最重要的亲属称谓是 [qatəm]，意为"婆家"，在蒙古语中说 [hadam]，发音和意思都一样。

4.其他称谓

男女双方父母之间的婚姻所确立的亲属关系通常用 [qu taa] 称呼，意为"亲家"。

## （三）土族语亲属称谓分析

随着时代的飞速发展，语言文字也会共通，相互借鉴使用。土族语也有着相同的演变。我们应该认识到"外来语"是一种充满活力的语言。通过语言接触从其他语言借来词汇是一种接受新事物的表现，这不仅促进了社会的不断进步，也使语言更加丰富。土族词汇中外来语比例的增加对促进土族与外界的交流起到了积极的作用。

我们也可以看到土族各地区的亲属称谓具有差异性是由于地域因素，从互助、民和和同仁三种方言便可知。地区与地区间的距离阻隔使得处在不同方言区的人无法交流，这种差异体现在了语音、词汇、语法方面，尤其是语音方面。民和土族语中有这样的用法，如：儿女 [kəuu]、儿子 [ədzun]、姑娘 [kəuu]。此类亲属称谓词很可能是受周边阿尔泰语系语言的影响，民和是回族聚居区，受回族话的影响比较大，撒拉语和保安语中也有这种形式。①

土族语亲属称谓与其他语言亲属称谓相比较为模糊，但注释性称谓比其他民族称谓多。造成这种情况的主要原因可能是土族人没有文字作为基础，缺乏统一的语言标准；又由于土族人口少，生活相对分散，与其他民族长期生活，通婚等，亲属关系等许多方面受到了不同程度的影响。加之藏传佛教对土族语言也产生了重大影响。所以与蒙古语相比，土族语中的亲属关系术语有些模糊。在上语记载的格萨尔人的亲属称谓中，父亲兄弟姐妹的子女的称谓没有严格的区分，他们的称谓与他们自己的兄弟姐妹的称谓一致。通过对土族亲属称谓语分析后我们可以看到亲属称谓词的词性特征和语言的形成的过程。② 土族亲属称谓中对儿童的称呼没有特殊用语，但他们会大量使用解释性词语。土族语在发音方面有很大的不同，相同的词有不同的发音，不容易掌握。

# 二、蒙古亲属称谓

## （一）蒙古亲属称谓系统

蒙古语是蒙古国的官方语言，国内无其他语言与之竞争。因此，在

---

① 李瑶 . 汉语"阿"类父母称谓词研究——兼与少数民族语言比较 [D]. 中央民族大学 ,2013.

② 王国明 . 土族格萨尔中的亲属称谓 [J]. 西北民族学院学报，1997（4）..

这种条件下，蒙古语得到了极大的发展。亲属关系是一种由于婚姻制度所产生的语言系统和文化象征，不同的婚姻制度会产生不同的亲属制度。同样，不同的亲属制度也将反映不同的文化。蒙古族是一个古老的民族，蒙古人的亲属关系可以将九代人联系在一起，这个庞大的系统还反映了蒙古传统的婚姻制度及其演变过程。蒙古族准亲属称谓体系比较简单，最常用的只有"兄弟""姐妹""祖父""祖母"，而"姓名＋亲属称谓"只用于"兄弟""姐妹"，这与蒙古族亲属称谓体系本身有关，其中"兄弟""姐妹"更为常用。

蒙古族亲属称谓可分为本人的亲属称谓关系、父亲的亲属称谓关系和婚姻中的亲属关系三大系统。[①]图1、2、3则用来说明每个系统中不同亲属之间的关系。

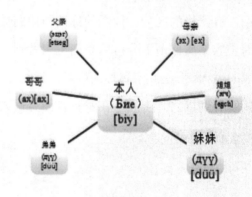

图 1　蒙古族的亲属称谓

---

① 　T.Namjil，I.Narantuya.Mongol urkh ger buliin yos zanshliin baga tailbar toil [M]. Mongol uls:Ulaanbaatar，2008.

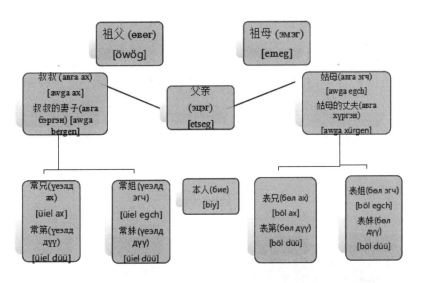

图 2　蒙古族关于父辈亲属称谓关系

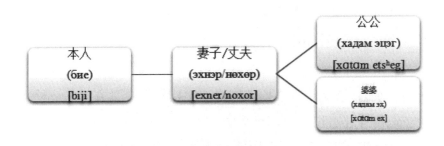

图 3　婚姻中的亲属关系

## （二）蒙古语拟亲属称谓语构成方式

　　以前蒙古人很注重血统、部落和亲属称谓，所以许多亲属称谓词得以在蒙古语字典中精确保留。与之同时所保留的还有部落的传承和家谱。不幸的是，随着社会发展、人们的习俗有所改变，现代许多蒙古人不注重血统，甚至连称谓词汇的确切含义都不清楚。基于这个原因，现代蒙古人通常使用拟亲属称谓语这种方式。蒙古语拟亲属称谓有两种构成方式。

1.蒙古语拟亲属称谓的泛称

蒙古语拟亲属称谓多为友善且礼貌的称谓。在使用蒙古语拟亲属称谓时，无论谈话者双方是否认识，称谓语使用意义明确，如：对喜欢或关系亲密的人，或者年龄较长者为"哥哥"、"姐姐"（"ax+нь"[ɑx+n]、"эгч+нь"[egʧh+n]），"нь"[n] 相当于一个表示语法意义的词缀，称呼老人时使用"爷爷"（"өвөө"[oβoː]"）、"奶奶"（"Эмээ+нь"[emeː+n]）。这些称谓是最常用的。蒙古语拟亲属称谓语的形式比较单一，一般就直接使用亲属称谓语来称呼，没有其他的形式。

2.蒙古语拟亲属称谓的敬称

（1）直接使用亲属称谓

这种多为亲属或朋友之间所使用的称谓，称呼含有爱怜的意思。例如："哥哥"（"aгaa" [ɑgɑː]）、"姐姐"（"аниа"[ɑniɑ]）。

（2）名字 + 亲属称谓

蒙古语拟亲属称谓使用形式为"名字 + 哥哥或姐姐"（"нэр+ax/эгч"），这是蒙古语拟亲属称谓中比较简单又方便的一种形式。例如："Заяа+эгч"[tsɑjɑɑ+egʧh]（"赞娅 + 姐姐"）比赞娅小的人都可以使用。对蒙古人来说，年轻人直接称呼年长人姓名是极为不礼貌的，这一点与汉语相同。这是种礼貌称谓方式，只用于称呼"哥哥""姐姐"。

（3）职业 + 亲属称谓

这种称谓方式与"名字 + 亲属"的方式大同小异，都是礼貌的表达方式。但这种方式多用于熟人间，例如："жолооч+ax"[ʧɔːʧh+ax]（司机 + 哥哥)、"эмч+эгч"[emʧh+egʧh]（医生 + 姐姐)，也可以只称呼他们为"哥哥"或"姐姐"。这与土语当中的"司机叔叔"不同，只称呼"哥哥"和"姐姐"在蒙古语拟亲属称谓系统中最为常用。

（4）人称代词

这种称呼方式也是种友善的称谓方式。用法通常在有血缘关系的亲属间，是一个表示归属和较亲密的称呼方式。例如"我＋亲属称谓"，"миний+дүү"[minii+tu:]，"我＋弟弟／妹妹"。

## （三）蒙古语亲属称谓分析

自 1990 年起，有关蒙古语亲属称谓的研究论文逐渐增多，其内容也更为丰富了。但是，蒙古语中通常使用的亲属称谓语并没有那么多，分类也较少。蒙古族是传统的游牧民族，不断迁徙是古代蒙古人的生活方式，他们的亲属关系很简单。通常使用的亲属称谓有"[ɑːβ]、[eːʧ]、[ɑx]、[egʧh]、[tu:]、[xu:]、[oxin]、[ɑʧh]、[zeː]、[emeː]、[oβoː]"，即"爸爸、妈妈、哥哥、姐姐、弟弟、儿子、女儿、孙子、侄子、女性、爷爷、奶奶"。蒙古语言中没有性别区分的称谓是 [tu:]，即"弟弟和妹妹"的意思。现今由于土地限制及生活方式的改变，现代蒙古人不得不停止迁徙，开始定居的生活。一般的家庭结构是由父亲、母亲、儿子、嫂子、孙子、未婚的叔叔等组成。

现代蒙古人通常不用"叔叔、阿姨、舅舅、舅妈"等亲属称谓，而是"爸爸的哥哥或姐姐、弟弟""妈妈的哥哥或姐姐、弟弟"，或者就称其为"哥哥、姐姐"。简而言之，蒙古族的称谓变化的主要是语言和文化的变迁所致的。

现代蒙古人不太注重血统，甚至不知道称谓的准确含义。他们通常使用古时蒙古语拟亲属称谓语。蒙古语拟亲属称谓语有两种构成方式：蒙古语拟亲属称谓的泛称和蒙古语拟亲属称谓的敬称。这两个方式包括直接使用亲属称谓、名字＋亲属称谓、职业＋亲属称谓、人称代词。

在表达"亲属"的概念时，蒙古语可以使用"亲戚"和其他相关词来代替。在蒙古语中"亲戚"是"хамаатан"，意为"хамаа бүхий хүмүүс"也就是"有关系的人"，其概念是基于婚姻关系的亲戚和基于血缘关系的亲戚。

　　1.血缘亲属关系

　　"祖父"用蒙古语叫"өвөө"[oβoː]，"祖母"用蒙古语叫"эмээ"[emeː]，"外祖父"用蒙古语叫"өвөг"[oβog]，"外祖母"用蒙古语叫"эмэг"[emeg]，这些词语都有对长辈尊敬的含义。在蒙古语中，"父亲"用蒙古语叫"аав"[aːβ]，意思是指一个生下自己的男人，"母亲"用蒙古语叫"ээж"[eːʧ]，是指一个生下自己的女人，"哥哥"用蒙古语叫"ax"[ɑx]，即年龄大的人。还有对所有年长人来说，有一个通用的敬语词，"姐姐"用蒙古语叫"эгч"[egʧh]，亲戚中的"弟弟"和"妹妹"用蒙古语叫"эрэгтэй дүү"[eregthei tuː]或"эмэгтэй дүү"[emegtei tuː]，即年龄小的人，"儿子"用蒙古语叫"хүү"[xuː]，可以指所有的男孩子，"女儿"用蒙古语叫"о х и н"[oxin]，也可以指所有的女孩子。①

　　2.婚姻中的亲属关系

　　"岳父"用蒙古语叫"хадам аав"[xɑdɑm ɑːβ]，"岳母"用蒙古语叫"хадам эх"[xɑtɑm ex]，"嫂子"用蒙古语叫"бэр эгч"[per egʧh]，"弟媳"用蒙古语叫"бэр дүү"[per tuː]，"姐夫"用蒙古语叫"хүргэн ax"[xurgen ɑh]，"妹夫"用蒙古语叫"хүргэн дүү"[xurgen tuː]，"女婿"女用蒙古语叫"хүргэн"[xurgen]。

　　3.父母的兄弟姐妹及其配偶的亲属关系

　　"伯父"用蒙古语叫"авга ax"[ɑβga ax]，"伯母"用蒙古语叫"авга бэргэн"[ɑβga pergen]，"姑母"用蒙古语叫"авга эгч"[ɑβga egʧh]，"姑父"用蒙古语叫"авга хүргэн"[ɑβga xurgen]，"舅父"用蒙古语叫"нагац ax"[nagatsh ax]，"姨母"用蒙古语叫"нагац эгч"[nagatsh ax]。

---

① R.Jagvaral.Mongol helnii hundetgeliin ug [M].Mongol uls:Ulaanbaatar,1976.

# 三、土族语和蒙古语亲属称谓的异同

## （一）相同的称谓

土族语和蒙古语的亲属称谓，有一些是相同的，反映出了两种语言的同源性。（参见表1）

表1　蒙古语和土族语的相同的称谓词汇

| 汉意 | 蒙古语 | 蒙古语<br>（国际音标） | 土族语<br>（国际音标） | 亲属关系 |
|---|---|---|---|---|
| 爸爸 | аав | [ɑ:β] | [aba] | 本人生父 |
| 侄子 | ач | [ɑʧh] | [acɕi] | 本人孩子的儿子 |
| 兄 | ах | [ɑx] | [aga] | 一位母亲所生比本人年长的男生 |
| 媳妇 | бэр | [per] | [berə] | 本人孩子的妻子 |
| 弟弟 | дүү | [tu:] | [diu] | 一位母亲所生比本人年幼的男生 |
| 姐姐 | эгч /ажа/ | [egʧh/ɑʃɑ/] | [getɕi/adʑi/] | 一位母亲所生比本人年长的女生 |
| 姐妹 | эгч дүү | [egʧh tu:] | [getɕi diu] | 一位母亲所生比本人年长和年幼的女生 |
| 老太婆 | эмгэн | [emgen] | [mugen] | 老奶奶 |
| 岳父 | хадам аав | [xɑtam ɑ:β] | [gadəm aba] | 本人丈夫/妻子/的爸爸 |
| 岳 | хадам | [xɑtam] | [gadəm] | 本人丈夫/妻子/的父母 |
| 亲家 | худ | [xʊt] | [guda] | 本人的父母和本人的岳父母 |
| 儿子 | хүү | [xu:] | [ku] | 本人所生且年龄小的男生 |
| 女婿 | хүргэн | [xurgen] | [kurgen] | 本人女儿的丈夫 |
| 舅舅 | нагац | [nɑgɑtsh] | [nagai] | 本人妈妈的哥哥 |
| 祖先 | дээдэс | [te:tes] | [dedəs] | 本人的祖先 |
| 亲戚 |ураг | [ʊrɑg] | [urog] | 亲属 |

在孙竹主编的《蒙古语族语言词典》中，有一些同音的亲属称谓词。蒙古人现在使用的文字有两种，一种是西里尔蒙古文，一种是传统蒙古文。传统蒙古文的特点是书面语和口语有区别。土族语属于蒙古语族，它的词汇量超过一半与蒙古的喀喇沁方言相似。不仅如此，在《蒙古秘史》《华夷译》等著作中记载的一些 13、14 世纪的古蒙古语词汇仍保留在土语中，因此传统蒙古语和土族语有着大致相近的读音。（参见表 2 ）

表 2　传统蒙文的口语和土族的口语相同的称谓词汇

| 汉意 | 土族语<br>（国际音标） | 传统蒙文<br>（音标） | 亲属关系 |
|------|------|------|------|
| 爸爸 | [aba] | [ɑpu] | 本人生父 |
| 侄子 | [acɕi] | [ɑʧhi] | 本人兄弟的儿子 |
| 兄 | [aga] | [ɑxɑ] | 一位母亲所生比本人年长的男生 |
| 媳妇 | [berə] | [peri] | 本人儿子的妻子 |
| 弟弟 | [diu] | [thegu] | 一位母亲所生比本人年幼的 男生 |
| 姐姐 | [getɕi/adzi/] | [egʧhi] | 一位母亲出生比本人年长的女生 |
| 姐妹 | [getɕi diu] | [egʧhi/thegu] | 一位母亲出生比本人年长和年幼的女生 |
| 老太婆 | [mugen] | [emegenɑ] | 老奶奶 |
| 岳父 | [gadəm aba] | [xɑtema ɑpu] | 本人丈夫 / 妻子 / 的爸爸 |
| 岳母 | [gadəm] | [xɑtema] | 本人丈夫 / 妻子 / 的父母 |
| 亲家 | [guda] | [xʊta] | 本人的父母与本人的岳父母 |
| 儿子 | [ku] | [xu] | 本人的儿子且年龄小的男生 |
| 女婿 | [kurgen] | [xurgen] | 本人女儿的丈夫 |
| 舅舅 | [nagai] | [nɑgɑtshʊ] | 本人妈妈的哥哥 |
| 祖先 | [dedəs] | [tegtʊsi] | 本人的祖先 |
| 亲戚 | [urog] | [ʊrɔg] | 亲属 |

## （二）不相同的称谓

在蒙古语的亲属称谓中，父系和母系亲属称谓之间没有明显的区别，但土族语的亲属称谓则有相当仔细的分类。土族语非常重视父系关系。在称呼父亲的兄弟时，老年人和年轻人之间有着明显的区别，比父亲大的男人被称为"伯伯"；比父亲年轻的男人叫做"叔叔"。称呼母亲的兄弟时，无论他是否比母亲大，他都被称为"舅舅"。在蒙古语中不存在这种情况。土族文化与蒙古文化之间存在着很大的差异，文化差异在很大程度上决定了语言的差异。在蒙古国，蒙古语是官方语言，蒙古语存在在这一单一的民族环境中，语言自然得到了充分的发展。但在中国，受汉语及藏语的影响，土族语的发展则易受影响。

在蒙古，蒙古人经常使用的亲属称谓方式是"名字+亲属称谓"，如本人叔叔的名字叫 [gɑnɑː]，本人叫他"ганнaa+ 亲属称谓"，[gɑnɑː ɑx] 是"ганнaa 哥哥"的意思。蒙古语也有"叔叔 [nɑgɑtsh ɑx]"的说法。但平时多用"名字+哥哥、弟弟、姐姐、妹妹"。相比之下，土族语却没有这样的称呼方式。

蒙古人虽然也有自己的方言，但其亲属称谓却无太大的差别。土族由于人口少，生活相对分散，或与其他民族长期杂居生活，或各民族间通婚等因素，致使不同土族语方言间的亲属称谓是不同的。通过对土族和蒙古亲属称谓的研究了解到两个民族亲属称谓语都有血缘亲属关系称谓和无血缘亲属关系称谓的分类，土族语言中亲属分类较详细，蒙古语言中却无这样细致的分类。

蒙古语拟亲属称谓中独具特色的称谓是"名字+弟弟/妹妹"。汉语和土族语中有性别区分，但蒙古语中则无性别区分，都用 [tuː]，即弟弟和妹妹。无论男性、女性，是否有血缘关系，认识或是不认识，年轻的都叫 [tuː]。例如在饭馆吃饭时，如果服务员看起来年龄比较小，可以叫他 [minii+tuː]，意思是"我弟弟/妹妹"，这是种友善的称呼。但土语中 [diu] 只有"弟弟"

的意思，没有与蒙古语同类的使用。

土族语中亲属称谓的地方性特征较为明显。青海省互助土族自治县和甘肃省天祝藏族自治县所使用的方言，称为互助方言；青海省民和回族土族自治县人则在使用另外一种土语方言，而且不同方言之间亲属称谓差别很大。但蒙古语方言之间的亲属称谓则没有那么大的差别。土语将有婚姻关系的亲属称谓语分为三类：长辈、平辈、小辈。在这三种分类里长辈、平辈的兄之妻、弟之妻、姐之夫、妹之夫、弟之妻都有不同的称呼，例如：兄之妻 [ʂka aa ma]、弟之妻 [aa jii]、姐之夫 [ʂka kuii jɛ] [kuii jɛ]、妹之夫 [mə laa kuii jɛ] [kuii jɛ]、兄之妻 [ʂka tɕəuu mə] [tɕəuu mə]、弟之妻 [mə laa tɕəuu mə] [tɕəuu mə]、姐之夫 [ʂka zə fə] [zə fə]、妹之夫 [mə laa zə fə] [zə fə]。但蒙古语亲属称谓语中兄之妻和弟之妻只有一个 [per] 的称谓。

# 四、结　语

亲属关系称谓作为语言系统的重要组成部分，受到学者的高度重视，因为它涉及特定民族的语言、文化、历史、社会等方面的内容。本文对蒙古族和土族的称谓系统进行了简单的梳理和描述，并对土族语和蒙古语亲属称谓的异同做了较为细致的对比研究。

蒙古语是一种古老的语言，历史上，随着蒙古人的征战迁徙，衍生出很多与蒙古语有关的语言，土族语就是其中的一个分支，所以现代蒙古语可以和土族语进行简单交流。随着土族社会的发展，土族语言已逐渐发展成为具有自己特色的民族语言，但其中的古代蒙古语特征并未消失。蒙古语中的亲属关系称谓语虽然模糊，甚至没有儿童的称谓语，但蒙古语强调使用解释性话语来填补空缺。土族语言中的亲属关系术语中虽有一些同蒙古语相似的术语，但在发音方面有着很大的差异。有些称谓是从其他语言中借来的，有些则已被忽略。藏传佛教对土族产生了较大的影响，从土族人民传唱格萨尔的故事中便可得知。

蒙古族是逐水草而居的游牧民族，不断迁徙是蒙古人的生活方式。通常具有亲属关系的亲人会一起迁徙，因此其亲属称谓比较接近。蒙古语又是蒙古国唯一的官方语言，因此不易受到外族语言的影响。

本文在创作过程中遇到了很多困难，首先由于汉语非笔者母语，所以在创作过程中遇到了很多障碍；其次是缺少可参考的资料，让笔者对土语的了解还停留在表面，需继续努力。希望在此论文创作的基础上，日后继续努力提高自己的语言水平，并继续研究土族及土族语言，为在研究蒙古族和土族文化关系方面做贡献。

# **后　记**

　　青海民族大学创建于 1949 年 12 月，是青藏高原上的第一所高等学府，是新中国第一所民族院校，是在毛泽东、彭德怀、习仲勋等老一辈革命家的亲自批示下办立起来的，是青海省人民政府与国家民委协议共建高校。学校肩负党的教育工作和民族工作双重使命，建校开始就进行汉语等语言文字教育，培养了近 2 万名语言文学专业人才，涌现出以改革先锋杰桑·索南达杰等为代表的一批优秀学子。中国语言文学学科在少数民族人口占比近 50%、民族自治地方占比 98% 的青海省始终具有特殊重要性，在稳藏固疆的国土安全、铸牢中华民族共同体意识、民族地区传承优秀传统文化、服务国家"一带一路"倡议、构建人类命运同体等方面具有不可替代的战略支撑作用。2023 年 9 月，教育部在青海西宁召开第 26 届全国推广普通话宣传周，强调把推广普及国家通用语言文字作为铸牢中华民族共同体意识的关键之举。

　　《河湟谷地特有语言田野调查报告》这本书是我们近年来的硕士研究生经过田野调查撰写的论文。结合国内外现有文献，他们主要对河湟地区特有的土族语、撒拉语、康家话、托茂蒙古语等和汉语方言作了较为深入的田野调查，进行语言本体或功能方面的研究。虽然文章还存在许多问题，不尽如人意，但对我们了解河湟地区的语言生活、促进语言保护工作、铸牢中华民族共同体意识、推动河湟地区语言文化的国际交流提供了一种新的视角，至少具有一定的资料价值。

为了保持体例统一，我们将部分作者附在文末的、未直接和正文一一对应的参考文献作了删除。由于水平有限，书中难免存在一些错误，还请读者指正！

感谢青海省民族宗教事务委员会社会事业处领导和马忠、索南多杰等老师在审读时给予的大力指导和宝贵的修改意见，尤其是马忠老师认真负责的敬业精神让人钦佩，但无限遗憾的是马老师未及见到此书出版却因病离世，让我们感到难言的悲痛！也感谢青海人民出版社的编辑同仁仔细认真的编校工作，感谢曾给予我们帮助的所有亲朋好友！

编　者

2023 年 11 月 7 日